KB272402

인류세 비인간 혐오

숙명여자대학교 인문학연구소 HK+사업단 인문교양총서 2

인류세 — 비인간 \ 혐오

이재준 지음

연구실 세면대를 청소하다 보면 으레 하수관 안쪽을 보게 된다. 그런데 전에 없이 조그맣고 새까만 꿈틀이들이 꼬물꼬물 몰려있었다. 스무 마리? 아니면 서른 마리쯤 될까? 깎아 놓은 손톱 크기만 한 애벌레들이 밝은 입구 쪽으로 조금씩 기어 올라오고 있었다. 징그러웠다. 어떻게 해야 하나 잠시 고민했지만, 수도꼭지를 틀자 놈들은 순식간에 물과 함께 하수관 속으로 사라졌다.

이 벌레들은 언제부턴가 나와 같은 공간에서 함께 살아가고 있었다. 하지만 나는 그것들의 존재를 전혀 눈치채지 못했다. 세면대를 청소하는 일은 늘 있었지만, 한 번도 본 적 없는 비인간들nonhumans을 만난 건 정말 우연한 일이었다.

벌레들은 하수관을 따라 아래 또 어딘가로 내려갔다. 세면대 바깥에서 하수관 입구로 들어갔던 건 아닐 테니, 원래 하수구 아래에서 살다가 이리로 올라온 게 분명하다. 저 아래쪽 어디에서 올라온 것일까? 꿈틀거리는 몸으로 8층까지 올라온 건 정말 대단한 능력이다. 벌레들이 내려간 하수관 아래쪽은 어떤 곳일까? 하수관은 건물을 따라 아래층으로 이어졌을 것이다. 그곳이 어떤 모습이고 또 맨 아래 바닥은 어떻게 생겼는지 알 수가 없다. 나는 벌레들이 휩쓸려 내려간 그 아래쪽

이 어떨지 상상이 되질 않는다. 이 비인간들은 나의 세계와 이어져 있지만, 나의 세계와는 전혀 다른 저 먼 세계의 거주자였다.

하수관은 건물 밑바닥에서 끝나지 않을 거다. 여러 하수관이 모여 더 큰 하수관으로 이어지고, 분명 어디 다른 데로 갈 거다. 그리고 길거리에서도 하수관을 본 적이 없으니 그것은 땅속에 묻혀 어딘가로 이어지겠지. 아! 맨홀 뚜껑이 하수관의 존재를 알려주긴 한다. 적어도 거리의 하수관이 연구실 하수관과는 비교도 안 될 만큼 크다는 건 틀림없다. 하수관이 끝나는 곳은 내가 걷던 주변 하천일까? 아니면 더 큰 강일까? 바다일까? 그 비인간의 고향은 결국 바다일까?

'외계인'이란 이런 것들을 가리켜서 하는 말인 듯하다. 외계인은 한자 그대로 우리 세계 바깥에 있는 인간이라는 뜻이다. 그런데 도대체 왜 그것이 인간이어야 하는 건진 잘 모르겠다. 딱히 이 세계 바깥에 인간이 있어야 할 이유가 없는데도 말이다. 그러니 말 그대로 그 애벌레들은 외계 생명체일 가능성이 크다.

모든 외계 생명체들이 커다란 우주선을 타고 이 세계로 오는 게 아니다. 검은 꿈틀이들도 인간들이 버린 오물로 가득 차 있고, 악취가 나고, 어둡고 좁은 곳을 헤매다가 어딘지도 모르는 이 세계에 우연히 도착한 것이다. 그 외계 생명체들은 참으로 힘든 삶을 살았겠구나. 이런 생각이 든 순간, 그건 완전히 나의 착각임을 깨달았다. 몸도 느낌도 언어도 인간과 같지 않으니 외계 생명체가 그렇게 살았다고 단정 짓는 건 정말 오만한 착각이 아닐까. 나는 그 비인간에 관해 아는 게 거의 없다. 검은색, 길다, 가는 몸, 1cm, 천천히 꿈틀거림. 이게 고작이다. 상상컨대, 검은색 꿈틀이들은 암흑의 오물 속에서 하루, 일주일, 한 달을 살았을 것이다. 나는 그것들의 삶을 전혀 모른다.

검은색 애벌레들이 살아가고 있는 그곳은 우리가 버린 오물이 흐르거나 멈춘 곳이다. 우리는 더러운 것을 주변에 가까이 두려 하지 않는다. 할 수만 있다면 눈에 띄지 않을 만큼 멀리 밀어내려 한다. 그래서 오물을 그렇게 항상 구멍으로 빠르게 쏟아 버렸다. 오물은 우리 몸에서, 우리 방에서, 우리 건물에서, 그리고 우리 공동체에서 나와 저 멀리 이름 없는 곳으로 간다. 내가 나도 모르게 세면대에 재빨리 물을 쏟아부은 건 그 외계 생명체가 그 더러운 곳 출신이기 때문이었다. 그것들도 눈에 보이지 않는 곳으로 저 멀리 가라고 말이다.

이 책은 아름다운 것들에 관한 이야기가 아니다. 더러운 것들에 관한 이야기다. 우리는 더러운 것들에 관해서 잘 모른다. 싫기에 역겹기에 빨리 버리고 빨리 잊기 때문이다. 천천히 생각할 틈이 없기보다는 그럴 마음이 없기 때문이다. 하지만 눈에 보이지 않는 더러운 것들은 항상 우리와 함께 있었다. 개천가를 걸어가도 땅을 파보아도 산에 올라가도 수십 년 전에 버린 라면 봉지가, 술병이, 세숫대야가, 변기 뚜껑이, 온갖 쓰레기가 다 묻혀 있다. 이 책은 우리와 공존하는 쓰레기에 관한 이야기이다. 쓰레기와의 공존은 불가피해서다. 하지만 공존은 어쩌면 의외의 모습일지 모른다. 우리는 미세플라스틱, 탄소 가스, 방사성 물질과 한 몸이 되어가는 중이다. 인간과 비인간의 혼성은 자연스러운 현실이다.

인류세Anthropocene는 버려진 더러운 것들과 뒤섞이는 지구 거주자들의 시간에 관해 말한다. 그러니 그것은 혐오스러운 것들의 시간에 관해 말하고, 또 인간 아닌 것들의 시간에 관해 말한다. 인류세는 대지와 대양의 위아래를 장악한 혐오 물질에 관해서만 말하는 게 아니다.

그것은 이상한 기후 변화와 그것에 따른 재난에 대해서도 말한다. 현재와 미래의 모든 게 위험천만하고 불안하게 여겨진다. 인류세는 파국의 분위기로 감싸여있다.

파국이라는 특정 시간 장면을 지구의 종말로 여기는 건 정말로 인간의 착각이다. 인류세는 지구의 파국을 말하는 게 아니다. 인간과 그 인간에 의해 영향받은 생물 종들의 파국에 관해 말하는 것이다. 지구의 시간과 인간의 시간은 다르다. 그렇기에 파국은 오직 인간과 인간에 연루된 존재들의 슬픔이다. 인간 아닌 것들이 인간들의 파국을 슬퍼한 적도 없고 슬퍼할 이유도 없다. 인류세가 인간의 문제인 것은 분명하다. 이것은 인간이 지구에 저지른 일에 대해 인간 스스로가 책임을 져야 한다는 논리와는 결이 다르다. 책임과 의무, 그리고 윤리. 이런 것들이 얼마나 오래 갈 수 있을까? 더욱이 인간도 아닌 것들에 대해서 책임과 의무, 그리고 윤리를 말한다면 또 어떨까? 우리는 잘 안다. 지구상에서 성장을 멈추고 환경을 돌보자고 가장 앞장섰던 나라들이 오늘 이 순간에도 가장 먼저 주저하고 뒷걸음치고 있다는 것을 말이다. 우리는 이제 슬픔을 느껴야 한다. 그리고 우리와 함께 슬퍼할 존재들과 공감해야 한다. 위기를 해결해야 하지만, 그 해결은 함께 슬퍼할 존재들과 함께해야 할 일이다.

본문에서는 세 가지 주제를 다룬다. 인류세, 비인간, 혐오가 그것이다. 이 주제들이 무슨 상관이 있는 건지 궁금해할 수도 있다. 특히 혐오가 어떻게 인류세와 비인간이라는 주제와 연결될 수 있는지 의문이다. 그건 사실이다. 제목을 잘못 정한 건가? 하지만 인류세 문제들은 우리가 근본적으로 비인간을 혐오스럽게 여기고 눈에 띄지 않게 멀리하려는 모든 일들 때문에 벌어지고 있다.

혐오는 더러운 것, 역겨운 것, 싫은 것이 위협적으로 느껴질 때 자기에게서 멀리 밀어내려는 정동이다. 너무도 잘 알고 있듯이, 인간에 대한 인간의 혐오는 뿌리 깊다. 역사 시대 이후 많은 인간이 전쟁에 나아가 두렵고 무서운 적들을 노예로 삼았는데, 원래 노예제도는 사로잡은 적을 가둬 농락하고 폄훼하고 혐오하는 장치였다. 노예 노동은 오히려 부수적인 기능이었을 수도 있다. 노예제도가 사라진 뒤에도 계급 간, 지역 간, 인종 간, 젠더 간에 혐오는 계속되었다. 이것은 인간 혐오가 시간적으로 응축된 알맹이들이다.

우리는 주변의 낳은 사람이 나와 너를 서로 혐오하고 있다는 사실을 잘 안다. 우리들의 관계를 천천히 뜯어 보라. 왜 혐오하는지를 알 수 있다. 그렇지만 더 근본적인 문제는 우리가 혐오를 알고 혐오하지 말자고 외쳐도 혐오가 사라지지 않는다는 점이다. 이것은 정말 알 수 없는 일이다. 혐오가 무엇인지 알려고 달려들면 들수록 그것이 더 확산한단 느낌이 드는 것은 왜일까? 이건 최근 한국 사회에서 벌어지고 있는 현상이다. 혐오하지 말자면서 혐오를 더 교묘히 사용한다.

비인간, 즉 인간 아닌 것들은 늘 이런 혐오의 대상, 배제와 차별의 대상이었다. 인간에 대한 배제와 차별이 폭력적인 언어 표현이나 제도 혹은 관행과 같은 장치들을 통해 이루어졌다면, 비인간에 대한 배제와 차별은 그야말로 무차별적으로 이루어졌다. 예를 들어 산업자본주의가 절정에 달했을 때는 지구상 모든 것이 자원으로 마구 파헤쳐져 상품이나 도구가 되었다. 한때 그것들은 귀중한 소유물이고 재산이었지만, 그다음에는 그저 쓰레기일 뿐이었다. 예를 들어, 소비자본주의가 최고조에 이르렀을 때 음식, 물건, 동식물 할 것 없이 그 모든 것이

배부르다는 이유로 혹은 싫증난다는 이유로 마구 버려졌다. 그리고 그것들은 눈에 보이지 않는 이름 없는 땅에서 묻히거나 강과 바다로 흘러갔다. 이런 일은 아직도 계속되고 있다.

첫 번째 주제인 인류세를 다룬 1장은 인류세가 무엇이고, 우리가 어떻게 왜 특정 시간을 인류세라 부르는지, 그리고 우리는 어떻게 그 시간을 살고 있는지를 생각해보았다. 세계 대전이 끝난 20세기 중반 이후 인간적인 것들의 폭증이 자연을 압도하기 시작한다. 거기서 자연은 가속화 속으로 녹아떨어진 인간적 자연과는 다른 것으로 이해된다. 2장은 인류세의 파국적인 분위기에 대해 생각해보았다. 왜 지금의 위기가 파국으로 여겨지는지는 그 위기가 지구 행성의 거대한 운동 양상을 띠기 때문이다. 파국은 지구 거주자들에게 닥친 어두운 분위기로 이해되고 있지만, 그것을 다르게 해석할 여지를 찾아볼 필요가 있다. 3장에서는 인류세의 시간에 존재하는 비인간들을 살폈다. 쓰레기가 그것이다. 쓰레기가 인류세에 지구를 대표하는 비인간이라는 사실은 역설적이다. 이 장에서는 쓰레기 자체란 없으며 그것은 인간과의 관계에서 일정한 시간에 그렇게 규정될 뿐이라는 사실을 설명했다.

두 번째 주제 비인간을 다룬다. 그 첫 번째 장인 4장에서는 '인간의 발명'이라는 미셸 푸코Michel Foucault(1926~1984)의 생각을 비인간에 적용했다. 인간이 어떻게 인간 아닌 인간들inhuman에게서, 그리고 인간 아닌 것들nonhuman에게서 힘을 빼앗아 독단적으로 사용해왔는지를 생각해보았다. 인간, 인간 아닌 인간, 인간 아닌 것의 사이에서 힘들의 작용은 곧 존재-정치적인 배치이다. 5장에서는 인간종의 진화론에 관해 설명하면서 근대의 인간 정의가 가진 내재적 한계를 밝혔다.

호모 날레디는 이와 관련된 중요한 사례이다. 또한 동물 권리라는 주제를 비인간의 관점에서 다르게 바라보았다. 그리고 '비인간주의 선언'에 관해 살펴보면서, 이것이 동식물을 포함한 사물을 인간과의 관계에서 어떻게 재배치하려 하는지를 설명했다. 두 번째 주제의 마지막 장은 조금 독특한 것일 수 있는데, 사물과 함께 작업하는 한국 추상화가의 미학적 관점을 다뤘다. 탈재현주의와 싸우기 위해 분투하는 한 작가의 작업에 개입한 '돌'의 의미를 해석함으로써 인간과 비인간의 공존 관계에 대해 헤아려보았다.

세 번째 주제는 혐오에 관한 것이다. 7장은 혐오의 기본적인 특징에 관해 다룬다. 혐오가 어떤 것인지 알 수 있는 건 오직 그 정서가 바깥으로 표출될 때뿐이다. 표식, 말투, 몸짓, 그리고 표정이 그런 경우이다. 여기서는 특히 얼굴을 다루면서 표정에서 드러나는 혐오의 특징을 설명했다. 혐오의 과학은 바로 이 혐오 표정에서 출발한다. 혐오는 인상학, 신경과학, 정서 심리학 등에서 과학적으로 설명된다. 다른 정서들과 구분되는 혐오의 가장 큰 특징은 그것이 내장과 관련된다는 점이다. 혐오는 상한 음식이 몸에 들어와 독처럼 여겨질 때 위장을 뒤틀어 토해내는 몸의 직접적 반응으로 나타난다. 흔히 '내장적'이라 불리는 혐오의 이런 특징을 혐오의 물질성이라 부른다. 혐오의 물질성은 혐오가 정동적으로 작동할 때의 특징이기도 하다. 8장은 인간에 대한 혐오가 궁극적으로는 인간 자신에 대한 혐오와 관련된다는 것을 해명했다. 페트루스 곤잘부스Petrus Gonsalvus(1537~1618)에 관한 이야기는 바로크 시대에 잘 알려진 인간 혐오의 사례이다. 곤잘부스에 관해 관심을 기울이는 의생물학자들이 어떻게 인간의 정상성을 소외된 인간들에게서 정의하려 했는지를 확인할 수 있다. 『독버섯』은 나치 독일에서 반유대주의를 상징하는 프로파간다이다. 어린아이들을 위한 이 책은 혐오의 정동을 훈육함으로써 가상적인 증오와 분노를 어떻게 유대인에게 하나의 윤리적, 정치적 사실로서 전가했는지를 잘 보여준다. 마지막으로 자기혐오라는 주제를 이상李箱(1910~1937)의 작품「거울」과 반 고흐, 렘브란트 등의 자화상을 통해 다뤘다. 마지막 9장은 혐오스러운 것들의 존재론적 측면에 관해 살펴보았다. 미시마 유키오三島由紀夫(1925~1970)의 작품『가면의 고백』을 다뤘는데, 이 작품은 동성애라는 주제로 더 잘 알려져 있다. 그렇지만 여기서는 아브젝트abject라는 개념을 통해 작품에서 표출된 혐오의 물질성을 설명했다. 대개기계에 대한 혐오는 잘 다뤄지지 않는 주제이긴 하다. 반면 이 장에서는 프로이트의 '두려운 낯섦'이라는 잘 알려진 언캐니 이론의 이면을 혐오의 정동이라는 측면에서 접근했다. 그리고 이것은 사이배슬론으로 알려진 기계적 프로스테시스와 신체장애 문제로 이어진다. '고기와 얼음'라는 절에서는 화가 프랜시스 베이컨의 자화상에서 표현된 살과 고기, 그리고 마크 퀸의 작품 〈자아〉에서 동결된 피로 만들어진 얼굴을 분석함으로써 인간적인 혐오 너머에서 인간과 비인간의 공존을 헤아려보았다.

바닷가 뻘밭을 지나 작은 포구로 들어서면 뭍에 정박한 배 한 척이 보인다. 그 배 위로 묵직한 그물이 펼쳐지고 그 속에는 작은 새우들이 가득하다. 어부들은 그것들을 김장철에 쓸 육젓으로 팔 것이다. 그들은 새우를 산더미처럼 뭍에 부려 놓고 좋은 놈들을 골라내느라 무던히 애쓰는 모습이다. 그런데 자세히 보니 골라낸 것이라곤 비닐포장지와 알 수 없는 온갖 잡동사니 쓰레기들이다. 그들은 하루 종일 그 일을 한다. 이것이 새우잡이 어부들의 일상이다. 삼겹살을 새우젓에 찍어 김치와 함께 싸먹고 있는 나는 어부들의 그런 일상을 전혀 몰랐다. 바닷속에서 안식을 취하고 있는 비인간 쓰레기는 나의 눈에 띄지 않았다.

나는 또 모른다. 기상학자도 아니고 지질학자도 아닌 내게 인류세의 위기란 것도 그저 겨울철과 여름철에 느끼는 추위나 더위처럼 여겨질 뿐이다. 자기 항상성을 고효율로 유지하려는 우리 몸의 이기적인 유전자 때문에, 주변에서 뭔가 큰 문제가 생기지 않는 이상이 우린 그저 무관심하기 일쑤다. 주의를 기울이지 않는다면 위기는 전혀 의식되지 않을 것이나. 신짜 위기는 오히려 이런 망각과 무관심에 있는지 모른다.

하지만 반대로 돼지 열병이나 조류 독감처럼 이상한 일들이 자꾸만 일어나고 있다. 이런 일들이 비인간에게서 먼저 일어난다. 대량 살처분과 매몰이 일간지 기사에 연일 등장하고 끔찍한 느낌이 들고, 매몰지 인근에서는 각종 오염물질이 흘러나온다. 사건들은 나를 무관심에서 벗어나게 만든다. 인간 아닌 것들은 항상 인간을 위해 애써왔는데, 이런 끔찍한 일에서조차 인간에게 일깨움을 주니 미안하고 고마울 뿐이다. 이건 역설이 아닐 수 없다.

우리는 이제 비인간과 함께 무엇을 해야 하나 스스로 물어야 할 때다. 지금이 파국이든 아니든 말이다. 이 책은 한동안 이런 무관심 속에서 던진 자기 물음과 생각을 기록한 것이다.

목차

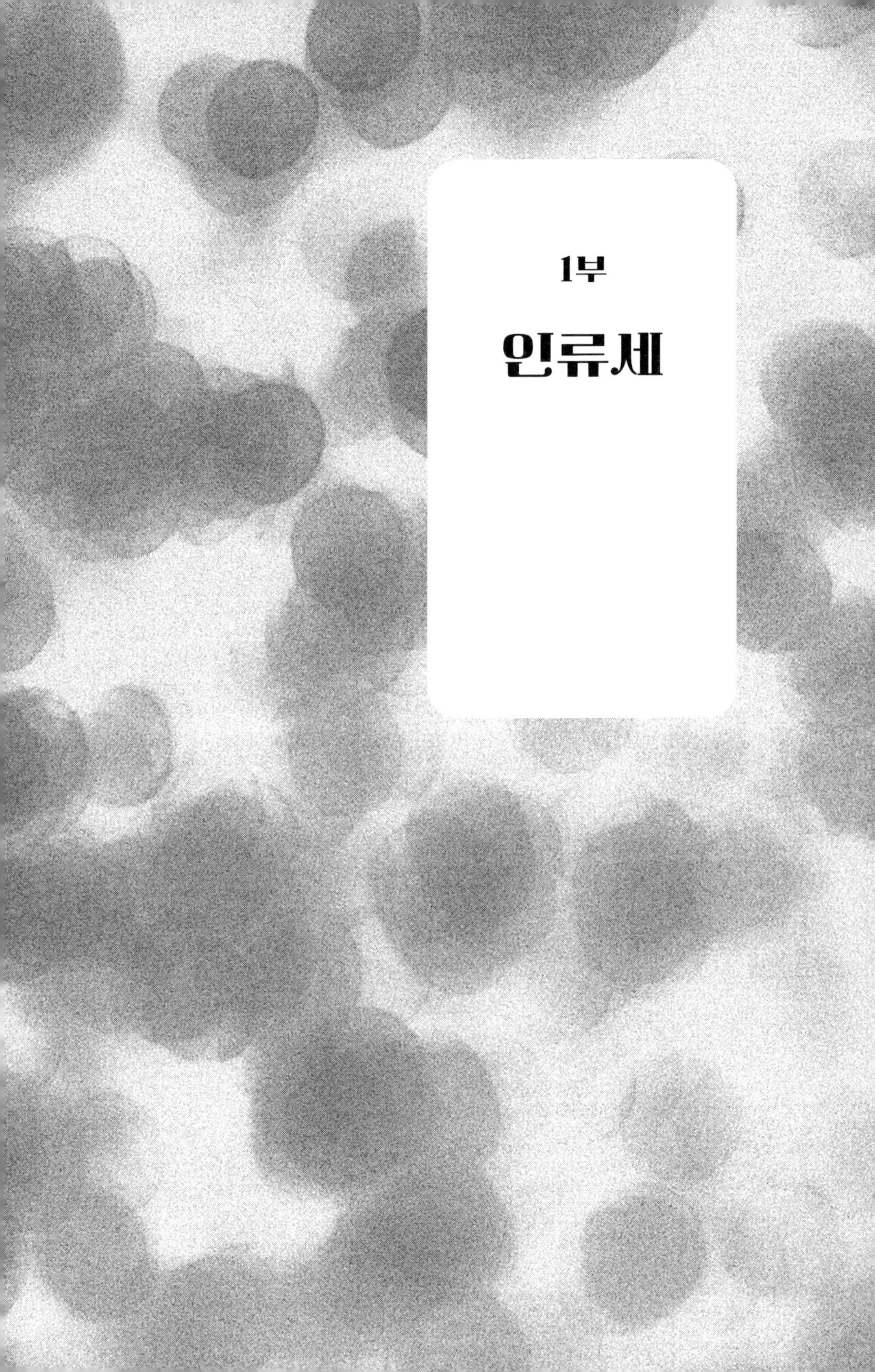
1부
인류세

1장

연보랏빛 세상

기후 느낌

우리나라 8월은 일 년 중 가장 더운 달이다. 기상청 보고에 따르면, 글을 쓰고 있는 올해(2024년) 8월의 전국 평균 기온은 25.6℃로 평년 기온 23.7℃보다 1.9℃ 높았다. 이것은 1973년 이래 가장 높은 온도였다. 하지만 온도가 25.6℃라면 도대체 얼마나 더운 것일까? 돌이켜 보면 숨이 막힐 듯 무척 더운 8월이었다. 그 어느 해보다 더웠던 것 같이 느껴진다. '올해가 가장 시원한 해'일 거라고 미래를 비관적으로 보는 이들도 있다. 정말일까? 지난 8월 중 내가 사는 서울에서 가장 더웠던 날은 25일이었고 최고 기온은 35.4℃였다. 이 정도가 숨 막힐 듯한 더위라고 할 수 있었다. 그런데 기상청의 저 1973년 서울은 어땠을까? 그때도 만만치 않았다. 다시 기상청 자료를 찾아보니, 1973년 8월 16일이 서울에서 가장 더웠던 날이고, 최고 기온은 35.2℃였다. 올해와 그리 크게 다르지 않았다. 그러니 그때도 올해만큼 더웠을 것이다. 그러나 또 다른 자료에는 일일 평균 기온이 기록되어 있는데, 그 당시 일일 평균 기온은 29.9℃로 올해 일일 평균 기온 31.4℃보다 낮았다. 그해에 비하면 2024년 8월 서울에서 우린 아침부터 밤까지 하루 내내 더웠던 것이다.

더위. 숨 막힐 듯한 더위. 찜통더위. 올해가 가장 더운 해였다니 작년 여름은 얼마나 더웠을까? 덜 더웠겠지. 그럼, 재작년은? 아니 1973년엔 아직 어린 꼬마였던 나는 얼마나 땀을 많이 흘렸을까? 강렬하게 느꼈겠지. 하지만 겨울인 지금 지난여름의 기억은 희미하다. 얼마나 더운지를 떠올리려면 고작 이렇게 기상청 자료를 뒤져야만 한다. 손쉬운 망각이다. 역시 우리는 기억을 못하겠지만, 2018년 8월 어느날 홍천은 일일 최고 기온이 40℃까지 올라갔다 기상관측 이래 처음 나타난 공식적인 최고 기온이다. 이제 우리는 이것을 '극한고온' 현상이라 부른다. 극한고온과 극한저온이 앞으로 우리가 망각할 한여름과 한겨울의 기온이다.

무더위가 선명할 때 우리는 냉방기를 풀로 가동하면서 겨우 더위를 피할 수 있었지만, 다른 한편으로는 누진세에 따라 부가될지 모를 전기요금이 무척이나 걱정되기도 했다. 그래도 전국의 냉방기들은 멈추질 않았고 지방 정부들은 전력 시스템이 셧다운 될까 전전긍긍했다. 사람들은 달아오른 얼굴을 한 채 올해가 왜 이렇게 더운지 그 원인을 찾으려 했다. 기후 변화 위기가 머리에 떠올랐고 각종 미디어도 그렇게 떠들어댔다. 그런데 두어 달 부산을 떨다가 이제 겨울로 막 접어들자 세상은 넉넉히 시원하고, 별문제가 없다는 듯 평범한 하루로 채워지고 있다. 기후 변화 위기는 우리의 기억에서 지워졌다. 올여름이 너무 덥거나 올겨울이 너무 춥거나, 아니면 일 년 내내 미칠 듯 덥거나 춥거나. 이렇지 않으면 기후 변화로 우리가 어떤 위기에 처해있는지 우리는 알지 못할 것이다. 어쩌면 우리의 이런 특징이 기후 위기에 대한 수많은 경고와 협약에도 불구하고 그 중요성을 깨닫지 못하는 이유인지도 모른다.

〈인상, 해돋이Impression, soleil levant〉(1872)는 프랑스 서북부 르아브르Le Havre 항구의 아침 풍경을 담아냈다. 형체를 알아볼 수 없는 사물들을 뒤로 한 채 이제 막 떠오르는 붉은 태양과 전경을 장악한 배 한 척이 혼란스러운 새벽 항구를 재현한다. 이 작품은 인상주의의 창시자 중 한 사람인 클로드 모네Claude Monet(1840~1926)가 그렸다. 왜 이렇게 그린 거지? 미술사 문헌을 뒤지지 않아도, 그림이 주는 낯선 느낌만으로도 이것이 예술 전통에 격렬히 저항하고 있다는 걸 금방 알아차릴 수 있다. 재현이라는 표현 방식은 전시, 유통, 교육 등 예술계의 여러 장치들을 통해 우리의 보는 경험을 반복적으로 훈육하고 느낌과 몸도 길들인다. 이것은 기존 권력과 사회 체제를 존속하도록 도움을 준다. 그런 식으로 지배 권력의 구조가 유지된다. 그러니 고전적 재현 방식을 전통으로 고집하는 문화에 이 작품은 파장을 일으켰을 것이다. 하지만 처음에 그 파장은 별 게 아닌 듯했다. 파장이 넘어서기엔 기존 장벽도 너무 높았기에, 당시 모네의 작품들은 소위 '정상적인' 예술계로부터 번번이 거절당했다. 그러나 시간이 지나면서 그 파장의 진폭은 점점 더 커져 시대를 대표하는 문화저항의 상징처럼 바뀌었다. 그런데 당시 예술계의 차별에 저항한다는 개인의 결단만으로는 모네가 왜 이런 표현 방식을 택했고 계속 밀고 나아갔는지를 다 설명할 수는 없을 것이다. 진정성이 넘치는 그 화가는 '대상을 있는 그대로 그린다.'라는 인상주의의 소박한 모토에 따라, 르아브르 항구의 새벽

[그림 1] 〈워털루 다리, 햇빛 효과〉(Waterloo Bridge, Sunlight Effect), 1903, 캔버스에 유채, 65.7×101cm

을 정말 솔직하게 그린 것뿐이다.

모네는 1870년 프로이센-프랑스 전쟁을 피해 영국 런던으로 건너 갔다. 거기서 잠시 머물면서 대도시 런던의 풍경에 사로잡혔다. 런던 이야말로 18세기 이후 산업 혁명을 이끌었던 유럽 최고의 자본주의 도시였다. 도시를 관통하는 템스강에는 석탄 운반선들이 떠다녔고, 거 대한 증기기관이 설비된 건물들은 석탄과 물이 많이 필요했기에 그 강을 따라 즐비하게 늘어섰다. 하늘로 치솟은 공장 굴뚝들은 허연 가 스를 연신 뿜어냈다. 런던에 일하러 온 시골 촌뜨기들은 도시 전체에 드리운 이상한 구름 속을 이리저리 헤매다녔다. 결국 런던 사람들은 숨도 쉬기 어려운 희뿌연 스모그 도시에 살게 되었다. 19세기 이래 런던의 대기 오염은 심각했다. 모네는 이런 스모그 속에서 산란하는 태양광을 처음 보았을 것이다. 그리고 사물이 이상하게 보이는 경험을 머리에 떠올리며 1872년의 저 유명한 작품을 위한 모티브로 삼아 '인상'을 실험했다.

성공하지 못한 가난한 화가에게 런던의 생활은 짧을 수밖에 없었고, 그는 곧 프랑스로 귀국했다. 하지만 그는 런던으로 되돌아왔다. 60세 무렵 모네는 2, 3년 동안 런던을 여러 차례 방문했을 때 템스강변에 새로 문을 연 사보이 호텔에 머물면서, 워털루 다리와 국회의사당의 풍경을 여러 장의 캔버스에 담았다. 그중 〈워털루 다리, 햇빛 효과Waterloo Bridge, Sunlight Effect, Oil on canvas〉(65.7×101cm, 1903)나 〈워털루 다리, 흐린 날씨Waterloo Bridge, Oil on canvas, Overcast Weather〉(65.3×100.5cm, 1903)는 인상주의자로서 모네의 목표를 잘 구현하고 있다. 인상주의자들은 빛에 의해 눈에서 구성되는 색과 형상을 충실히 기록하고자 한 실증주의자였다. 이 작품들은 그런 실험의 일부로, 워털루 다리는 단지 회색이 아니라, 푸른색, 심지어 붉은 기가 도는 보라색으로 표현되었다. 이상하리만큼 신비롭고 환상적으로 보이는 다리 풍경이지만, 어쩐지 19세기 파리의 모르그Morgue에서나 느낄 법한 서늘한 인상도 풍긴다. 이 서늘한 느낌은 100년 전 기후 변화의 현실에서 감지된 '미래의 불안'처럼 다가온다([그림 1]).

최근 한 연구는 이런 독특한 느낌이 당시 대기 오염의 영향으로 발명된 독특한 표현에 의한 것이라고 주장했다. 애너 올브라이트Anna L. Albright와 피터 휘버스Peter Huybers는 「19세기 대기 오염에서 터너와 모네 그림의 표현 경향Paintings by Turner and Monet depict trends in 19th century air pollution」이라는 글에서 윌러엄 터너와 클로드 모네의 작품에서 동시에 나타나는 대기와 빛의 광학 효과에 주목했다. 그들에 따르면, 특히 모네의 거친 붓질이나 차가운 색상, 그리고 모호한 형상은 사물이 19세기 말 런던의 스모그 필터를 통과할 때 나타나는 현상이었다.

아래 [그림 2]에서처럼 1900년 런던과 파리의 대기 상태를 비교했을 때(A), 이산화황 가스의 방출량에서 큰 차이를 보인다. 특히 이것이 황사나 안개에서 에어로졸, 즉 대기 중에 떠 있는 고체나 액체 상태의 입자(약 0.001~100μm)로 전환되면, 태양광 산란을 일으켜 우리가 흔히 경험하듯 사물들은 희뿌연 공간 속에서 모호해진다. 실제로 실증주의자 모네의 그림에서도 이산화황 에어로졸 효과가 빛의 대비를 약화하면서 화면에서 사물의 가장자리를 모호하게 뭉뚱그려 놓을뿐더러, 색상 표현에서도 점차 흰색을 증가시키는 경향으로 나타난다.

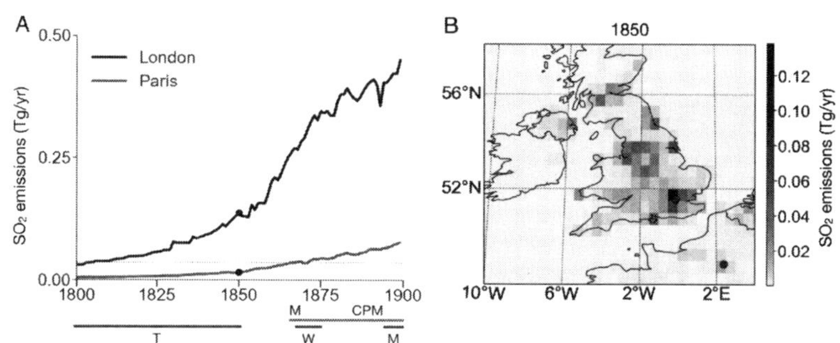

[그림 2] 19세기 런던과 파리의 이산화황SO₂ 배출량 비교. (A) 런던(위쪽 선)과 파리(아래쪽 선)를 포함하는 시계열 변화. 터너(T), 모네(M), 휘슬러(W), 카이유보트, 피사로, 모리조(CPM)의 그림들이 분포한 시기. (B) 1850년 이산화황 배출량의 지리적 분포. 진한 색 표시는 이산화황의 배출이 런던에 집중되어 있음을 보여준다.

이산화황은 우리에게 위협적인 독성물질이다. 이 가스에 노출된 시간과 농도에 따라 심각한 폐렴이나 기관지염이 일어날 수 있다. 게다가 에어로졸 상태에서 대기 오염과 순환에 영향을 미치는 온실가스로 작용할 수도 있다. 온실가스를 흔히 기후 변화의 주범으로 알고 있지만, 사실 그것은 지구 생성 때부터 함께했던 기체이다. 지구 표면에서 자연스레 생성되는 몇몇 가스들은 하늘로 올라가 일정한 높이에 계속 머물면서 태양 빛이 지구를 따뜻하게 덥혀주는 복사에너지를 지구 바깥으로 빠져나가지 못하게끔 해준다. 원래 이것이 온실가스이다. 지구는 온실가스 덕분에 열 손실을 줄여 마치 온실처럼 평균 14℃로 따뜻하게 유지될 수 있는데, 이것은 자연스러운 '온실효과'다.

하지만 이러한 온실가스가 일정 정도 이상으로 생성되면서 온실효과가 불균형적으로 나타나면 지구의 이상 기후 변화가 일어난다. 기후 위기는 바로 이 온실가스들의 과잉 생성이 진정되지 않고 있는 데서 비롯한다. 게다가 소행성의 지구충돌이나 대규모 화산폭발이 아닌 이상 온실가스의 과잉은 인위적인 원인에 의한 것이다.

온실가스의 방출이 자연스러운 양과 속도를 벗어나기 시작한 것은 특정한 때부터이다. 프랑스인 모네가 런던의 그토록 환상적인 시각 경험에 매료됐던 19세기 말이 바로 그때이다. 당시의 이산화황은 공장에서 증기기관을 구동하거나 전력을 생산하기 위해 석탄을 화력으로 이용한 탓이기도 하지만, 런던 시민이 겨울철 난방으로 석탄을 사용한 탓도 있다. 19세기 초 100만여 명이었던 런던 인구는 19세기 말 대략 630만 명으로 여섯 배 이상 증가했다. 그 후로 이제까지 성장을 욕망하는 갖가지 혁명들은 꾸준히 계속되고 있다. 다만 유럽에서 동아시아로, 다시 인도와 남미, 그리고 아프리카로 옮겨가고 있을 뿐이다. 그리고 만일 이런 일이 지구 전역에서 일어난다면, 산업화 국가들에서 인구는 점차 증가할 것이고, 온실가스의 배출량도 점점 증가할 것이 자명하다.

1997년 교토의정서는 과잉 온실효과에 직접적인 영향을 주는 6개의 대표적인 온실가스를 발표했다. 이산화탄소CO2, 메탄CH4, 아산화질소N2O, 수소불화탄소HFCs, 과불화탄소PFCs, 육불화황SF6, 그 밖에도 일산화탄소CO나 질소N, 이산화황SO2 역시 간접적으로 온실효과에 영향을 준다. 특히 이산화탄소는 화석연료 사용으로 배출되는 온실가스로 가장 영향력이 크다. 전체 온실효과의 65%를 차지하는 이산화탄소는 동식물의 자연 호흡이나 유기물의 부패, 자연 화산활동, 그리고 인간의 화석에너지 사용으로 대기 중에 배출되는데, 식물 광합성과 해양 흡수로 전체의 60%가 사라지고 나머지 40%만이 대기 중에 남는다. 이 온실가스가 100~300년을 대기 중에 그대로 머문다. 그러니 상상력을 조금 보태면, 18세기 산업 혁명이 시작되었을 무렵 이산화탄소가 지금도 지구 대기에서 온실을 만들고 있을지 모를 일이다.

대가속

산업자본주의는 전에 없던 대량생산과 대량소비를 발명했다. 지질학자들은 지난 수백 년간 인간이 쌓아 올린 놀라운 업적을 발견했는데, 다름 아니라 그것은 쓰레기들이 과도하게 쌓이기 시작한 19세기 이후의 지층이었다. 지층 단면의 특정 지점에서부터 쓰레기 밀도가 점점 높아지고 있는 것으로 보아 축적의 가속도가 존재하는 듯하다. 파

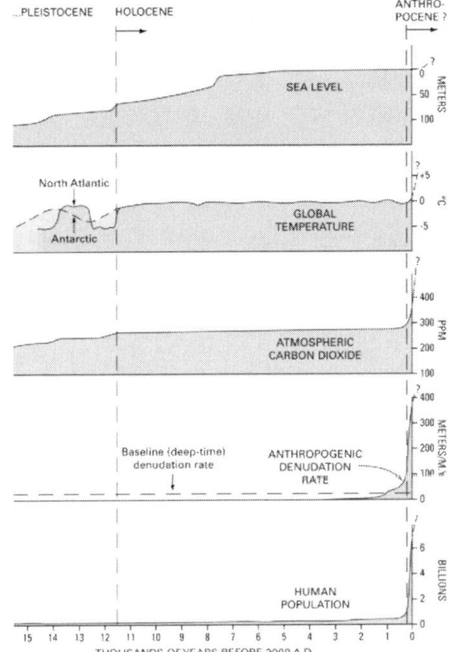

[그림 3] 15,000년간 주요 지층 경향을 비교했을 때, 지난 200년의 변화가 큰 차이를 보인다.

울 크뤼천Paul Jozef Crutzen(1933~2021) 같은 지구과학자들은 이것을 '대가속Grand Acceleration'의 시기라고 불렀다.

이제 우리는 닭 뼈와 폐플라스틱, 그리고 온갖 쓰레기로 뒤덮인 지구를 어렵지 않게 상상하게 된다. 드디어 인간이 자연을 완전히 지배하는 시대, 즉 인류세라 부르는 시대가 도래했다. 인간은 오직 쓰레기와 탄소 배출을 통해서만 그 일을 증명하고 있다.

[그림 3]에서 지질학적인 시대 구분인 홀로세Holocene는 신석기 혁명이 일어난 대략 11,500년 이후에 해당한다. 홀로세 동안 해수면은 여전히 조금씩 증가하고 있지만, 오른쪽 점선의 가장자리 부분에서 지

구의 기온, 대기 중 탄소 농도, 인구 등이 폭발적으로 증가하고 있다.[1]
기후학자 마이클 맨Michael E. Mann(1965~) 등은 급속한 변화 양상을
보고 '아이스하키 스틱' 그래프라 불렀다. 이 양상은 현실적으로 너무
중요하기에 크뤼천 등이 쓴 글에서 인류세가 어떤 상황인지를 조금
길게 인용해 본다.

지구는 유일하고, 진화하는 행성 시스템이다. 기후 변화로 인해 지구
규모에서 환경에 미치는 현대 인류문명의 영향력이 뚜렷하게 부각되고
있다. 명백히 인류 활동에서 유래한 영향 때문에 발생한 남극 상공의
오존홀을 발견한 데 이어서, 방대한 양의 무색, 무취인 이산화탄소의
방출로 인해 지구 표면의 에너지 균형이 영향을 받는 것을 깨닫게 되었
다. 이러한 인식을 통해서 인간 활동이 인간과 다른 생명을 지탱하는
광범위한 생태계 활동에 부정적인 영향을 주어, 결국 '생물권biosphere'
의 위기로 이어질 수 있다는 염려가 커졌다. 그러나 기후변화는 빙산의
일각에 불과하다. 탄소 순환에 더해서 인류는 ① 지구상의 생명체 유지에
근간이 되는 질소, 인, 황과 같은 몇 가지 생명지구화학적biogeochemistry
순환 또는 원소 순환을 심각하게 변형시키고 있으며, ② 고지대에서 바다
로 흐르는 강물을 가로채거나, 토지 표면을 변화시켜서, 육상에서 대기
로 이동하는 수증기의 흐름을 바꿈으로써 지상의 물 순환에 큰 변화를
가하고 있다. 그리고 ③ 지구의 역사상 여섯 번째 대멸종 사건이 벌어지
도록 부추기고 있다. 이를 종합하면 지구 시스템 기능에 대한 영향 측면
에서 인류가 자연의 거대한 힘 일부와 경쟁할 정도로 크고 활성화되어
있다는 강력한 증거가 나타나고 있다.

---

1 Jan Zalasiewicz, et al., "Are we now living in the Anthropocene?", GSA
  Today 18(2), 2008, p.5.

대가속의 시대는 산업 혁명 이후의 시기와 거의 일치한다. 공장제 기계 공업으로 전향한 산업 혁명은 상품의 대량생산과 대량소비를 통한 자본 축적을 목표로 했다. 이를 위해서는 거대한 반자동 기계와 그것을 구동시킬 힘 센 동력 장치, 그리고 고효율의 에너지가 필요했다. 크고 강한 기계를 반복적으로 사용하기 위해서 강철과 같은 금속 재료가 사용되었고, 더없이 무거워진 쇳덩이를 움직이게 할 고효율 연료인 석탄이나 석유가 재발견되었다. 기계와 에너지, 그리고 인간이 자본으로 연결되었다.

산업 혁명이 일어난 국가들에서 연료와 자원에 대한 수요가 들끓고, 그 혁명의 수변부 나라들은 공급에 열을 올렸다. 어느 순간 수요가 공급을 넘어서자 값싼 연료와 자원, 그리고 노동력 확보를 위해 제국주의 침략 전쟁이 시작되었고 주변부 국가들은 그들의 식민지로 전락했다.[2]

그 후 한 세기 이상 자원, 기계, 연료, 노동, 상품, 자본이 하나의 시스템으로 단단히 연결되는 프로세스가 구축됐다. 이러한 프로세스에서 노동자이자 소비자의 지위에서 인간과 자연은 기꺼이 고효율의 과잉 생산과 소비를 위한 동력이자 자원으로 전락했다.

철학자 마르틴 하이데거Martin Heidegger(1889~1976)는 「기술에 대한 논구」(1954)에서 '몰아세움'이라는 말로써 이러한 불편한 현실에

---

2 제이슨 무어Jason Moore는 기후급변과 생태계 위기의 우리 시대를 인류세가 아니라 자본세Capitaloceno로 보아야 한다고 주장한다. 그에 따르면, 자본주의는 자연을 값싸거나 무료로 사용할 수 있는 자원, 즉 '저렴한 자연'으로 환원하고 수백 년 동안 이윤율 경쟁을 벌여왔으며 이제 자원 고갈이라는 위기 앞에서 시스템 장애에 직면해 있다. 제이슨 무어, 『생명의 그물 속 자본주의: 자본의 축적과 세계생태론』, 갈무리, 2020, p.272.

공감한다.[3] 그가 진단하기로, 현대인은 과학에 근거한 기술을 통해 줄기차게 자연에 도전해서 자원을 확보하고 채굴하려 한다. 현대 과학은 일종의 지배와 제어를 위한 지식이며 기술은 그러한 목적을 성취하는 행위수단이다. 산업자본주의가 과학기술을 고도화하면서, 기술은 더 많은 자원의 채굴과 확보를 자연에 무리하게 요구한다. 그것은 최대한의 사용 가치를 얻기 위해 줄기차게 새로운 것을 내놓으라고 자연을 다그치는 것이다. 산업사회에서 어떤 대상에게 새로움을 내놓으라고 요구하는 것은 그 대상을 상품으로 삼아 주문 요청하는 것과 같다. 이러한 요청은 인간에게도 향하는데, 결국 기술은 단순히 인간의 행위나 도구가 아니다. 처음에는 자연이, 그다음에는 인간이 과학기술의 힘으로 작동한다. 기술이란 자연만이 아니라 인간마저도 다양한 기술 장치들에 묶어두고 몰아세우는 힘이다. 모든 게 기술의 작동 과정에 참여하게 된다.

산업 혁명 시기 폭발적으로 증가하거나 고도화된 이후로도 여전히 변함없이 위력적인 무언가로 남아있는 게 바로 과학기술이다. 그것은 작게는 공장에 설비된 기계이기도 하고 넓게는 위에서 말한 인간과 비인간으로 연속된 추상적인 기계이기도 하다. 이것은 루이스 멈포드Lewis Mumford(1895~1990)가 『기계의 신화the Myth of the Machine』(1967)에서 '원형 기계archetypal machine' 내지는 '보이지 않는 기계 invisible machine'라고 부른 것을 포함한다.[4] 그에 따르면, 물리적 기계 부품으로 이루어진 기계 장치가 발명되기 이전부터 이집트의 왕과 같

---

3 알프레트 노르트만, 조창오 옮김, 『기술철학 입문』, 서광사, 2021, p.43.
4 루이스 멈포드, 유명기 옮김, 『기계의 신화』, 아카넷, 2023, p.353.

은 절대 권력자는 피라미드를 건설하기 위해 징벌을 통해 인력을 모으고 그 인력을 몇몇 조직으로 묶어 대를 잇는 장기간의 노동에도 저항 없이 지속할 수 있는 체계를 완성했다. 이 '눈에 보이지 않는 기계'의 설계와 작동은 곧 통치를 의미한다.

영화 〈모던 타임즈Modern Times〉(1936)의 한 장면에는 컨베이어 벨트 앞에 주욱 늘어서서 반복 작업에 몰두하는 노동자들이 등장한다. 주인공도 그들과 함께 작업을 하고 있다. 그러다 갑자기 주인공이 이상한 행동을 하기 시작한다. 사람들은 그를 정신병자로 몰고 결국 감옥에 가둬버린다. 그가 보인 신경증적인 반사행동은 독특한데, 사실상 이러한 산업사본주의 기계의 다그침 내지는 놀아세움에 대한 즉각적인 반사 반응으로 볼 수 있다. 한 세기가 지났지만, 우리는 어딘지 모르게 그런 반응을 아직도 경험하고 있다는 느낌이 들 때가 많다. 다만 포스트-포디즘 시대의 그 경험이란 시간과 공간을 벗어난 다차원의 조립 생산 라인 위에서도 이루어진다는 점에서 쉴 새 없이 더 다채로워졌다.

우리가 아는 자연

고대 그리스에서 자연은 질서로 가득한 조화로운 이상향이었고, 중세 땐 범죄자나 소수자들이 몸을 숨기고 살아가는 은신처였다.

니콜라 푸생Nicolas Poussin(1594~1665)이라는 화가는 〈아르카디아의 목동The Shepherds of Arcadia〉(1637~38)이라는 제목의 그림을 그렸다. [그림 4]의 한 가운데에 비석이 서있고 거기엔 이런 문장이 새겨

[그림 4] 니콜라 푸생, 〈아르카디아의 목동들〉, 1637~38, 캔버스에 유채, 85cm×121cm, Wiki commons

져 있다. '나도 아르카디아에 있었노라Et in Arcadia ego.' 화면에 세 명의 목동이 비석을 둘러싸듯이 배치되었는데, 이들의 팔은 마치 소용돌이처럼 우리의 시선을 빨아들여 비석 정면의 그 문장을 바라보게 하는 인덱스로 기능한다. 한 여인이 인덱스를 따라 우리와 함께 그 문장을 바라보고 서있다. '나도 아르카디아에 있었노라.'라는 주제는 이 그림 이전에도 있었지만, 푸생의 작품이 가장 잘 알려져 있다. 그는 이 주제로 그림을 몇 점 더 그렸다. 사람들은 그때마다 문장에 대한 해석을 달리했다. 그렇지만 두 가지는 분명한데, 하나는 '아르카디아'라는 이상세계이고, 다른 하나는 '내가 있었다'라는 현존의 확인이다. 고대 그리스인들에게 아르카디아는 말 그대로 훼손되지 않은 자연에 대한 목가적인 이미지를 담고 있다. 이것은 조화로운 자연에 대한 믿음을 드러낸다. 누군가 지금은 죽어 무덤에 묻혔지만, 비석의 문장은 그가 실제로 아르카디아에 있었음을 증명하려 한다. 그리고 여기서 그치지 않는다. 거기 있었던 이가 바로 '나'이다. 그렇다면 이 작품은 그림을 보고 있는 근대인들을 놀라 의심하고 있는 목동의 위치로 데려간다. 그리고 다시 그 문장을 읽으면서 이제는 사라진 조화로운 자연이 허상이 아니었음을 나의 경험에서 확인하게 한다.

푸생은 바로크 양식을 대표하는 고전주의자였는데, 고대 그리스의 정신을 자기 시대의 이념으로 삼고자 했다. 이것은 근대가 찾아내고 싶었던 근원적인 고향이었다. 그의 작품만은 절제된 비례를 따르고 있고, 자연도 조화로운 질서에 따라 운동하고 있는 듯하다. 다만 아름다움은 포획해서는 안 되고 거리를 둔 채로 관조해야 비로소 드러난다고 여겨진다. 이처럼 자연은 거리를 두고 관소해야 할 대상이다. 그것은 인간의 풍경이 된다.

일상적으로 거리 두기란 두 가지이다. 하나는 위에서처럼 관조할 필요에 따라 거리를 두게 되거나, 아니면 무언가가 무섭거나 더러워서 멀리 피할 때 거리를 둔다. 고대 그리스와 달리 중세의 자연은 후자에 가깝다. 자연은 너무 어둡고 습한 곳이어서 하찮은 것들이나 살아갈 법한 '숲'이다. 우거진 숲에는 무서운 괴물 용이 살고, 그래서 성 게오르기우스처럼 용감한 인간만이 접근할 수 있는 곳이다.

성 게오르기우스Georgius는 4세기 로마 시대 그리스도교 순교자였는데, 11세기 무렵에는 백마를 타고 용과 싸워 이긴 용감한 기사로 바뀌었다. 전설에 따르면 소아시아의 아주 작은 나라 시레나가 있었다. 어느날 그곳에 갑자기 독기를 뿜는 거대한 용이 나타나 매일 두 마리 양을 제물로 바치라고 명령했다. 제물로 쓰일 양이 모두 사라지고 공주가 희생양을 대신할 수밖에 없는 처지에 이르렀다. 때마침 그곳을 지나던 게오르기우스가 이 사실을 알고 왕에게 나아가 용을 물리

쳐주는 대신 기독교로 개종하기를 청했다. 게오르기우스는 제물로 바쳐질 위기에 처한 공주의 앞길을 가로막아서서 긴 창으로 용을 물리친 뒤 그녀의 허리띠로 괴물을 묶어 왕에게 바쳤다.

용은 어디서 왔을까? 그 괴물이 사는 곳은 어떤 곳일까? 어둡고 무서운 곳이다. 어둡고 무서운 숲이다. 서양 중세의 경제는 대부분 농업으로 유지되었다. 성을 가진 영주가 있고, 그는 성 주변에 개간된 농토를 가지고 있다. 농노들이 그 농토에서 밀이나 보리 등 작물을 경작한다. 하지만 농토는 거의 일정한 자리에 만들어져 있기에 경작을 하면 할수록 작황이 안 좋아지는 문제가 발생한다. 그래서 경작지를 번갈아 휴경할 수밖에 없다. 숲, 자연이라 불리는 그곳은 왕이나 귀족의 사냥터일 뿐 그곳을 계속 개간하려 하지 않았다. 그래서 로빈후드 전설에서처럼 숲은 동물들과 범법자, 아니면 도망친 농노들이 숨어 사는 은신처였다.

샤일록의 음흉한 계략과 포샤의 지혜로운 해결책으로 유명한 희곡 『베니스의 상인』(1596)이 인기 절정에 올랐을 때는 사실 이탈리아에서 해상 무역이 한창 성업이던 시기였다. 그 작품은 무역과 금융으로 상업자본을 축적한 이탈리아인들의 이야기이다.[5] 무역을 위한 해양 이동, 안전한 이동을 위한 조선 기술과 지도 제작, 그리고 천체과학. 이것은 갈릴레오 갈릴레이Galileo Galilei(1564~1642)의 고향에서 일어난 일이다. 이탈리아 상업자본가인 메디치가의 학자가 되길 원했던 갈릴레오는 천체 관측을 위해 망원경을 개발했다. 그는 망원경을 가지고 지동설을 완성했다. 하지만 망원경을 발명한 것은 그가 처음이 아니었

5　윌리엄 셰익스피어, 강석주 옮김, 『베니스의 상인』, 펭귄클래식코리아, 2014, p.129.

다. 1608년 한스 리퍼세이Hans Lippershey(1570~1619)는 아라비아에서 수입한 볼록렌즈와 오목렌즈를 결합해서 사물이 현실보다 더 크게 보인다는 사실을 발견했다. 그가 살던 곳은 북유럽 무역의 중심지인 네덜란드였다. 상업자본은 자연이 더 이상 막연히 조화롭거나 두려운 대상이 아니라, 도대체 그것이 왜 조화로운지를 증명하려 했고 어째서 두려움의 대상이 되었는지를 확인하려 했다. 아는 것은 힘과 권력이 되고 자연은 그런 인간적인 앎의 대상이 되었다. 그리고 자연은 인간이 만든 종이 위에 기록되었고 설명되어 잘 정리된 책꽂이에 꽂혔다. 갈릴레오의 어깨 위에 앉은 아이작 뉴턴Isaac Newton(1643~1727)도 마찬가지였다. 근대인들에게서 자연은 신비로운 대상에서 벗어나 인간적인 것으로 재구성되었다. 1781년 임마누엘 칸트Immanuel Kant(1724~1804)는 『순수이성비판Kritik der reinen Vernunft』에서 뉴턴의 자연과학을 인간적인 이성, 즉 지성의 한계 안으로 배치했는데, 인간이 성취한 그러한 인식의 총체가 바로 자연이었다. 칸트는 자기 시대의 계몽 정신을 정의하기 위해 '과감히 알려고 애쓰라Sapere aude'는 격언을 로마 시인 호라티우스로부터 빌려왔는데, '너 자신을 알라'라고 말한 소크라테스처럼 근대인이 스스로 자기 지성을 적극적으로 사용하길 권했다. 그는 지성을 끝까지 밀고 나아가면 자연 전체, 즉 대문자 N으로 시작하는 자연Nature이 모두 알려지리라는 신념으로 가득 차 있었다. 이런 분위기에서 산업자본주의는 어렵지 않게 채굴을 위한 자원이라는 수동적 지위를 자연에 부여할 수 있었다. 근대인에 관한 이야기는 2부에서 더 상세히 다룰 것이다. 여기서는 자연이라는 것에 집중한다.

근대인들이 생각한 것처럼 정말 자연은 그런 것일까? 근대에 이르러 과학기술은 자연을 통제하고 재생할 수 있는 장치로서 뛰어난 능력을 발휘했다. 흔히 『자연사Naturalis Historia』라는 책은 16세기가 될 때까지 거의 모든 유럽인의 생각을 지배할 만큼 그 영향력이 대단했다. 고대 로마인 플리니우스Pliny the Elder(23~79)가 썼다고 알려진 이 책은 동식물, 농업, 지리와 천문, 광물과 광업, 조각과 미술 등을 망라한 방대한 분량의 백과사전이었다. 그 사이 독일인 하르트만 쉐델Hartmann Schedel(1440~1514)은 플리니우스의 『자연사』를 참고하여 뉘른베르크의 한 출판사에서 『연대기Liber Chronicarum』(1493)라는 제목의 책을 출판했다.[6] 이 책은 플리니우스의 책에 나오는 신기한 존재들을 포함해서 성경 속 이야기와 관련된 인간, 동물, 도시 등의 역사를 삽화와 함께 기록했다. 그렇기에 거기 등장하는 신기한 존재들은 쉐델이 직접 본 것이 아니라 다른 책에서 보았거나 전해 들은 게 대부분이었다. 『연대기』는 믿음이나 상상으로만 떠올렸던 것을 삽화 이미지로 직접 경험할 수 있게 해주었기에 대단한 인기를 누렸다. 당시 이 책은 1,000부 이상 인쇄되었고, 나중에 독일어로 번역되면서 『뉘른베르크 연대기Nuremberg Chronicle』

[그림 5] 하르트만 쉐델, 「세계의 두 번째 시대」, 『연대기』, 뉘른베르크, 1497년 판본. XII. 바이에른 시립 도서관

---

6 Hartmann Schedel, Das Buch der Chroniken, Taschen Verlag, 2018, p.14.

로도 알려졌다.

[그림 5]는 『연대기』에 등장하는 이상한 나라의 이상한 사람들을 묘사한 장면이다. 늑대인간, 얼굴이 없고 몸만 있는 인간, 눈이 하나인 인간. 플리니우스의 『자연사』에도 나오는 이런 사람들을 유럽인이라면 거의 가보지 못했을 인도나 에티오피아에 사는 사람으로 설명하고 있다.

하지만 불과 반세기도 지나지 않아 이러한 방식의 눈요깃거리는 엄밀한 과학 텍스트로 대체되었다. 뉘른베르크의 『연대기』가 유럽 전역에서 인기를 끌 무렵, 독일 동부 작센 지방의 작은 마을에서는 게오르기우스 아그리골라Georgius Agricola(1494~1555)가 태어났다. 그는 훗날 지질학과 광물학의 아버지라 불렸다. 1546년 그가 쓴 『화석의 본질에 대하여De Natura Fossilium』는 플리니우스가 『자연사』 9권과 10권에서 설명한 광물 이야기를 과학적으로 설명한 최초의 과학적 광물학 연구서다. 당시 사람들은 소규모 기술자들 말고는 채굴 자체에 거의 관심을 가지지 않았지만, 그는 직접 채굴 현장을 찾아가 채굴 과정과 채굴된 광물들을 관찰하면서 그것들의 종류와 특징을 상세히 분류하고 정리했다. 기록에 의하면, 그는 자기 눈으로 관찰한 것만을 책에 썼다고 할 정도로 '관찰'은 그에게 매우 중요한 탐구 방식이었다. 그의 사후에는 채굴, 정제, 재련 방법을 분석한 『금속 물질의 본성에 대해De re metallica』(1556)라는 책이 출판되었는데, 수 세기 동안 유럽의 광물 표준서로 사용되었다.[7] 특히 이 책에는 지상에서 광물을 채굴하기 위해

---

7   Georgius Agricola, Robert Odell Bork, et al., eds, De re metallica: The Uses of Metal in the Middle Ages, Routlege Pub., 2017, p.1.

[그림 6] 게오르기우스 아그리콜라, 『금속 물질의 본성에 대하여』(1556)

사용된 기계, 채굴된 광물을 야금하거나 제련하는 방법이 삽화와 함께 상세히 기술되어 있어 이를 활용하려는 사람들에게 인기가 높았다. [그림 6]은 땅속에서 채굴한 광물을 끌어 올리는 거대한 기계 장치를 재현하고 있다. 장치를 구성하고 있는 부품들은 각각 고유한 모양을 하고 있으며, 그것들의 위치가 분명하게 배치되어 있다. 더욱이 그것들에는 모두 알파벳 표식이 붙어있는데, 이것은 각각의 기능을 알려준다. 그런데 맨 아래층 사람의 오른팔에 'B' 표식이 있으며, 그는 기능적으로 기계와 유사한 존재로 설명되고 있다. 'B' 표식을 한 사람은 20세기 찰스 테일러나 헨리 포드가 노동을 효율화하기 위해 인간 노동자들을 여러 방식으로 계량하려 했던 것의 과거형이다.

아그리콜라 이후로 광물의 채굴은 몇몇 전문가나 연금술사들의 손재주가 아니라 과학에 근거한 기술이 되었다. 땅속에 묻힌 자연 광물은 알 수 없는 신비한 물질이 아니라 인간의 지식으로 설명되어, 금Au이나 은Ag, 철Fe이나 구리Cu처럼 순수한 물질로 모습을 바꾸었다. 거기엔 물론 인간도 포함됐다.

칼 린네Carl Linnaeus(1707~1778)도 역시 자연이 순수해지고 명료해지도록 하는 일에 앞장선다. 린네는 칸트와 같은 시대, 비슷한 지역에 살았던 인물이다. 그는 소위 '이항 명명법'이라는 것을 창안했는데, 이것은 라틴어를 기반으로 두 부분으로 나뉜 이름을 생명체에 붙이는 방법이다. 이름이 복잡하고 신비한 생명체의 세계에 드리웠던 모호한 안개를 걷어 내자, 서로 구분될 수 있는 생명체들의 체계 도식이 나타난다.8 나누는 일, 분류하는 일은 초기 과학적 사고의 기본이었다. 하지만 린네식의 이런 구분 방법은 훗날 돌연변이 논쟁의 씨앗이 된다. 왜냐하면 현대 생물학에서 이쪽도 저쪽도 아닌 애매한 생명체가 계속 관찰되고 있기 때문이다.

어쨌든 생명체는 린네의 과학 작업에 따라 문자와 기호가 되었고, 그것을 통해 인간이 사고할 수 있고 통제할 수 있는 대상이 되었다. 그가 세계를 광물, 식물, 동물로 분류해 낸 책『자연의 체계Systema

---

8　캐럴 계숙 윤, 정지인 옮김, 『자연에 이름 붙이기』, 월북, 2023, p.84.

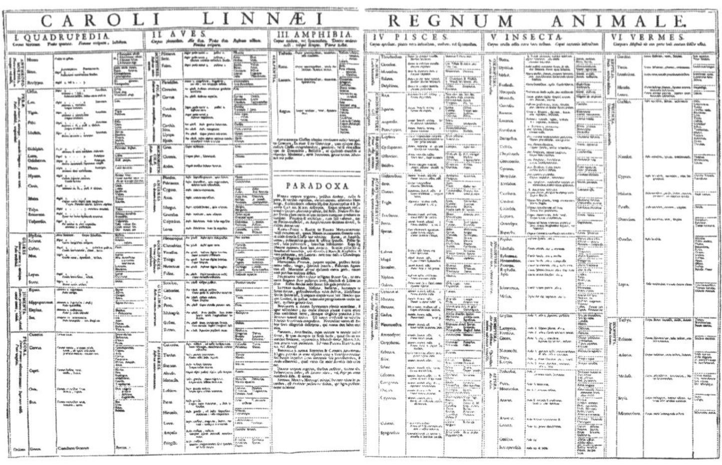

[그림 7] 칼 린네의 『자연의 체계』(1735)에서 제시한 비인간 동물들의 분류 체계.
wiki commons

Naturae』(1735)는 그러한 노력의 결실이다. 린네는 평생에 걸쳐 이 책을 공들여 수정해 갔는데, 그가 작성한 동물의 거대한 왕국의 분류표([그림 7])에는 오른쪽부터 왼쪽으로 벌레vermes, 곤충insecta, 물고기pisces, 양서류amphibia, 조류aves, 네 발로 걷는 동물quadrupedia이 자리한다. 그리고 왼쪽 끝 맨 위에 인간homo이 자리한다. 그런데 궁금해지는 것은 네 발로 걷는 동물 왼쪽 옆에 두 발로 걷는 인간을 배치해도 되지 않았나 하는 점이다. 하지만 그 오른쪽에 이미 두 발로 걷는 조류가 있다. 그러고 보면 다시 그 오른쪽에는 네 발로 걷는 개구리도 있다. 하지만 조류는 두 발이 중요하지 않고 날개로 비행한다는 특징으로 분류되고 양서류는 물과 뭍을 오간다는 특징으로 분류된다. 어쨌든 그래도 인간은 모든 동물의 맨 위에 배치된다. 기독교적인 세계의 위계처럼 말이다.

　그런데 19세기 말 샤를 보들레르Charles Baudelaire 같은 사람들은 자연을 이렇게 설명하는 게 마음에 들지 않았다. 그들은 두려움 대신 경이로움의 태도로 '중세의 숲'을 소환하려 했다. 보들레르는 『악의 꽃Les Fleurs du mal』(1857)이라는 시집을 내면서 거기에 〈만물조응 Correspondances〉이라는 시를 함께 실었다.[9]

　　자연은 하나의 신전, 거기 살아 있는 기둥들은
　　간혹 혼돈스런 말을 흘려보내니,
　　인간은 정다운 눈길로 그를 지켜보는
　　상징의 숲을 건너 거길 지나간다.

　　밤처럼 날빛처럼 광막한,
　　어둡고 그윽한 통합 속에
　　멀리서 뒤섞이는 긴 메아리처럼,
　　향과 색과 음이 서로 화답한다.

　　어린이 살결처럼 신선한 향기, 오보에처럼
　　부드러운 향기, 초원처럼 푸른 향기들에
　　- 썩고, 풍성하고, 진동하는, 또 다른 향기들이 있어,

　　호박향, 사향, 안식향, 훈향처럼,
　　무한한 것들의 확산력을 지니고,
　　정신과 감각의 앙양을 노래한다.

9　샤를 보들레르, 황현산 옮김, 『악의 꽃』, 민음사, 2016, p.19.

상징주의 해석에 따르면 이 작품의 가장 큰 골간은 인간과 자연의 공명이다. 하지만 공명한다는 것 이전에 이 두 존재는 왜 공명해야 하는 것일까? 시는 하나의 전제에서 출발한다. 자연은 인간이 되돌아갈 무덤이라는 것이다. 이 자명한 내용을 '자연이 곧 신전이거나 사원'이라고 고쳐 읊는다. 우리가 일상에서 죽음을 잊고 살듯이, 한때는 추앙받았으나 현재는 허물어진 기둥들만 남아 잊힌 그곳이 곧 자연이다. 보들레르는 그것을 인간이 범접할 수 없고 알 수 없는 이상한 존재로 과거에 남겨둔다. 다만 우리는 그것의 향기를, 그렇지만 그저 썩은 냄새로만 맡을 수 있을 따름이다. 냄새는 만질 수 있는 것도 아니고 눈앞에 있는 것도 아니다. 우리의 기대와 달리 자연은 저 멀리 있다. 자연은 아직도 알려지지 않은 채로 저기 있다. 시인은 무엇을 바랐을까? 냄새에 취해 죽음을 향해 걸어들어가는 일이었을까?

아그리콜라, 갈릴레이, 뉴턴, 칸트, 린네. 그들에게 자연은 이런 것이 전혀 아니었을 것이다. 수 세기가 지나 보들레르가 살던 시대에 자연은 자원이 되어 이미 파헤쳐지고 있던 상태였고, 미래에도 계속 그렇게 될 상태였다. 그렇게 잊힌 자연의 과거에 빠져들어 무언가에 홀린 듯 그리로 걸어 들어가는 보들레르의 우울한 모습은 모네가 런던의 스모그에 도취해 캔버스를 보라색으로 덧칠할 때의 심정과 같았을지 모른다. 스모그 속에서 햇빛의 산란에 빠져든 모네의 눈, 잊혀 사라진 자연에서 풍겨오는 냄새에 강렬히 반응하는 보들레르의 코. 그런데 어쩐지 모네와 보들레르가 느꼈을 그것은 찬란하지만 슬프다. 그들이 만난 자연은 이미 인간적인 것이 된 후 잊혀 사라져간 슬픈 자연이었다.

모네와 보들레르의 통찰은 자연이란 인간적인 것이 되고자 준비를 마친 잠재적 인공물이 아니라, 끝없이 알 수 없는 존재라는 사실을 보여준다. 그것이 알고 싶지만, 그것은 온전히 다 알려지지 않는다. 그렇기에 우리는 자연과 만나기 위해서 어쩌면 다른 방식, 다른 언어, 심지어 인간의 것과는 다른 말을 택해야 할지도 모른다. 인간은 인간의 말을 하고, 인간 아닌 것들은 그들의 말을 한다. 근대인이 포획해서 인간의 지식으로 환원시킨 자연을 근원에서 다시 생각하지 않는다면 생태계 위기는 해소되지 않을 듯하다.

| 참고문헌

- 루이스 멈포드, 유명기 옮김, 『기계의 신화』, 아카넷, 2023.
- 샤를 보들레르, 황현산 옮김, 『악의 꽃』, 민음사, 2016.
- 알프레트 노르트만, 조창오 옮김, 『기술철학 입문』, 서광사, 2021.
- 윌리엄 셰익스피어, 강석주 옮김, 『베니스의 상인』, 펭귄클래식코리아, 2014.
- 제이슨 무어, 『생명의 그물 속 자본주의: 자본의 축적과 세계생태론』, 갈무리, 2020.
- 캐럴 계숙 윤, 정지인 옮김, 『자연에 이름 붙이기』, 월북, 2023.
- Jan Zalasiewicz, et al., "Are we now living in the Anthropocene?", GSA Today 18(2), 2008.
- Georgius Agricola, Robert Odell Bork, et al., eds, De re metallica: The Uses of Metal in the Middle Ages, Routlege Pub., 2017.
- Hartmann Schedel, Das Buch der Chroniken, Taschen Verlag, 2018.

2장

모면할 수 없는 위기

알지 못하는 것을 알지 못한다

인류세라는 용어를 이론적으로 수용할 수 있을지를 놓고 지질학계의 논쟁이 뜨겁지만, 그런 이론적 정의를 떠나서라도 그 말은 충분히 의미가 있다. 인류세라는 말은 인간이 어떤 '모면할 수 없을 위기'에 직면해 있음을 경고하는 신호처럼 보인다. 이것은 우리가 맞이할 미래가 세계의 종말일지 모른다는 것을 가리킨다. 그래서 인류세를 지배하는 분위기는 인간들에게는 거대한 불안이다. 앞 장에서 모네는 사물을 식별할 수 없을 만큼 밀도 높이 가라앉은 스모그 사이로 흩어진 보라색을 탐닉했지만, 그것은 불안한 미래를 암시하는 것일 수 있었다. 그는 자신이 본 것을 솔직히 그렸고, 또 잘 그렸다. 그 당시 사람들은 인상주의자 모네의 새로운 표현에 열광했고, 그 열광은 세기 전환기의 분위기와도 잘 맞아떨어졌다. 하지만 그들은 한 세기 뒤에 무슨 일이 일어날지 알아차리지 못했다. 그렇기에 모네가 런던에서 그린 그토록 솔직한 작품들이 어째서 서늘한 느낌을 자극하는지 알 수 있을 것만 같다.

인류세의 의미는 이중적이다. 인류세라는 말은 대가속 이후 지구 행성에 인간의 직간접적인 영향이 미치지 않는 시공간이 없음을 가리킨다. 근대인은 모든 자연을 인간적 지식 안에 움켜쥐고, 관찰, 탐험, 그리고 개척이라는 말로써 자본주의 욕망을 실행에 옮겼다. 국가나 인종의 경계를 넘어 북극에서 남극까지 지구를 손안에서 쥐락펴락하게 된 인간은 비로소 세계의 주인이 되었다.

그렇지만 다른 한편 인류세는 이와는 다른 것을 가리킨다. 산업혁명 이후 인간적인 영향의 대가속이라는 현상에서 알 수 있듯이, 점증하는 속도가 줄어들 기미가 보이질 않는다. 게다가 인간적 영향은 긍정적이기보다는 오히려 부정적인 것이 더 크다. 말하자면 인간이 접근하기 어려운 북극 해면 어딘가에도 플라스틱 인공물 쓰레기가 떠다니고 있듯이 지구의 오염이나 훼손이 일어나고 있다. 인공물로의 무한 치환이 진행되어 자연은 마치 온갖 인간적인 것들로 이루어진 닫힌 시스템처럼 엔트로피가 점증하고 있으며 어느 특정 시점에는 파국을 맞으리라는 최후통첩이 인류세가 뜻하는 것이기도 하다.

인류세라는 말이 전파되기 한참 전인 1988년 NASA의 기후과학자였던 제임스 핸슨James Hanson은 「고다드 우주 연구소의 3차원 모델로 예측한 글로벌 기후변화Global climate changes as forecast by Goddard Institute for Space Studies three-dimensional model」라는 논문에서 우리가 기후 위기의 신호에 긴밀히 반응하고 최선을 다해 대응해야 한다고 강력히 주장했는데, 당시 여론에 큰 반향을 불러일으켰다.[1] 그는 기후 변화 모델을 이용해서 과거 100년 간의 기후 데이터를 기반으로 미래의 지구에서 이산화탄소, 메탄, 오존층 파괴 물질인 염화플루오린화탄소CFC 등 온실가스의 증감이 기후 위기를 어떻게 변화시킬지를 시뮬레이션했다. 그는 미세한 차이가 있다고 해도 1990년대 이후 온난화는 더 빠르게 진행돼서 위도가 낮은 바다, 중국과 아시아 내륙 지역, 남극과 북극 근처의 해양에서 극한 변화가 관측될 것이라 경고했다. 그런 그가 30년이 지난 최근 2024년 7월 한 성명서에서 재앙 신호를 무시한 어리석음 때문에 인간은 지난 100만 년 동안 한 번도 보지 못한 기후 위기에 직면할 것이라 강변하면서, 아직도 행동에 나서지 않는 우리에게 '빌어먹을 멍청이들'이라고 욕설을 퍼부었다.

인류세의 양상은 단편적이지 않다. 그것은 기후변화로 인한 위기에 제한되지 않는다. 2011년 일본 동쪽 해역에 강도 9의 지진이 발생했다. 해안 지진은 쓰나미를 만든다. 거대한 바닷물이 해안가로 밀려와 인근에 자리한 후쿠시마 원자력 발전소가 붕괴되면서 원자로 1, 2, 3이 녹아떨어졌고 일부에선 수소 폭발 사고도 일어났다. 당시 일본에선 원자력 발전 방식을 고수해야 하는지에 대한 근본적인 비판이 일어났다. 또한 피해 지역 주민에 대한 사회적 관심도 높아져서 모두 이전처럼 돌아갈 수 있으리라는 희망을 품었다. 하지만 당시 방사능 피해 당사자들은 신체적 고통만이 아니라 사회적 혐오와 차별이라는 또 다른 고통에 시달리고 있다.

벌써 10년이 넘는 시간이 흘렀다. 그러는 동안 후쿠시마 원자력 발

---

1 James Hanson, Global climate changes as forecast by Goddard Institute for Space Studies three-dimensional model, Journal of geophysical research: Atmospheres, 93(D8), 1988, p.9359.

전소 붕괴 시설 내부의 오염된 냉각수만이 아니라 지상과 지하 외부로부터 들어온 유입수가 다시 방사성 물질로 오염되었다. 오염수는 멈추지 않고 계속 증가하고 있다. 처리 능력을 넘어선 방사성 물질 오염수는 2023년 8월과 10월, 그리고 11월에 3차례 방류되었다. 방류는 지금도 이어지고 있다. 일본 주변국들은 물론 태평양 연안국들은 방사능 오염수 방류 처리 방식에 심각한 우려와 반대를 주장하지만, 또 다른 국가들은 지지하거나 묵인하고 있다. 이것은 기후 위기 대응이 지구 남반구 제3세계 국가들의 거센 반발에 직면해 있는 것처럼, 인류세의 상황 또한 정치적임을 보여주는 사례이다.

그런데 만일 후쿠시마 앞바다로 오염수를 흘려보내면 오염의 농도가 낮아질 것이고, 그러면 과연 위험도도 낮아질까? 단순한 상식으로 보면 당연히 그럴 것 같다. 그러니 지리상 멀리 떨어진 국가의 바다는 별문제가 없을 것이라고 예상해 볼 수 있다. 하지만 이런 가정은 지나치게 단순하다. 눈에 보이지도 않는 작은 물질이 인간을 죽음으로 몰고 가리라는 것을 우리는 어떻게 확인할 수 있을까? 문제는 방사성 물질이 우리에게는 비감각적이기 때문에 치명적인 손상이 겉으로 드러날 때라야 비로소 오염된 사실을 알 수 있다는 것이다. 이런 비극적인 상황은 누구도 원치 않을 것이다. 불안 정동이 국제원자력기구 IAEA가 인체에 위험하지 않다고 제시한 과학적 근거를 논란으로 몰고 간다. IAEA의 근거는 다른 과학자들에 의해 여러 차례 반박되는데, 만일 막상 오염된 사실을 확인한 다음에는 그 진위 따위는 그리 중요하지 않을 것이다.

그리고 이러한 정동의 영향력은 미디어 장치들을 통해 광범위하게 매개된다. 「밥상에 세슘 180배 우려 안 돼…일본에 오염수 보관하라」

(『한겨레』, 2023. 6. 8), 「5월 후쿠시마 앞바다서 잡힌 '세슘 우럭'…기준치 180배 방사능 범벅」(『서울신문』, 2023. 6. 7), 「대통령실 구내식당에 우럭·장어·전복…오염수 불안에 소비 촉진」(『한겨레』, 2023, 8. 28). 그런데 여기에도 우리에게는 의식조차 되지 않는 또 다른 희생자가 있다. 그것은 후쿠시마 앞바다에서 잡힌 우럭이다. 그 물고기 비인간은 방사성 물질에 깊이 오염된 해양 생명체다.

밥상에서 누려야 할 건강을 염려하고, 수산물 수입 금지를 둘러싼 경제적 손해를 염려하며, 오염수냐 처리수냐를 놓고 공방을 벌이는 정치적 근시안이 있을지언정 오염수 방류에 반대하는 환경 단체들마저도 세슘에 오염된 우럭을 전혀 염려하지 않는 듯하다. 인류에게 중요한 것은 인류애이다. 그렇기에 인류세의 위기에서 벗어나야 할 인간의 첫 번째 관심 대상은 당연히 인간이다. 이것을 부정할 수는 없다. 그러나 이러한 위기의 원인을 생각해 보면, 생태계 위기에서 배려해야 할 대상은 단지 인간만이 아니다. 자연에 대한 인간적인 것으로의 무한한 환원이 대가속의 내용이라면 거기서 잊힌 것은 지구에 함께 거주하면서 서로 영향을 주고받는 인간 바깥의 존재들이다. 우리는 니체가 비판적으로 숙고한 그 시대처럼 '인간적인 너무도 인간적인' 방식으로 사고해 왔고, 비상사태를 선포할 위기에서라면 더욱더 철저히 인간적으로만 세상을 바라보았다. 피폭된 우럭은 우리에게 이런 위기 상황에 분노하고 대응하도록 이끌었지만 정작 우리가 그 비인간들의 죽음을 기억하지 못하는 건 안타까운 일이다. 그러고 보면 엄청난 재난과 비극을 겪으면서도 우리는 너무나 많은 것을 보려 하지 않았다. 후쿠시마 앞바다에서 잡혀 아이스 큐브 위에 놓인 우럭의 사진을 보면서도 그 생명체가 세슘에 오염된 것인지 알지 못했다. 그런 와중에도 우리는 물고기를 식탁에 올리느니 마느니 고민하고 있었다. 이런 역설적인 망각이 인간에 대해서도 일어나지 말라는 보장은 없다. 그렇기에 인류세 위기로부터 지구 거주자들이 처한 취약성은 인간적인 의식 저 바깥에 있다고 해야 할 것 같다. 위기는 더욱더 근본적이다. 인류세의 양상은 '기후 느낌'에서 보았던 것처럼, 쉽사리 망각되거나 아니면 아예 포착되지도 않는다. 그러한 만큼 그것은 치명적이다. 누군가에게는 파국적이다.

파국의 다음은 구원일까

트리니타이트Trinitite라는 낯선 이름의 광석이 있다. 붉은색 혹은 검은 색도 있지만 에메랄드빛을 띠는 광석은 더 아름답다. 트리니타이트는 원래 자연에서 찾을 수 있거나 아니면 흔하게 만날 수 있는 광물이 아니다. 그것은 뉴멕시코의 사막 한가운데에서 1945년 7월 16일 처음 탄생했다. 그것은 매우 희귀한 물건이다. 희귀성은 소유 욕망을 자극하는 법이다. 그 탓에 사람들은 뒷거래로 트리니타이트를 사고팔았다. 그런데 언제부턴가 이 광물에 대한 접근이 금지되었다. 그것은 너무 예쁘지만, 너무 치명적이기도 했기 때문이다.

트리니타이트는 '트리니티 테스트'라는 위험한 실험과정에서 생성된 인공물이다. 실험은 일본 나가사키에 원자폭탄 '팻맨'이 투하되기 한 달 전에 이루어졌다. 실험할 때 연구자들은 원자폭탄을 철탑에 매달아 놓았는데, 폭발과 동시에 주변에 있던 모래가 초고열로 융해되면서 강한 방사성을 띤 광물로 변형 생성되었다. 당시 실험을 주도했던

[그림 8] 트리니티 테스트가 시작된 지 0.016초 만에 발생한 원자폭탄 버섯구름이다. 약 200미터 높이까지 올라온 상태이다. wikimedia commons

이들도 이 광석에 눈길을 빼앗겨 손으로 만져보며 감탄할 정도였는데, 그들은 피폭의 위험을 알지 못했다.

아름다운 것은 실험 부산물만이 아니었다. 폭발 자체도 그랬다. 실험은 새벽 5시를 넘긴 시간에 감행됐다. 이론상 TNT 22kt 정도가 보여줄 위력이었는데, 상상만으로는 쉽게 가늠이 되지 않을 가공할 만한 폭발을 일으켰다. 파동이 반경 160km 떨어진 곳에서도 느껴질 정도였다. 이것은 서울에서 대전까지의 거리다. 그리고 실험 장소로부터 대략 16km 떨어진 관측소에서 강렬한 섬광과 주황색으로 물든 버섯구름을 관찰할 수 있었다([그림 8]). 버섯구름은 거의 12km 상공까지 떠올랐다. 천둥소리는 번개보다 나중에 등장하기에 순간의 적막 한가운데 떠오른 버섯구름이 놀랍기보다는 오히려 아름다운 풍경처럼 느껴졌다. 관측소보다 먼 곳에 살던 주민들도 아름다움을 볼 수 있었지만, 그 대가는 피폭이었다. 그리고 나가사키에 팻맨이 투하되었을 때, 그곳에서는 14만 명이 넘는 주민이 죽거나 상처를 입었다.

치명적인 아름다움의 역설은 다른 곳에서도 나타났다. 우크라이나에는 벨라루스와 국경을 마주한 지역에 '붉은 숲Red Forest'이라 불리는 곳이 있다. 10km^{2}에 이르는 전체가 생강처럼 연한 적갈색을 띤 소나무 숲으로 장관을 이룬다. 이 숲은 원래 '벌레나무숲Worm Wood Forest'이라 불렸는데 여느 소나무 숲처럼 푸르렀고 인근 남동쪽에는 키에프 저수지가 아름답게 펼쳐져 있었다. 그런데 1986년 4월 26일 새벽, 인근 체르노빌 원자력 발전소가 갑자기 폭발하면서 숲 전체가 일순간에 붉게 변해버렸다. 허술한 관리로 인해 단 수십 초 만에 원전 4호기가 폭발했다. 위력은 나가사키에 떨어진 팻맨보다 수십에서 최대 수백 배에 이르렀고 그 결과 어마어마한 방사성 물질이 푸른 대지로 퍼져나갔다. 인류사상 최대 규모였다.

원자력 발전소에서 일단 폭발이 일어나면 아무리 방화 물질을 쏟아부어도 진화할 수 없는 상황이 발생한다. 이런 폭발은 인간들이 감당할 수 있는 선을 훌쩍 넘어서는 것이다. 그래서 폭발한 4호기의 구멍을 거대한 콘크리트로 부어 덮어버리는 데까지만 반년이 넘게 걸렸다. 이듬해 이탈리아가 국민투표를 통해 탈원전을 선언할 만큼, 체르노빌 원전 폭발은 유럽을 충격에 빠뜨렸다. 그리고 수년 뒤에 이 사건은 무능과 무책임, 검열과 성과주의, 은폐에 몰두했던 관료주의 소련연방이 붕괴하는 계기가 되었다.

하지만 30여 년 전 사건을 우리는 잘 모른다. 체르노빌의 붉은 숲은 사건 발생 후 바로 갈아엎어졌고 그 자리에 새로운 소나무가 자라났다. 이제 그 숲은 푸르고 사람들이 사라진 자리에 사슴, 멧돼지, 야생말, 늑대, 비버, 황새 등 동물들이 갑자기 증가하면서, 마치 생물종 다양성을 보존한 생태숲처럼 변했다. 하지만 이것은 역설적인 일이다. 붉은 숲은 여전히 인간이 접근하기 어려운 방사성 물질로 가득하다. 그리고 방사능 폐허는 아마겟돈이 아니라 다크투어리즘으로 돈벌이가 되는 새로운 관광자원이 되었다. 미국 뉴멕시코의 사막도, 붉은 숲도 사람이 접근하지 못하는 곳이다. 사람들은 그곳을 불모지라고 부른다. 인간의 접근이 금지된 그곳을 우리는 잘 모른다. 반대로 그곳은 더없이 평화로운 사막이고 아름다운 숲이다. 평화롭고 아름다운 그곳에서 우리는 '알지 못함을 알지 못한다.'

앞서 보들레르가 느꼈을 치명적인 아름다움이란 파국에 대한 느낌이었을지 모른다. 그는 썩는 냄새에서 죽음만이 아니라 아름다움의 영원함을 보았다. 파국은 세계의 종말이나 필멸mortality을 떠올린다. 그런 만큼 파국의 느낌과 이미지는 개인이나 집단에서 매우 강력한 정동 장치의 역할을 한다. 가령 죽음은 개인이 처한 불가피한 파국적 상황일 수 있는데, 파국은 상상 속에서 사후 세계나 지옥의 모호한 관념과 연결된다. 하지만 그것이 도덕적, 윤리적 규범과 결부되어 훈육을 위한 사회적 수단이 될 때는 강력한 힘을 발휘하는 정동 장치가 된다. 장치는 가시적이고 구체적인 이미지일수록, 그리고 더 끔찍할수록 더 효과적이다. 사회는 이를 위해 다양한 지옥과 종말을 발명했다.

먼 옛날 아일랜드에 툰달루스Tundalus라는 기사가 살았는데, 12세기 아일랜드 수도사였던 마커스가 그 기사가 겪었던 신기한 일을 기록으로 남겼다. 툰달루스의 일화는 여러 판본으로 수백 년 동안 유럽에 전파되었는데, 게티 뮤지엄이 입수한 판본, 일명 '게티 툰달루스Getty Tondal'는 지금까지 남아있는 가장 오래된 판본 가운데 하나다. 1475년경 영국 요크의 마가렛 공작부인이 프랑스의 뛰어난 필사가 다비드 오베르David Aubert와 삽화가 시몽 마르미옹Simon Marmion에게 의뢰해서 이 책을 제작했다.

'툰달루스가 본 것들'이 책의 내용이다. 툰달루스는 어느 날 한 귀족의 만찬에 초대받았는데 그곳에서 갑자기 의식을 잃고 쓰러진다. 몇

[그림 9] 시몽 마르미옹이 그린 삽화로 툰달루스가 천사에게 이끌려 가서 눈으로 확인한 '짐승의 모습을 한 지옥'이다. wiki commons

날을 그렇게 죽은 듯 혼수상태로 지낸 툰달루스는 다시 깨어나 친구들에게 자기가 보았던 일들을 이야기한다. 그는 자기가 쓰러졌을 때 영혼이 몸에서 분리되어 천사를 따라 이리저리 낯선 곳들에 가게 되었는데, 거기서 살인자, 도둑과 강도, 부도덕한 자, 이교도 등이 어떤 끔찍한 형벌에 처해지는지를 목격한다. 거기엔 악인을 죽이는 가마솥, 유황계곡, 지옥과 루시퍼 등이 있었다([그림 9]). 하지만 이런 몹쓸 곳을 벗어나면 마지막에는 천사와 성인들이 사는 천국에 이른다. 깨어난 툰달루스는 그것들을 자기 목소리로 증언한다. 목소리가 이제 지옥과 천국을 진짜 있게 있다. 툰달루스의 이야기는 단테의 『신곡』에 영감을 주었다.

그런데 이런 죽었다가 살아 돌아온 영웅의 서사는 어쩐지 익숙하다. 이미 플라톤은 파피루스에 쓴 『국가/정치politeia』에서 레테lethe를 다시 건너온 한 청년의 이야기를 언급한다.[2] 레테는 죽은 자들이 건너

---

2 플라톤, 박종현 옮김, 『국가/정체』, 서광사, 2005, p.652.

면서 그 강물을 마시고 이승의 일을 모두 잊게 하는 망각의 강이다. 우연히 죽음을 맞은 소년이 살아 돌아와 레테 너머의 세상에 관해 말해준다. 그곳은 선하고 아름다우며 참된 세상이기에, 우리가 진정 따르고 욕망해야 할 것이 실제로 있다고 그의 목소리가 증언한다. 플라톤은 그래서 이런 참된 것을 다시 찾는 일을 망각에서 벗어남alletheia(알레테이아) 혹은 참된 것을 떠올림anamnesis(아남네시스)이라고 말했다.

플라톤의 이야기와 툰달루스의 이야기는 이승과 저승의 이원화된 세계, 저승 세계에서의 귀환이라는 구조가 비슷하다. 플라톤에게 저승은 조금 단순하다 해도 반드시 추구해야 할 명확한 이데아의 세계이고, 툰달루스에게 저승은 조금 더 복잡한 세계로 여러 끔찍한 상황을 거쳐야만 도달할 수 있는 천국이다. 그렇지만 마치 알레테이아처럼 툰달루스의 이야기에서 지옥의 존재도 참이라고 주장된 그것, 즉 천국이라는 존재를 확정 짓는 결정적인 장치다.

툰달루스 이야기는 사람들에게 윤리적 규범을 지키도록 촉구하고 불가피한 파국 앞에서 그들이 마지막 구원을 요청하도록 훈육한다. 그렇기에 파국은 모종의 구원 이미지를 숨기고 있다. 말하자면 종말론은 아브라함Abraham의 메시아주의 같은 구원의 역사적 관점을 감추는 것이다. 그러한 한에서 파국은 단순한 위험이 아니다. 그것은 완전한 파멸 내지는 종말을 뜻하지만, 반대로 그렇기에 자신의 운명을 다한다. 그것은 전에 없던 새로운 세계의 생성을 의미한다. 이것이 파국을 구원의 이미지와 연결하게 한다. 이것은 파국과 구원을 동시에 바라보는 제3의 관점이다. 발터 벤야민Walter Benjamin(1892~1940)은 「역사의 개념에 대하여」(1940)에서 화가 파울 클레의 작품 〈새로운 천사Angelus novus〉(1920)를 해석하면서 이렇게 말한다.[3]

파울 클레Paul Klee가 그린 〈새로운 천사Angelus Novus〉라는 그림이 있다. 이 그림의 천사는 마치 자기가 응시하고 있는 어떤 것으로부터 금방이라도 멀어지려고 하는 것처럼 묘사되어 있다. 그 천사는 눈을 크게 뜨고 있고, 입은 벌어져 있으며 또 날개는 펼쳐져 있다. 역사의 사건들이 전개되고 있는 바로 그곳에서 그는, 잔해 위에 또 잔해를 쉼 없이 쌓이게 하고 또 이 잔해를 우리들 발 앞에 내팽개치는 단 하나의 파국만을 본다. 천사는 머물고 싶어 하고 죽은 자들을 불러일으키고 또 산산이 부서진 것을 모아서 다시 결합하고 싶어 한다. 그러나 천국에서 폭풍이 불어오고 있고 이 폭풍은 그의 날개를 꼼짝달싹 못하게 할 정도로 세차게 불어오기 때문에 천사는 날개를 접을 수도 없다. 이 폭풍은, 그가 등을 돌리고 있는 미래 쪽을 향하여 간단없이 그를 떠밀고 있으며, 반면 그의 앞에 쌓이는 잔해의 더미는 하늘까지 치솟고 있다. 우리가 진보라고 일컫는 것은 바로 이러한 폭풍을 두고 하는 말이다.

이 대목은 파국의 상황에서 메시아적인 것이 가지는 의미를 분명하게 드러낸다. 벤야민의 이 글에서는 몇 가지 중요한 통찰이 있다. 이중적인 천사가 있다. 파국은 쌓이고 있는 파편들처럼 현재 혹은 과거이다. 사건들의 파편은 마치 꽃들이 태양을 바라보며 움직이듯 구원을 향한다. 그리고 과거는 미래를 함축한다. 폭풍이 과거를 바라보고 있는 천사를 저편으로 계속 밀어붙이고 있기 때문이다. 폭풍은 역사의 시간이다. 천사는 구원으로 향하는 그런 파국을 바라본다. 천사야말로 파국에서 새로운 사건을 일궈내는 존재다. 천사야말로 폭풍과 잔해를,

---

3 발터 벤야민, 최성만 옮김, 「역사의 개념에 대하여」, 『역사의 개념에 대하여 폭력 비판을 위하여 초현실주의 외』, 길, 2008, p.339.

파국과 희망을 바라보는 제3의 관점이기도 하다.

벤야민의 이런 생각은 마르크스가 설명한 유물론적 역사와 오버래핑된다. 비록 그가 모스크바를 여행하면서, 당대 마르크스주의자들이 계급혁명 논리를 독점한 채 현실에서 실패를 거듭하고 있다고 여기긴 했지만 말이다. 마르크스는 산업자본주의가 지닌 내재적 모순으로부터 세 가지 역사적 전개, 즉 프롤레타리아의 계급투쟁, 역사적 진보, 그리고 계급 없는 사회라는 일방향적인 역사 운동이 이루어질 것으로 보았다. 이는 역사가 이성의 원리에 근거해서 합목적적으로 발전한다고 주장한 헤겔 역사철학의 유물론적 버전이다. 반면 벤야민은 파국과 구원에 몰두한다. 그가 신학 정치의 냄새를 풍기는 이유는 역사에 대한 그의 생각이 어떤 정동과 믿음에 연루되기 때문이다. 이는 무엇보다도 천사가 처한 상황에서 잘 드러나는데, 그는 폭풍에 휘말려 순간순간 곤란과 위험에 직면해 있다. 위험은 불안한 분위기와 정동을 촉발한다. 그리고 구원은 그런 불안을 끝장내는 것에서 멈추지 않는다. 거기서 멈춘다면 그것은 허무주의로만 끝날 것이다. 반면 구원은 이전 세계를 멈춤과 동시에 새로운 세계를 개방하는 것이다.

파국에 대한 벤야민의 생각에서 우리는 구원의 이미지를 확인할 수 있다. 그리고 이런 생각은 제법 오랜 역사를 가진다. 인류세를 바라보는 관점도 예외가 아니다. 인류세의 메시지는 단적으로 불안과 상상 속에서 파국의 이미지를 끝없이 재생산하고 있으며, 이것은 구원의 이미지도 동시에 생산하고 있다. 위험에 처한 것은 거의 모든 인간종이고 또한 다른 생명종들이다. 그런데 과연 구원은 이들 중 누구의 구원인가? 벤야민의 생각 속에도 인간 바깥의 존재는 포함되지 않는다. 구원은 오직 영웅적인 인간 천사에 의해서 이루어지는 것인가?

서로 다른 시간들

인류세에서 우리가 모면할 수 없는 위기는 파국의 이미지와 유사하다. 필멸이 인간에게 불가피한 조건이듯 종말은 모면할 수 없는 것이다. 행복한지 불행한지에 따라 '최후의 심판'에서처럼 종말의 양상은 다를 수 있다.

인류세 담론은 최근 파국의 분위기와 이미지를 과잉 생산하고 소비하는 행성적 체계를 구축하는 중이다. 그것은 거대한 불안을 부추기고 내면화하는 정동 장치로서 작동하고 있다. 이는 거의 두 갈래로 움직이는 듯한데, 한편으로는 세기말적인 종말론으로 전파되어 허무주의를 부추기는가 하면, 다른 한편으로는 메시아주의를 따라 원래 깨끗했던 자연으로의 귀환을 상상하는 듯하다. 그렇지만 이 갈래 길은 소박한 기대에 힘입어 하나로 합류한다.

세기말적인 종말론은 흔히 기후소설climate fictions이나 재난영화의 단골 주제이긴 하다. 영화 〈투모로우〉(2004)에서 주인공 폴은 기상학자다. 그는 기후변화로 기온이 상승해서 극지방의 빙하가 녹으면 바닷물 온도가 급강해서 갑자기 국지적인 빙하기가 도래할 것이라 경고했다. 이런 유의 영화가 그렇듯 너무 중요한 경고 메시지는 '항상 그리고 자연스레' 무시되고 결국 끔찍한 사건은 일어나고 만다. 대멸종의 파국을 향한 암울함 속에서 사람들은 두려움에 떨며 희망을 잃는다. 반면 다음 영화는 합류 지점을 보여준다. 〈인터스텔라〉(2014)는 양자역학을 배경으로 '별들 사이'를 여행하는 내용으로, 서로 다른 시공간의 인물들과 서사들이 얽혀 있어 영화를 보는 내내 이해가 쉽진 않다. 그리고 엉성한 이해력 탓에 영화가 기후 변화를 주제로 한다는 사실을 놓치고 만다. 이 영화는 정말 기후 위기와 관련된 작품이다. 영화는 2067년 기후 급변으로 황폐해진 지구를 버리고 인간종이 살 수 있는 새로운 행성을 찾아 우주로 떠난 이들과 남겨진 이들 사이의 이야기다. 게다가 인류세의 파국에서 구원을 기대하는 이야기이기도 하다.

파국과 구원 서사를 현실에서 잘 활용하고 있는 사람이 일론 머스크Elon Musk(1970~)일 것이다. 그는 인공지능에 의한 인간 존재의 위기, 우크라이나 러시아 전쟁, 가자지구에서 이스라엘인들에 의해 자행된 인종청소 등 지구상 모든 중대사에 간섭하면서 마치 지구 행성의 선지자이자 구원자인 양 스페이스-X 프로젝트를 홍보하고 있다. 그는 화성을 오고 갈 우주선이라는 숭고한 기계를 통해 우주기술을 기후변화 기술에 결합해서 값비싼 상품으로 되팔고 있다.

그런데 쓰레기 지구 행성을 버리고 신대륙으로 떠나려는 머스크의 제국주의적인 전략보다 더 현실적으로 여진 것이 '지속가능발전Sustainable Development' 전략이다. 이 담론의 공식적인 출발은 1987년 세계환경개발위원회World Commission on Environment and Development에서 제안한 보고서, 즉 「브룬트란트 보고서Brundtland Report」에서 비롯한다.[4] 이 보고서 원래 제목은 "우리의 공동 미래Our Common Future"이다. 보고서의 작성자들은 지속 가능한 발전을 '미래 세대가 그들의 필요를 충족시킬 능력에 저해 받지 않으면서 현재 세대의 필요를 충족시키는 발전'이라고 정의했다. 당시 위원회 위원장이자 노르웨이 총리였던 할렘 브룬트란트는 위기에 처한 환경 문제의 원인을 사회적 불평

---

4 WCED, Report of the World Commission on Environment and Development: Our Common Future, 1987.

등이나, 경제 성장과의 연관 속에서 찾으려 했다. 그래서 지속적인 발전을 위해서라면 자원 개발 및 사용과 관련해서 국가 간의 협력을 강화하고 장기적으로는 전 세계의 환경 문제를 해결할 수 있는 프로세스를 구축해야 한다고 주장했다. 여기에는 각 국가와 과학기술이 현재와 미래의 발전 수요를 충족시키기 위한 환경 능력에 제약을 가해야 한다는 의지가 표명된 것이다. 더욱이 세계 빈곤층을 위한 필수 요건도 충족되어야 한다는 목표도 포함된다. 보고서의 배경은 결국 '중요한 지구 환경 문제'가 북반구의 지속 불가능한 소비 및 생산 방식과 지구 남반구의 막대한 빈곤의 결과라는 문제의식이다. 여기서 환경 위기에 대한 의식이 결국 자본주의의 지속적인 발전이 불가능할지도 모른다는 위기감에서 비롯된 것임을 확인할 수 있다.

이 보고서를 다른 측면에서 보자면, 유럽과 북미의 자본주의 체계의 성장 토대였던 자원과 식량, 에너지, 인구 등의 요소들이 냉전 이데올로기나 경제 논리가 아니라 환경 위기라는 사안에 근거해서 통합적으로 조망되기 시작했다. 20여 년이 지난 2015년 UN은 「브룬트란트 보고서」를 바탕으로 「지속 가능한 발전 목표」를 제시했다. 서문에는 이렇게 씌어있다.

본 의제는 사람, 지구planet 및 번영을 위한 행동계획이다. 이 계획은 또한 더 큰 자유 속에서 보편적 평화를 증진하고자 한다. 우리는 극빈을 포함한 모든 형태와 차원의 빈곤을 근절하는 것이 지속가능한 발전을 위한 최대의 글로벌 과제이자 하나의 필수 요건임을 인식한다. 모든 국가와 이해당사자들은 협력적 파트너십 정신으로 행동하면서 이 계획을 이행할 것이다. 우리는 빈곤과 결핍의 횡포로부터 인류를 해방하고, 우리의 지구를 치유하며 지킬 것을 결의한다. 우리는 세상이 지속가능하고 회복력 있는 길로 옮겨 가기 위해 시급하고도 담대한 변화의 걸음을 걸을 것이다. 우리는 이런 공동 여정을 시작하면서, 누구도 뒤처져 소외되지 않을 것임을 서약한다.

여기서는 「브룬트란트 보고서」와 마찬가지로 빈곤의 극복이 주요 목표이다. 하지만 목표의 실행을 위해서는 지역 간, 인종 간, 국가 간 격차를 해소해야 하는 것은 물론 훼손된 지구를 치유하고 지켜야 한다. 무엇보다도 이 서문에서는 지구에 대해 인간이 취하는 관점이 분명히 드러난다.

이유가 은폐되었지만, 그 당시에도 지구는 이미 훼손되어 있었다. 그리고 보고서는 이를 '엄연한 사실로 받아들였다.' 게다가 보고서는 지구가 기본적으로 '우리의our' 지구, 아마도 인간들인 우리의 지구라고 썼다. 그런데 이미 훼손된 지구를 보호해야 하는 것은 인간이 지역, 국가, 인종을 넘어 빈곤과 결핍에서 벗어나기 위해서이다. 결국 보고서의 목표에서 표명하고 있는 지구란 인간의 발전을 위해 계속 자원으로 남아있어야 할 존재일 따름이다. 이것은 한국의 관련법에서 더 분명히 드러난다. 우리는 2022년 「지속가능발전 기본법」을 제정하고, 1장 2조에서 다음과 같이 규정한다.

지속가능성이란 현재 세대의 필요를 충족시키기 위하여 미래 세대가 사용할 경제, 사회, 환경 등의 자원을 낭비하거나 여건을 저하低下시키지 아니하고 이들이 서로 조화와 균형을 이루는 것을 말한다. 지속가능발전이란 지속가능한 경제 성장과 포용적 사회, 깨끗하고 안정적인 환경이 지속가능성에 기초하여 조화와 균형을 이루는 발전을 말한다. 지속가능한 경제 성장이란 지속가능한 생산, 소비 구조 및 사회기반시설을 갖추고, 산업이 성장하며 양질의 일자리가 증진되는 등 경제 성장의 산물이 모든 구성원에게 조화롭게 분배되는 것을 말한다. 포용적 사회란 모든 구성원이 존엄과 평등, 그리고 건강한 환경 속에서 자신의 잠재력을 실현할 수 있도록 경제, 사회, 문화적으로 공정하며 취약계층에 대한 사회 안전망이 보장된 사회를 말한다.

그런데 위의 인용문을 읽다 보면 여기서도 무언가 빠진 게 있음을 알게 된다. 즉, 1980년대의 보고서가 환경이라는 말 뒤에서 애써 지키려 했던 '자연'에 대한 배려가 우리의 「지속가능발전 기본법」에서는 사라지고 그 대신 자원을 낭비하지 않는 일과 자원 사용의 여건을 악화하지 않는 일만이 더없이 강조되는 것이다. 거기엔 '지구'라는 존재가 없고 우리를 둘러싸고 있으며 우리를 위해 기꺼이 자원이 될 '환경'만 남아있다. 파국이 문앞에 당도했다는 것보다는 정치적 경제적 현실의 위기를 극복하기 위한 사회적, 경제적, 문화적 시도와 노력이 줄기차게 강조된다.

다른 한편 과학기술 낙관주의는 기후 위기의 비관적 전망을 열심히 대리 보충하고 있다. 수많은 인류세 과학자들이 근대 과학기술로부터 초래된 인류세 위기를 극복하기 위해서는 다시 한번 첨단 과학기술 개발에 박차를 가해야 한다고 주장한다. 이들은 과학기술에 힘입어 과거 인간이 저지른 '죄'를 씻어낼 수 있다는 소박한 기대를 품고 있다. 하지만 그런 소박한 기대를 더욱 무색하게 만드는 것은 1960년대 처음으로 그 모습을 온전히 볼 수 있었던 지구가 단순히 자원 고갈로 사라질 환경이 아니라는 사실이다. 다시 말해서 인류세의 과학기술은 지구가 인간에 의해 온전히 제어되지 않는 불가항력의 존재라는 사실을 거듭 확인해주고 있다.

인류세 담론을 이끈 파울 크뤼첸Paul Crutzen(1933~2021)은 독일 막스플랑크 화학연구소의 과학자로서 질소산화물이 오존의 분해를 일으키는 촉매제 역할을 통해 궁극적으로 오존층에 구멍을 낼 수 있다는 사실을 밝혀냈다. 그는 프랭크 롤런드, 마리오 몰리나와 함께 1995년 노벨 화학상을 받았을 때 기념 인터뷰에서 이렇게 말한다.[5]

[질문] 우리가 잘못한 일의 결과로 [성층권 오존층 파괴와 같은] 위험한 상황이 야기된 것일 수 있고 하셨는데, 온실효과에 대해서는 나중에 어쫘보더라도 지금 오존은 어떤가요? 우리가 확인할 수 있는 오존 구멍과 변화는 자연스럽고 통제 가능한 상태인가요, 아니면 전혀 통제할 수 없는 상태인가요?

[파울 크뤼첸] 아니요, 오존 구멍은 자연적이지 않아요. 대기 중 인간 활동에 의한 염화불화탄소CFCs의 투입이 없었다면 오존 구멍은 존재하지 않았을 겁니다. 하지만 잘 알고 계시듯, 과학 발전 덕분에 지금 무슨 일이 일어나고 있는지 매우 잘 파악하고 있고 그래서 정치적 결정도 더 쉽게 이루어질 수 있습니다. 만일 당신이 거기에 서서, '그럴 수도 있고 그렇지 않을 수도 있지요.'라고 말하면 아마 정치인은 아무것도 하지 않을 겁니다.

처음에는 오존 구멍도 그대로였지만 그리 오래 가지 않았어요. … 염

---

5 Interview with Paul Crutzen by Astrid Gräslund at the meeting of Nobel Laureates(Lindau, Germany, June 2000: https://www.nobelprize.org/prizes/chemistry/1995/crutzen/interview/). 인용문에서 강조된 문장은 저자에 의함.

화불화탄소가 주범이라는 게 너무 분명했고, 1996년 이후 산업계는 그 가스를 더는 생산하지 않고 있고 가까운 미래에 개발도상국에서도 더는 생산하지 않을 겁니다. 규제도 있을 거예요.

[질문] 이 정도면 오존 구멍을 막기에 충분할까요?

[파울 크뤼첸] 글쎄요, 더는 할 수 있는 일이 없어요. 오존 구멍이 사라지려면 30년에서 최대 100년이 걸릴 겁니다. 게다가 염화불화탄소 가스는 대기 중에 희석된 상태여서 그것들을 따로 골라내서 없앨 수가 없어요. 자연이 알아서 해야 하는데, 너무 늦었습니다. 이제껏 오존층을 복구할 수 있다는 세간의 아이디어는 완전히 비현실적이었어요. 대부분 예전 군사 연구소에서 누군가가 세상을 구해주길 바라는 마음으로 나왔던 것들이죠. 그것들도 현실적인 것은 없었습니다.

30년 전 크뤼첸의 탄식에 가까운 목소리에서 인류세의 불안하고 어두운 분위기가 짙게 감지된다. 우리가 할 수 있는 일이 더는 없다. 자연이 알아서 해야 할 일이지만 너무 늦었다. 파국이다.

우리는 인류세 담론이 파국 너머를 계속 개방한다는 사실을 이해해야 한다. 허무이든 구원이든, 이 둘이 실존적인 선택 문제처럼 느껴질지라도 말이다. 무엇보다도 어떤 인류세 담론은 지구에 대한 인간의 개입, 그리고 그것에 의한 상관물로서 자연에 대해 말하지만, 또 다른 인류세 담론, 특히 과학기술 낙관론이 생산해낸 파국의 이미지는 지구 혹은 자연을 우리와 분리해서 바라보도록 만드는 측면이 있다. 그리고 그런 관점에서 지구는 인간의 완전한 타자로 여겨진다. 그래서 지구는 어디까지가 인간 상관물이고 어디까지가 타자인지의 문제가 불거진다. 다른 한편 어떤 인류세 담론은 지구를 인간과 비인간의 얽힘으로 본다. 더욱이 비인간으로서 지구는 인간과 관련되어 있지만 무관한 '멀리 있어 보이지 않는' 타자성을 포함한다는 것이다.

인류세의 과학적 지식이 미칠 영향을 비판적으로 사유하는 역사학자 디페시 차크라바르티Dipesh Chakrabarty(1948~)는 이러한 조건을 두 가지 시간의 어긋남과 얽힘으로 설명한다. 무엇보다 그에게 시간은 역사 개념과 관련된다.[6] 시간 계열을 따라 운동하는 역사는 인간적인 역사와 '깊은 역사deep history'로 구별된다. '깊은' 역사는 인간종이 존재하기 이전의 시간을 말한다. 그 시간을 채우는 것은 인간 이전의 지구뿐이다. 그런데 인류세 위기는 지구를 행성이라는 거시존재로 가시화해서 사고하면서 지구를 인간과 서로 얽힌 관계 문제로 사유하게 한다. 그 결과 지구 비인간은 인간의 역사처럼 하나의 역사로 기술될 수 있다.

이런 관점은 두 가지 의미를 드러낸다. 하나는 인간이 개입할 수 없었던 시간이 존재했다는 점에서 지구가 인간종보다 더 '깊다'는 사실이 더욱 명료해진다. 여기서 누군가는 앤트로포신Anthropocene, 즉 인류세가 '깊은 시간'이기에 설명될 수 없는 것이 아니라 과학기술로 충분히 기술된다고 여긴다. 예를 들어 과학으로서의 지질학이 플리오신Pliocene, 플라이스토신Pleistocene, 홀로신Holocene 등을 지구의 시간으로 분류하려는 것처럼 말이다. 이런 설명은 자연을 과학의 대상으로 객체화하는 전형적인 방식을 따른 것이다. 그리고 바로 이 때문에 지

---

6 디페시 차크라바르티, 이신철 옮김, 『행성 시대 역사의 기후』, 에코리브르, 2023, p.83.

질학은 인류세를 자신의 용어로 받아들이지 않는다. 즉, 다른 어떤 사람들은 인류세라는 용어를 통해 지구를 모호하고 분류할 수도 없는, 인간과의 혼성인 존재로 설명하려 하기 때문이다. 차크라바르티야말로 파국적인 분위기 가운데서 인류세의 시간 구분을 비인간의 역사로 기술했다. 그에게 지구는 자연사박물관을 가득 채운 자연 사물이 아니라 인간과 시간적 상관관계에서 존재하는 행성이다.

'깊은 시간'의 또 다른 의미는 인류세가 지구의 시간을 인간의 시간으로 환원하지 않는다는 것이다. 오히려 인류세의 위기는 두 가지 시간이 서로 다르다는 것을 보여준다. 게다가 우리의 시간 개념은 지구의 시간이 순환하는 거대한 운동의 흔적이라는 점을 놓치곤 한다. 크뤼첸이 위에서 온실가스로 알려진 질소화합물이 인간 사회에서 생성되어 성층권에 구멍을 만들고 그것이 매워지는 시간을 30~100년이라고 말했을 때를 기억해보자. 인간에게 그 시간은 두 세대를 보내는 시간이겠지만, 추정된 45억 년의 운동에서 그 시간은 찰나에 불과하다. 파국은 인간종이나 몇몇 생명체에게만 닥칠지 모른다. 지구가 아니다. 그리고 파국 이후 구원된 새로운 세계는 지구 비인간만의 것일지도 모른다.

파국이 표현하는 구원 서사는 대부분 원래의 것 혹은 기원을 향한 귀환의 이야기이다. 그러나 인류세의 파국이 만일 우리 인간종에게 닥친다면, 과연 그 국면에서 우리는 우리 자신의 기원을 발견할 수 있을까? 그것은 인간종이 등장하기 전 지구는 아닐 것인데, 파국 이후 인간종 이전의 지구를 우리는 볼 수나 있을까?

| 참고문헌

- 디페시 차크라바르티, 이신철 옮김, 『행성 시대 역사의 기후』, 에코리브르, 2023.
- 발터 벤야민, 최성만 옮김, 「역사의 개념에 대하여」, 『역사의 개념에 대하여 폭력비판을 위하여 초현실주의 외』, 길, 2008.
- 플라톤, 박종현 옮김, 『국가/정체』(politeia), 서광사, 2005.
- James Hanson, Global climate changes as forecast by Goddard Institute for Space Studies three-dimensional model, Journal of geophysical research: Atmospheres, 93(D8), 1988.
- Paul Crutzen, Interview by Astrid Gräslund at the meeting of Nobel Laureates (Lindau, Germany, June 2000: https://www.nobelprize.org/prizes/chemistry/1995/crutzen/interview/).
- WCED, Report of the World Commission on Environment and Development: Our Common Future, 1987.
- 국무조정실, 「지속가능발전 기본법」, 2020(국가법령정보센터, https://www.law.go.kr)
- 「5월 후쿠시마 앞바다서 잡힌 '세슘 우럭'…기준치 180배 방사능 범벅」(『서울신문』, 2023. 6. 7)
- 「대통령실 구내식당에 우럭·장어·전복…오염수 불안에 소비 촉진」(『한겨레』, 2023. 8. 28)
- 「밥상에 세슘 180배 우럭 안 돼…일본에 오염수 보관하라」(『한겨레』, 2023. 6. 8)

3장

버려진 것들

쓰레기로 충만한 세계

이탈로 칼비노Italo Calvino(1923~1985)의 소설 『보이지 않는 도시들』
은 한 평생 세상을 떠돌다가 늙어버린 마르코 폴로가 동양의 한 군주
에게 들려주는 이야기들로 엮인 책이다. 거기서는 수만 가지 도시의
낯선 삶들이 다양한 느낌으로 묘사된다. 레오니아라는 한 도시가 있
다. 레오니아는 그 어느 도시보다 풍요롭고 깨끗하며 아름답다. 이렇
게 된 데에는 매일 아침 쓰레기를 치우느라 애쓴 청소부들의 노고가
있다. 그런데 레오니아의 풍요는 그곳 사람들이 끊임없이 새로운 물
건들을 사들이는 데서 알아볼 수 있다. 그들은 새로운 물건들로 주변
을 채우고, 가지고 있던 물건들을 아낌없이 버린다. 그들은 물건들을
버리기 위해 새 물건을 사들이는 듯하며, 그들의 풍요로움은 쓰레기
를 만들어 버리는 일에서 오는지도 모른다. 레오니아 사람들은 그저
충만한 삶을 즐길 뿐이다. 반면 낯선 이방인 마르코 폴로만이 저 멀리

쓰레기 성벽을 걱정스레 바라보며 이렇게 말한다.[1]

보도 위에서는, 레오니아에서 나온 어제의 쓰레기들이 깨끗한 비닐봉지에 싸여 쓰레기차를 기다리고 있습니다. 눌러 짠 치약, 터져 버린 전등, 신문, 그릇, 포장 재료 같은 것들만이 아니라 보일러, 백과사전, 피아노, 도자기 세트 같은 것들도 있습니다. 레오니아의 풍요로움은 매일 생산되고 판매되고 구매되는 것보다, 매일 새로운 것들에게 자리를 내주기 위해 버려지는 물건들로 측정될 수 있습니다. 그래서 레오니아가 가장 열광하는 일이 정말 소문처럼 새롭고 다양한 물건들을 즐기는 것인지 혹은 오히려 되풀이되는 불순함을 쫓아 버려 자신에게서 멀어지게 하고 스스로를 정화하는 것인지 자문해 보게 됩니다. 당연히 청소부들은 천사처럼 환영을 받습니다. 어제의 잔재를 치우는 그들의 임무는, 신심에 영향을 주는 의식처럼 말 없는 존경을 받습니다.

레오니아 사람들은 청소부들이 매일 쓰레기를 어디로 가져가는지 아무도 궁금해하지 않습니다. 물론 청소부들은 그것을 도시 밖으로 가져갑니다. 하지만 매년 도시가 확장되기 때문에 쓰레기장은 점점 더 멀리 물러나야 합니다. 버려지는 양이 늘어나면 늘어날수록 쓰레기 더미는 점점 더 높아지고 겹겹이 쌓이고 반경을 넓혀갑니다.

레오니아 사람들의 무관심 속에서 쓰레기가 된 물건들은 청소부들의 손에 맡겨져 도시 바깥으로 옮겨진다. 어느새 도시의 경계는 쓰레기 성벽으로 둘러쳐진다. 산처럼 높아진 쓰레기 성벽은 마침내 레오니아를 향해 쏟아질 듯 위태롭다.

---

1 이탈로 칼비노, 이현경 옮김, 『보이지 않는 도시들』, 민음사, 2016, p.144.

레오니아에 대한 칼비노의 상상에서 쓰레기가 된 비인간 사물들은 배제와 은폐의 메커니즘에 따라 자기 운명을 맡겨야 한다. 배제는 득실 관계의 힘에 따라 이곳에서 저곳으로의 이동이다. 비인간 사물의 입장에서 이동은 떠밀림이고 인간에게 그것은 밀어냄이다. 소유하던 물건을 폐기한다는 것은 자기 내부에서 외부로 향한 혐오 정동의 운동이다. 나중에 다시 언급하겠지만, 안에서 밖으로의 강한 운동이 혐오의 외적인 운동 형식이다. 가령, 독성 물질을 품은 위장은 게워내는 극단적인 운동을 통해 신체의 안전을 지킨다. 더러움은 오염을 암시하고 그것을 씻어냄으로써 위험을 해소한다. 이것을 청소라 부르기도 한다. 쓰레기는 버려진 것이고, 버려진 것은 가치가 상실한 것이고, 가치를 상실한 것은 불필요한 것이거나 심지어 천한 것으로 여겨진다. 그리고 마침내 그것들은 저 먼 곳으로 밀려난다. 내게서 멀리 있는 것 자체는 눈에 보이지 않는다. 더욱이 더러우면서 해를 미칠 수 있다고 여겨진 그것들은 이동마저도 눈에 보이지 않는 방식으로 이루어진다. 언제 어떻게 어디로 갔는지 우리는 알 수 없다.

메리 더글라스Mary Douglas(1921~2007)는 『순수와 위험Purity and Danger: An Analysis of Concepts of Pollution and Taboo』(1966)이라는 책에서 오염과 정화의 문화에 관한 사회적 의미를 살핀다.[2] 그녀는 더러움dirt이 다름 아니라 '제자리를 벗어난 것out of place'이라고 말하는데, 이는 어떤 것이든 그 자체로 더럽다기보다는 그것의 상대적인 배치로 정의된다는 것을 의미한다. 가령 조선시대 길거리에 널린 동물의 배설물은 더럽게 여겨지지만 어느 농부에게는 유기질 비료로 여겨질 수

---

2   메리 더글라스, 유제분, 이상훈 옮김, 『순수와 위험』, 1997, p.30.

있는 것이다.

이러한 논리를 사회 현실로 가져오면 어떤 존재에 대한 더러움의 사회적 규정은 그것으로 인해 기존 질서가 위태로워질 때 나타나는 공포나 불안과 관련된다. 신화의 시대에는 금기를 위반한 존재를 정화라는 의례를 통해 제거함으로써 사회적 무질서와 위협을 해소하려 했다면, 현대 사회에서는 통치 권력이 폐기물 처리나 위생 제도를 통해 시민들의 건강을 관리함으로써 그런 무질서의 위협을 해소하려 한다. 그렇지만 역사적으로 청소·정화 장치들은 정치적으로 오용되기도 했는데, 많은 독재 권력이 사회정화라는 명목으로 정치적 반대 세력을 숙청했던 것이 그 사례이다.

그리고 만일 우리가 구체적인 오염이 초래할 위협을 반복적으로 경험하거나 문화적으로 학습한다면 더러운 것으로 여겨진 존재는 공포가 아니라 정체를 알 수 없는 불안으로 느껴질 것이다. 그래서 그런 존재와 관련된 여러 간접 특징들만으로도 우리는 불안에 쉽게 휩싸일 수 있다. 불안한 사회적 분위기에서는 더럽다고 여겨진 존재들에 대한 배제가 더 빠르게 촉진될 것이다.

더러운 것을 공동체의 중심에서 그 주변의 경계 바깥으로 밀어내려는 배제 운동은 더러운 것이 낳은 위협이 관리되거나 해소되고 나면 최대한 비가시적인 방식으로 실현된다. 위에서 레오니아 사람들은 이 때문에 자기들이 버린 쓰레기를 보지 못하거나 의식하지 못했다. 이탈로 칼비노는 레오니아 사람들의 소비 욕망이 쓰레기의 존재를 억압한다는 점을 꼬집으려 했지만, 현실에서 나타나는 쓰레기의 비가시화는 쓰레기 처리의 체계가 그런 방식으로 구축되었기 때문이다.

경제 대공황 이후 소비자본주의 사회가 처음으로 등장하고 1960년대 그 절정에 다다랐을 무렵 미국에서는 쓰레기의 폐기가 마치 자본주의 시민의 당연한 권리처럼 여겨졌다.[3] 심지어 버리는 행위가 정치적인 해방처럼 여겨지기까지 했는데, 1954년 미국의 자본주의 역사학자는 어느 정도의 낭비를 용인하는 것이야말로 자유민주주의를 수호하고 부를 과시하는 전제 조건이라고 주장할 정도였다. 새로운 물건을 살 수 있다는 것이 소비자본주의 사회에서 무엇이든 할 수 있는, 무엇이든 선택하고 구매할 수 있는 능력의 자유를 뜻했다.

마가렛 버크-화이트Margaret Bourke-White(1904~1971)의 사진 한 장이 소비자본주의의 욕망을 적나라하게 보여주고 있다. 1937년 1월과 2월 사이에 펜실베니아주 피츠버그에서부터 일리노이즈주 카이로 사이에 연일 이어진 장마로 인근 오하이오강이 범람하고 생활 시설들이 모두 물에 잠기면서 100만 명 이상의 주민이 홍수 피해를 입었다. 다큐멘터리 사진 기자였던 버크-화이트는 당시 상황을 몇 장의 사진으로 기록했다. [그림 10]은 그중 하나이다. 사진에서는 아프리카계 미국인 홍수 피해자들이 적십자 구호소 앞에 줄을 서서 구호를 기다리고 있다. 줄 서 있는 사람들 뒤로 '세계 최고의 생활 수준world higheststandard of living'이라는 글귀가 쓰인 거대한 광고판이 눈길을 끄는데, 자동차에 가득 탄 백인 가족이 기대에 들뜬 얼굴로 어디론가 떠나고 있다. 경제 대공황을 거쳐 소비자본주의가 본격적으로 시작될 무렵 가부장제 백인 중심 미국 사회의 모습을 보여준다. 반면 가난한 노동자들과 자동차 광고가 극단적인 대조를 이루고 있다.

소비와 낭비가 권장된 배경에는 멈추지 않는 소비의 자유가 경제의

---

3 수전 트레이서, 김승진 옮김, 『낭비와 욕망. 쓰레기의 사회사』, 이후, 2010, p.294.

[그림 10] 1937년 〈LIFE〉 잡지에 실린 마가렛 버크-화이트의 사진

무한한 성장을 보증하리라는 믿음이 있었기 때문이다. 이는 산업자본주의에서 소비자본주의로의 체계 이동과 긴밀히 관련된다. 산업혁명 이후 산업자본주의의 옹호자들은 상품의 무한한 생산이 잉여 자본의 무한한 축적을 낳을 것이라는 낙관론을 믿었다. 하지만 상품의 무한한 증가가 직접적으로 구매력에 호응하지 못했을 때 그 결과는 경제 체계의 거대한 붕괴로 이어졌다. 이것이 잘 알려진 경제 대공황이다. 그 무렵 이 위기를 돌파하기 위해 헨리 포드Henry Ford(1863~1947)는 자동차 생산을 자동화함으로써 비용을 절감하고 이윤의 일부를 노동자에게 부여해서 노동자의 구매력을 증가시키고 소비를 부추겼다. 자본주의에서는 이제 소비가 미덕인 듯 여겨졌다. 그리고 1950년대 미국 소비자들에게는 쓰레기가 아무 걱정거리도 되지 않았다. 음식 쓰레기는 분쇄기에 갈아 하수구로 내려보내면 그만이었고, 나머지 쓰레기들은 민간 업체들이 직접 수거해갔기 때문이다. 마음대로 버릴 수 있는 여유가 마음대로 신상품을 소비할 자유를 보장해 준 것이다.

사회 비평가였던 벤스 패커드Vance Packard(1914~1996)는 『쓰레기 제조자The Waste Makers』(1960)라는 책을 썼다. 거기서 패커드는 우리에게 너무도 잘 알려진 '계획된 진부화planned obsolescence'라는 용어를 통해 소비자본주의의 본 모습을 보여주려 했다. 계획된 진부화란 일정 기간이 지나면 상품의 수명을 다하거나 기능이 저하되도록 만들거나, 아니면 낡아 촌스럽게 보이게끔 하는 소비자본주의의 제품 생산 전략이다. 이런 전략 탓에, 아직도 소비자들은 자기도 모르는 사이에 신상품을 끝없이 욕망하고 구매하게 되는 것이다. 도대체 우리가 사용하지 않고 버린 그 많은 스마트폰은 모두 어디로 간 것일까?

너희들은 저리로

'내 뒷마당에는 안 돼!NNIMBY: Not In My Back Yard!'

'님비'라는 말에서 특정 사물과 그것의 공간 이동, 그리고 특정한 느낌이 머리에 떠오른다. 우리의 이기적 태도를 보여주는 말이 님비다. 오염 등 위해가 되는 혐오 시설, 금전적 손해가 예상되는 공공 개발이나 건설이 주거 지역 근처에 이루어지지 않도록 반대하는 것은 아마도 우리가 취하는 일반적인 사회적 태도일지 모른다. 하지만 님비를 외치는 사람들이 이런 혐오시설이 다른 곳에 건설되는 것에는 찬성한다면 비난을 살 것이다. 공공시설에는 원자력 발전소, 장례식장이나 화장장, 화학 시설, 쓰레기 소각장, 공공 화장실, 하수처리시설 등이다. 님비라는 말은 단적으로 '난 쓰레기가 싫다'는 것이다. 이 말은 쓰레기의 현실을 가리킨다.

'달면 삼키고, 쓰면 뱉는다'라는 말처럼, 우리는 싫은 것을 피하고 밀어낸다. 이것이 쓰레기의 정동 운동을 잘 설명해준다. 쓰레기가 더러운 것으로 여겨지는 한, 청소는 더러움의 정동에 따라 쓰레기를 멀리 보내는 일과 다를 바 없다. 이것이 쓰레기의 물리적 자리 배치 운동이고 쓰레기 처리의 대원칙이다.

환경부 규정에 따르면, 쓰레기는 크게 생활/사업장 폐기물, 건설 폐기물, 지정폐기물 등 세 종류로 구별된다. 그리고 이 모든 쓰레기의 처리는 크게 재활용, 소각, 그리고 매립의 3가지 형태로 이루어진다. '선한' 쓰레기는 우선 재활용된다. 재활용은 가장 권장할 만한 처리 방식이지만, 실제로 가장 소극적으로 이루어진다. 그리고 '덜 선한' 쓰레기들은 매립장에서 매립되지만 채굴되어 재활용된다. '나쁜' 쓰레기들은 매립된다. 매립은 비용이 가장 저렴하기에 흔하고 가장 역사가 오래된 처리 방식이지만 다른 두 가지 처리 방식보다 더 크고 많은 문제를 일으킨다. 그리고 더는 매립되지 못하고 갈 데 없는 '가장 나쁜' 쓰레기는 소각된다. 소각은 비용이 많이 들고 완전 연소가 어려울뿐더러 유해 부산물 발생이라는 또 다른 문제를 일으킨다.

환경부에 따르면 2017년 이래 매립으로 쓰레기를 처리하는 양은 점차 감소하고 있는 반면, 소각으로 쓰레기를 처리하는 양은 점차 증가하고 있다.[4] 쓰레기 매립량의 지속적인 감소와 소각량의 증가는 기존 매립지의 과포화와 매립지 선정의 어려움에 따른 현상이다. 그런 이유로 쓰레기 소각장은 쓰레기 매립지에 대한 사회적 거부감을 해소하는 장치로 활용된다. 하지만 현실적으로 매립은 여전히 기본적인 쓰

---

4 환경부와 한국환경공단, 「2022년 전국 폐기물 발생 및 처리 현황」, 2023, p.38.

레기 처리의 방식이다.

쓰레기를 땅에 묻는 방식이 가장 오래되고 선호된 이유는 간단하다. 버린 물건 중 썩을 수 있는 유기물 쓰레기가 대부분이었기 때문이다. 게다가 버릴 만한 물건조차 별로 없었던 시절에는 쓰레기를 매립한다는 게 그다지 문제가 되지 않았다. 예를 들어 19세기 말 조선을 여행한 외국인들의 기록에 따르면 서울 한복판의 뒷골목이나 실개천 등에는 여기저기 대변이나 오물이 널려있었고, 도시의 위생은 심각한 상태였다고 한다. 하지만 사람들이 도시 오물 처리에 그다지 무관심했던 것은 다름 아니라 그런 오물이 근교의 농업과 긴밀히 관련된 일이었기 때문이다. 도시 대소변의 경우 '똥장군'이라 불리는 이들에 의해 도시 인근으로 옮겨졌고, 농민들은 그것을 농업용 비료로 재활용했다. 고전적인 순환 농업 체계 안에서 음식 쓰레기와 대소변이 처리되고 있던 것이었다. 그리고 제도를 통해 좀 더 체계화되기는 했지만, 도시에서 이런 전통은 계속되었다. 전통이 깨진 것은 값싼 화학비료가 전국에 보급되기 시작한 1960년대 이후였다. 도시 주변 농업에서 처리하기 힘든데다가 효과도 떨어지고 냄새나는 유기질 비료가 더는 매력적이지 않았기 때문이다.

쓰레기 문제가 직접 피부에 와닿는 건 사실상 대도시 사람들이 더 먼저다. 대도시는 산업화에 따라 급속히 진행된 인구증가와 과밀화가 특징이다. 그 많은 사람에게서 쏟아져 나온 쓰레기가 잘 처리되지 않는다면 도시 기능이 마비될 수도 있다. 가령 우리나라에서는 계절적인 요인이 쓰레기 발생량의 증감에 영향을 미친 시절이 있었다. 지금은 '김장철'이라는 말이 사라진 듯하지만, 과거 서울에서는 김장철 쓰레기가 심각한 문제가 되었다. 1920년대 한 일간지 기사에는 「등한한

위생계-쓰레기를 치우라」라는 제목으로 일반인 투고문이 다음과 같이 실렸다([그림 11]).[5]

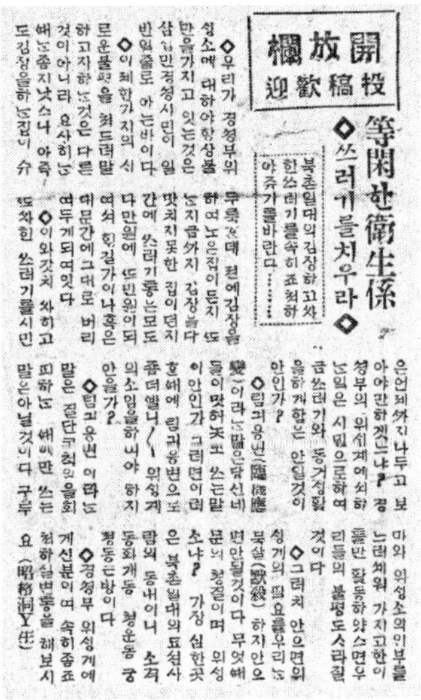
開放欄 投稿歡迎
等閑한衛生係
◇쓰레기를치우라◇

[그림 11] 「등한한 위생계-쓰레기를 치우라」, 매일신보, 1924년 12월 5일

> 북촌 일대의 김장하고 쌓인 쓰레기를 속히 조처해 주기를 바란다…….
>
> 우리는 경성부의 위생소에 항상 불만이 있는데, 이는 삼십만 경성 시민이 일반적으로 다 알고 있다. 이제 또 한 가지 새로운 불평을 늘어놓고자 하는데, 다름 아니라 요즘 철이 좀 지났어도 김장을 하는 집이 수두룩하니 김장을 한 집이든지 아니면 아직 김장을 다 마치지 못한 집이든 쓰레기통이 모두 다 꽉 차고 또 차서 사람들이 지나다니는 길가나 혹은 대문간에 그대로 버려두고 있다.
>
> 이처럼 쌓이고 또 쌓인 쓰레기를 시민은 언제까지 놔두고 보아야만 하겠는가? 경성부 위생계에서 하는 일이 시민이 쓰레기와 동거 하게 하는 것은 아니지 않겠나?
>
> 임기응변臨機應變이라는 말은 당신들이 맡아 놓고 쓰는 말이 아닌가. 그러면 이럴 때에 임기응변으로 좀 더 빨리빨리 위생계의 소임을 다 해야 하지 않을까?
>
> 임기응변이라는 말은 결코 책임을 회피하려 할 때 쓰는 말은 아닐 것이다. 손수레와 위생소의 일꾼들을 늘려서 이틀 정도만 처리하였으면

---

5 「等閑한 衛生係, 쓰레기를 치우라」, 『每日申報』, 1924년 12월 5일. 인용문은 오늘날의 표현에 어울리게 저자가 수정함.

우리의 불평도 사라질 것이다.

그렇지 않으면 우리는 위생계의 필요성을 부정하지 않으면 안 될 것이다. 무엇 때문의 청결이며 위생소이겠는가? 가장 심한 곳은 북촌 일대의 조선 사람의 동네이니 소격동, 화개동, 청운동, 궁정동 근방이다. 경성부 위생계에 계신 분, 신속히 처리해 주시길 바랍니다. (소격동 Y생)

하지만 도시 인구의 증가만이 쓰레기의 문제의 주된 원인이 아니었다. 위 인용문에서도 알 수 있듯이 쓰레기 처리 자체의 문제도 있었다. 실제로 쓰레기 처리를 맡은 업체들의 비리와 부정은 1995년 쓰레기 종량제가 실행되기 전까지 크고 작은 문제의 근본적 원인이었다.

그런데 이보다 더 근본적인 문제는 사용할 물건의 생산과 사용한 물건의 폐기가 순환 사이클에서 이탈하는 상황이다. 한국에서 본격적인 산업화 이후 생겨난 쓰레기 문제는 유기물 쓰레기를 대도시 주변 농업 지역에서 비료로 사용하지 않음으로써 처리 불가능 상태에 이른 것과 함께 연탄이나 플라스틱, 나일론 소재의 물건, 알루미늄 캔 등 무기물 쓰레기가 급속히 증가한다는 것이었다.[6] 후자는 재활용되거나 소각되지 않는 이상 그야말로 방치할 수밖에 없는 쓰레기였다.

비인간 쓰레기를 비가시화 하는 일은 매우 효과적이고 손쉬운 '임기응변'이다. 쓰레기를 땅속에 묻어 눈에 보이지 않게 만드는 매립은 서울시가 택한 가장 효율적인 쓰레기 처리 방법이었다. 무엇보다도 매립은 더러운 것을 비가시화하는 전략을 실행할 때 가장 가성비 좋은 방법이었기에, 서울의 외곽 지역에는 시에서 운영하는 소규모 매립지나 개인이 임대하는 매립지가 여럿 설치되었다. 하지만 서울시에서 운

6　김성원 외, 『똥의 인문학: 생태와 순환의 감각을 깨우다』, 역사비평, 2021, p.39.

영하는 매립지 주변까지 주택이 들어서면서 악취에 대한 민원이 끊이지 않았고, 민간 매립지의 경우에는 땅값 상승으로 매립을 포기하는 사례가 속출했다. 게다가 민간 개발은 국가 단위로 규모가 커지면서, 도시 공간의 확장도 이러한 매립 방법을 부추기는 한 요인이었다. 서울은 1970년을 전후로 강북 구도시에서 강남 신도시로 뻗어나갔으며 신도시 지역의 토목 공사에는 연탄재 쓰레기가 쉽게 활용되었다. 그러나 신도시의 등장은 다시 전국에서 인구를 빨아들였고 이는 결국 쓰레기의 증가를 만들었다. 서울의 마지막 임기응변은 모든 유기물, 무기물 쓰레기를 대규모로 묻을 거대 매립지를 산출하는 것이었다. 1977년 난지도 쓰레기 매립장의 탄생은 벨연적이었다.

왜 난지도였을까? 위에서 말한 것처럼 난지도 매립장의 결정은 더러운 것의 배치와 일치한다. 즉 이 결정은 근본적으로 더러운 것을 싫어하고 멀리하려는 혐오 정동의 논리가 작동했다고 볼 수 있다. 혐오 정동은 나중에 다시 언급하겠지만, 그것은 무엇보다도 부정적인 느낌이고 특히 싫은 것을 내부에서 외부로 강하게 밀어내려는 힘의 논리에

[그림 12] 〈서울시 도시계획 가로망도〉, 1963년 12월 31일 현재, 서울특별시 도시계획국 시설계획과

따라 움직인다. [그림 12]에서 볼 수 있듯이, 난지도가 섬으로 불린 것은 1960년대까지도 여전히 샛강이 난지도 주변을 감아 돌고 있었기 때문이다. 난지도는 서울의 서쪽 끝에 자리하고 있으며 옛날의 샛강, 그러니까 지금 실개천이 흐르고 있는 그곳은 경기도의 끝과 연이은 서울의 경계이다. 서울의 중심에서 가장 먼 곳, 사람들이 그다지 관심을 가지지 않았기에 거주자가 많지 않은 곳, 거기가 난지도였다. 매립지가 되기에 충분한 조건을 갖췄다. 이것만으로도 가장 싫은 것을 가장 먼 곳으로 밀어내려는 혐오 정동의 논리가 잘 실현되었다.

하지만 가장 먼 곳은 북쪽이나 동쪽, 심지어 남쪽에도 있었는데, 왜 하필 서쪽일까? 미스테리처럼 보이지만 사실 몇 가지 이유가 있다. 무엇보다도 난지도 인근에서는 장마 때마다 한강이 범람해서 마포나 망원 지역이 침수될 위험이 있었고 서울과 가까운 경기 지역 농촌이 피해를 볼 수 있었다. 서울시에서 난지도 인근에 치수 사업을 위해 제방을 건설할 계획이 있었기에 1977년 제방이 완성되었을 때 그 안쪽은 매립지로 활용할 유인 요소가 되었다.

게다가 난지도는 이데올로기 대립이 절정에 달했던 시절에 서울시민들에게 무관심한 지역이기도 했다. 소위 '도끼만행 사건'으로도 알려진 비극적인 테러 사건이 1976년 여름에 바로 서울의 서북쪽 판문점에서 일어났다. 남북 공동 경비 구역에서 나무 가지치기 작업을 하던 미군 2명이 북한군 30여 명에 의해 살해되고 유엔군 병사들이 부상당했다. 이로 인해 당시 미국은 준전시 상태에 임했고 남북관계는 얼어붙었다. 난지도는 바로 서울에서 일산과 파주를 거쳐 판문점으로 가는 경의선의 수색 인근에 자리하고 있다. 그리고 수색은 한국전쟁 당시에도 적을 서울로 진입하지 못하도록 방어하는 1차 보루이기도 했다. 그러니 1970년대 난지도가 자리한 서쪽은 서울의 확장 방향 계획에서 배제될 수밖에 없는 지역이었다. 그러고 보면 난지도는 위상학적으로 불안정한 정치 공간이 아닐 수 없었던 듯하다.

난지도 쓰레기 매립지는 1977년 8월에 서울의 쓰레기 매립장으로 지정되었는데, 개발 예정 지역으로 소문이 돌았던 터라 반발을 우려해서인지 지정 발표가 순식간에 이루어졌다. 그 후 난지도는 15년 동안 수도권 쓰레기를 매립하는 거의 유일한 장소가 되었다. 1993년 과포화된 상태로 드디어 매립이 중단되었을 때 난지도에는 높이가 무려 90m에 이르는 두 개의 거대한 쓰레기 산이 나란히 자리하게 되었다. 땅속에 묻는다는 매립의 의미가 사라지고 지상으로 높이 쌓아 올려 다시 그 위에 흙은 덮는 방식이 생겨났다. 이러한 방식은 난지도 매립장을 대체한 새로운 매립장에서도 계속되고 있다.

쓰레기의 비가시화는 난지도에서 멈추지 않았다. 난지도에 매립 중단이 발표될 무렵인 1992년 경기도 김포군 간척지(현재 인천광역시의 서쪽 끝자락과 김포시 양촌 일대)가 새로운 매립지로 선정되었다([그림 13]). 초

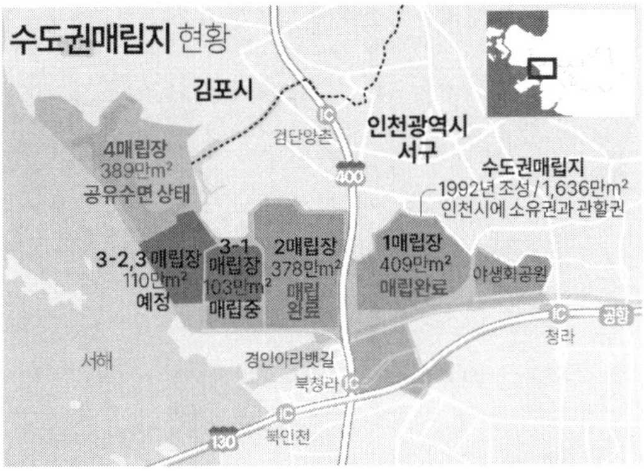

[그림 13] 박영석, 「수도권매립지 현황」, 『연합뉴스』, 2023년 11월 7일. 수도권의 쓰레기 매립지를 보여주는 지도. 이곳은 난지도 매립장에서 서쪽으로 이어지는 도로의 서쪽 끝에 자리하고 있다.

기에는 서울시, 인천과 김포 등 수도권 지역의 쓰레기를 담당했지만, 현재는 환경부 산하 수도권매립지관리공사가 운영하면서 수도권의 쓰레기를 매립하고 있다. 이 지역도 특이하게 경기도의 서쪽 끝자락이다. 수도권은 주로 서울시를 둘러싸고 서해와 인접한 서쪽 인천 지역으로 발달했는데, 새로운 매립지는 묘하게도 서울 난지도에서 이어진 한강 하구이자 수도권 중심지인 인천의 끝이고, 김포의 가장자리이다. 누구나 자기가 사는 지역의 소중함을 느낀다. 그만큼 의미 있는 장소이기 때문이다. 하지만 더러운 것들을 이렇게 멀리, 그리고 더 멀리 밀어내면, 그것들은 결국 어디로 갈까?

헌 신발들

버려진 사물이 쓰레기가 되어 매립되거나 소각되는 것은 사물의 변화가 직선의 방향으로만 이루어졌기 때문이다. 이와 달리 생태적 안정성은 순환하는 운동으로 채워진다. 우리는 이 거대한 순환을 배제와 은폐의 프로세스 속에서 계속 놓치고 있다. 우리는 쓰레기 봉투값을 아끼려고 물건을 분리 배출하는 게 아니다. 거대한 순환에 동참하기 위해서, 다시 말해 지구 행성이 생태적으로 안정되도록 기꺼이 나서는 것이다.

스니커즈는 글로벌 인기 신발 브랜드 중 하나다. 모두 한 번쯤은 신어봤을 만한 운동화다. 월드 풋웨어World Footware라는 기관의 조사에 따르면 2018년에 생산된 스니커즈 운동화는 대략 242억 켤레라고 한다. 미국에서는 직접 생산하지 않을 것이고, 대부분 파키스탄처럼 비교적 저임금 국가의 노동자들이 생산했을 것이다. 이런 나라에서는 더 낮은 임금으로 더 값싼 신발을 생산하기 위해 어린 아이들이 너무도 열악한 환경에서 일한다. 그리고 값싸게 생산된 신발들을 가져다가 고가로 판매하는 기업들은 신발 쿠션이 소진되면 건강에 해롭다는 식으로 홍보하면서 어서 새 신발을 사라고 부추긴다. 그 결과 상상을 초월하는 수의 신발이 쏟아져 나온다. 하나의 신발 기업이 이토록 많은 신발을 생산한다면, 도대체 지구상에는 얼마나 많은 신발이 있었고, 있고, 있을 거란 말인가?

그런데 신발을 잘 들여다보면 많은 소재가 사용된다는 걸 알 수 있다. 가령 운동화는 면이나 나일론 천, 플라스틱, 금속, 접착제, 에틸렌 비닐 아세테이트 등 대략 15가지의 소재로 만들어지는데 이 소재들 가운데 에틸렌 비닐 아세테이트EVA 같은 물질은 자연 분해되기까지 걸리는 시간이 대략 1,000년에 이른다. 하지만 쓰레기는 혐오 정동의 논리에 따라 도시의 끝으로, 도시를 넘어 국경의 가장자리로, 아니 바다 건너 태국이나 인도로 보내진다. 고향으로 돌아온 신발들은 고향의 정글 속 쓰레기 산에서 안식을 찾는다. 언젠가 지구가 쓰레기로 뒤덮일 때 지질학자들이 지구 표면에서 발굴하게 될 것은 닭 뼈만이 아니라 헌 신발들일지도 모른다.

2017년 서울역사박물관 앞 광장에는 거대한 신발 더미가 장관을 이루고 있었다. 〈슈즈 트리〉라는 제목의 설치 미술 작품이었다. 이 작품은 서울로7017의 설치를 기념하기 위해서 제작되었다. 2017년 서울시는 「시설물 안전관리에 관한 특별법」에 따라 안전 등급 D를 받은 서울역 고가 도로를 사람들이 자유로이 다닐 수 있는 길로 바꿨다. 1970년에 세워진 서울역 고가 도로는 퇴계로에서 만리동과 청파동

두 갈래로 뻗어나가는 총길이 1.15km의 도로였다. 기찻길이 지나는 어느 곳이나 공간이 좌우로 갈라지고 양쪽 지역의 왕래가 어려워 삶의 모습이 서로 달라지는 단점이 있다. 그 점에서 서울역 고가 도로는 급성장하는 서울의 좌우를 연결한 중요한 역할을 했다. 하지만 낡고 기능이 떨어진 고가 도로는 어느새 흉물이 되고 철거냐, 철거 후 신축이냐를 놓고 논란이 되었다. 2017년, 차가 아니라 사람들이 다니는 인도로 기능을 바꾸는 것으로 논란은 마무리 되었다. 서울역 고가 도로는 서울역 주변의 교통 체증이라는 사회적 부담을 감내하면서 '서울로 7017'라는 이름의 시민 공원으로 다시 태어났다. 도시재생 정책은 생산에서 소비, 그리고 폐기로 이어지는 도시 인공물의 선형적인 운동을 순환적인 운동으로 바꾸려는 생태주의 입장에 부합한다.

〈슈즈 트리〉는 서울시의 도시재생과 잘 어울리는 작품처럼 보였다. 무엇보다 약 3만 개의 버려진 쓰레기 신발들을 활용해서 예술작품으로 변형시켰다는 점에서 그랬다. 조형물의 최대 높이는 17m로 '서울로7017' 보행자 도로 아래까지 커다란 기둥처럼 치솟았고, 그 아래에는 쓰레기 신발 아치가 세워져 사람들이 그곳을 통과해서 지나다녔다. 헌 신발의 물결이 서울역사박물관 광장 앞에서부터 새로 지은 서울역사까지 수십 미터를 이어질 만큼 장관이었다. 〈슈즈 트리〉의 작가인 황지해는 당시 SBS 기자와의 인터뷰에서 이렇게 말했다. "차가 다니던 도로에서 이제 사람이 걷는 길이 되었습니다. 신발을 통해서 도심 속의 우리가 잃어버린 가치가 무엇인지에 대해 같이 나누고 고민하고 싶습니다." 예술이 단순히 일상의 위안거리가 아니라 공공재일 수 있음을 주장한 작가의 말은 무척 인상적이었다([그림 14]).

앞서 언급했던 것처럼 소비자본주의가 미국에서 절정에 이르렀을

[그림 14] 황지해, 〈슈즈 트리〉, 2017, 버려진 신발 약 3만 개, 가변 사이즈,
서울역사박물관 광장. YTN뉴스, 2017년 5월 17일

때, 소비를 기다리는 상품들이 일상에 넘쳐흘렀고, 상품들은 구매되든 재고로 창고에 쌓이든 마지막 순간에는 반드시 쓰레기가 되었다. 예술가들은 전에 없는 이런 풍요를 그다지 행복하게 보지 않았다. 그들은 이 과잉 현상이 가져올 부정적인 미래를 진지하게 고민했다. 팝아트 작가들이 그랬고, 정크 아트 작가들도 그랬다. 팝아트가 특유의 냉소적인 표현 방식을 보여주었다면, 정크 아트는 쓰레기 사물이 인간과의 관계에서 어떤 의미를 지니는지를 조금 다른 시각으로 보여주었다.

문화 이론가인 로렌스 앨러웨이Lawrence Alloway(1926~1990)는 쓰레기 사물 속에서 전통적인 예술에서는 약호화되지 않는 새로운 형식을 발견했다. 그것은 상품 소비에 열광하는 일상의 경험에 은폐된 사물의 어떤 특성이다. 그는 버려진 사물을 가져다가 예술이 되게 하는 아방가르드 오브제 미학의 확장 내지는 변형을 실천했다. 그는 이러한 오브제를 '정크junk'라고 부르면서, 쓰레기의 현존성을 지적했다. 버려

진 사물들은 소비자의 눈길을 끌어야 하는 상품의 현란함에 가려져
그늘 속에 숨어 있었다. 그러나 그것들은 대량생산과 소비를 이끈 자
본주의 대중문화의 엄연한 일원이었다. 앨러웨이는 이렇게 말한다.[7]

> 정크 문화는 도시 예술이다. 정크 문화의 자원은 서랍이나 찬장 속에,
> 건물 옥상이나, 쓰레기통, 혹은 홈통에, 공터에, 그리고 도시 쓰레기장에
> 모이는 버려진 도시 물질, 즉 진부함obsolescence이다. 오브제들은 역사
> 를 가진다. 처음에 그것들은 신상품이었고, 그다음에는 소수[특정인]에
> 게만 속해서 반복적으로 사용되고 친밀해진 소유물이었다. 그리고 마지
> 막에는 쓰레기가 되어 상처를 입었으나, [예술로서] 다시 사용할 수 있게
> 된다.

그는 팝아트처럼 소비자본주의 시대의 현대 미술이 상품을 매체로
사용하는 것은 특별한 일이 아니라고 주장했다. 이는 상품 못지않게
우리 주변에 널려있는 쓰레기의 실재성 때문이었다. 그래서 앨로웨이
는 자신이 바라본 쓰레기, 즉 정크를 초현실주의의 '한물간 것'과 구별
할 수 있었다. 그가 보기에, 정크는 신비주의로 가득 찬 '알 수 없는
페티쉬'가 아니다. 그것은 예술가 자신은 물론 사람들의 높은 소비 욕
구에 대응할뿐더러 마치 게임처럼 예술에 참여하는 소비자본주의의
현실이다. 다시 말해서 정크는 은폐되어 대중적이지 않은 듯 보이지
만, 사실상 예술의 정치적 현실일 수 있으며, 대도시의 일반적인 문화

---

7   Lawrence Alloway, "Junk Culture," Lawrence Alloway and Richard Kalina
    (eds.), Imagining the Present: Context, Content and the Role of the Critic,
    London: Routledge, 2006, p.78.

양상으로, 즉 고유한 정크 문화junk culture로 이해될 수 있다는 것이다.

하지만 앨러웨이의 정크 문화에서조차 정크는 예술작품이다. 그것은 전시되거나 소장된다. 그리고 비록 쓰레기의 모습을 하고 있을지언정 미술시장에서 제값이 매겨지고 판매되고 구매되는 예술 상품이다. 예를 들어 존 챔벌레인John Chamberlain(1927~2011)은 폐기된 자동차에서 망가진 부품을 가져다가 조형물로 만들었는데, 그 작품들은 마침내 다수의 미술관에 소장되었다. 물론 그것은 챔벌레인의 작품들만이 아니다. 아르망Arman(1928~2005)의 작품들도, 파올로치Eduardo Paolozzi(1924~2005) 작품도 그랬다. 그것들은 하나의 쓰레기였지만 이제는 상품이자 작품으로 변형된 사물로서 잘 관리된 공간에 안전하게 보존되고 있다.

어쨌든 이러한 쓰레기 작품은 사물의 기능적, 형태적, 물질적 변화이다. 쓰레기는 원래부터 쓰레기인 적이 없었다. 그리고 앨런 카프로 Allan Kaprow(1927~2006)는 이 사실을 정확히 보여주었다. 그는 정크를 참여와 행위성이라는 새로운 형태와 결합하려 했는데, 참여와 행위성라는 미학적 요소들은 1960년대 미니멀리즘 미학이 찾아낸 새로운 개념이었다. 카프로는 이렇게 말한다.[8]

하지만 그들(기존 작가들)은 실시간으로 긴밀히 이루어지는 물리적 경험에 익숙하지 않았다. 그들은 멀리서 바라보는 그림과 조각품에는 익숙했다. 그래서 쓰레기를 이리저리 쓸어내는 일에 참여시키려고 [나는] 예

---

8 Allan Kaprow, Essays on the Blurring of Art and Life, Berkeley LA: University of California Press, 1993, p.184.

술가들이 빗자루를 들고 쓸어내는 일을 하면서 이 방 저 방으로 돌아다니게 했다. 쓰레기의 사용은 또 다른 차원에서 정크 문화의 쓰레기 탐구에 몰두하던 예술계에 다시 확신을 주었다. 쓰레기는 암호와도 같았고, 쓸기라는 행위는 쉬웠을뿐더러 일회용 재료처럼 비예술적인 행위이기도 했다.

카프로의 언급처럼 작품은 특정한 때와 장소에 일시적으로 의미를 획득할 뿐인 존재가 되었다. 다시 말해서 그것은 의미와 물질성이 영원히 고착된 사물이 아니라 어느새 일회용품처럼 임의적인 프로세스에서 이동하고 변형되는 사물로 재정의되었다. 하지만 이것은 급진적인 미학의 입장이다. 작품으로 완결되고 숭배되길 기대하는 조형 미학의 관행을 임의적인 프로세스와 변형의 미학이 뿌리째 흔들어 놓기 때문이다.

그런데 쓰레기 사물의 기능적, 형태적, 물질적 변화를 쓰레기만의 것으로 보려는 것은 착각이다. 이러한 변화는 상호적이다. 착각 속에서는 그 사물이 누구와 무엇과 만나 행동하는지가 간과되고, 그 사물이 다른 행위자에게 미치는 영향도 간과된다. 어떤 사물이 쓰레기가 된다는 것은 상호 영향의 관계에서만 가능한 일이다.

〈슈즈 트리〉는 버려진 신발들을 흉물스레 바라보는 시선을 감당해내야 했다. 이것은 그저 전형적인 혐오 반응으로, 쓰레기에 보이는 인간의 일반적인 태도에 불과할 수 있었다. 하지만 이 설치 작품은 쓰레기의 변화가 인간과 비인간의 상호침투하는 변형 운동이라는 점을 놓치고 있다. 사전 설치 기간을 거쳐 5월 20일부터 9일 동안 전시가 이루어지기로 했는데, 23일 밤 서울에는 초여름 비가 내렸다. 강수량은 많지 않았지만, 신발을 적실만큼은 되었던 듯하다. 24일 아침, 출근길에 나선 사람들은 신발에서 흘러내린 땟국물과 고약한 냄새에 눈살을 찌푸릴 수밖에 없었다. 사람들의 감각을 강하게 자극하기에 충분했다. 물론 그것만이 아니었다. 거기에는 낡은 신발의 다른 변화도 있었다. 이것은 우리 눈에 보이지 않을 정도로 미시적인 변화일 수도 있는데, 우리는 최근에서야 이러한 변화의 현실을 알 수 있게 되었다. 나노 단위의 미세물질이 그것이다. 〈슈즈 트리〉의 헌 신발들은 이미 햇빛에 오래 노출된 상태였고, 그것들에서도 그런 미시적인 변화가 있을 수 있었다. 낡은 신발의 섬유조직과 밑창에서는 미세한 인공 화합 물질이 떨이져 나와 주변으로 날아가서나 흘러샀을 만하다. 그 주변에 있던 사람들은 아무런 의식 없이 그것을 호흡했을 것이다.

그리고 그런 미시적인 사물들이 일상에서 우리 신체로부터 방출되거나 다시 우리 신체에 축적되고 있다. 1856년 발명된 플라스틱이 처음 생산된 상태로 계속 유지되지 않는다는 사실을 우리가 알게 된 건 그리 오래되지 않았다. 플라스틱은 아주 미세한 알갱이로 자기 뜻을 무한히 펼친다. 그것은 녹아서 완전히 기화하지 않는 한 어디든지 가고 어디든지 머문다.

원래 미세플라스틱은 1970년대 의도적으로 가공되어 화장품이나, 향기 나는 세제 등에 처음으로 사용되었다. 이는 미세플라스틱이 제품의 특정 물질을 아주 잘 그리고 오래 옷감과 사람의 피부에 붙어있게 해주는 물질이기 때문이었다. 그렇지만 미세플라스틱의 발생은 의도적으로 생산된 것으로서만이 아니라, 우리 주변에서 흔하게 사용되는 플라스틱 제품들에서도 쉽게 나타나는 현상이다.

미세플라스틱은 1nm에서 5mm미만의 플라스틱 알갱이다. 이 미세

물질은 직접 인간의 몸이나 혹은 동식물의 몸에 흡수되고, 바다로 흘러가 또 다른 해양 동식물에 흡수된다. 심지어 플라스틱 알갱이는 미시 생명체의 거주지가 되어 그 작은 것들을 원래 살던 지역에서 아주 멀리까지 데려간다. 이 때문에 원거리 미시 생태계에 전에 없는 변화가 초래될 수도 있다. 유엔 산하 해양환경 전문가 집단GESAMP은 2010년부터 생태적, 사회적, 경제적으로 결정적인 영향을 미치는 해양 미세플라스틱을 연구하기 위해 워킹그룹40WG40을 지원해왔다.

[그림 15]는 2015년부터 2017년까지 이루어진 2단계 연구의 보고서에 실린 전자현미경 사진이다. 이것은 대서양에서 채취한 미세플

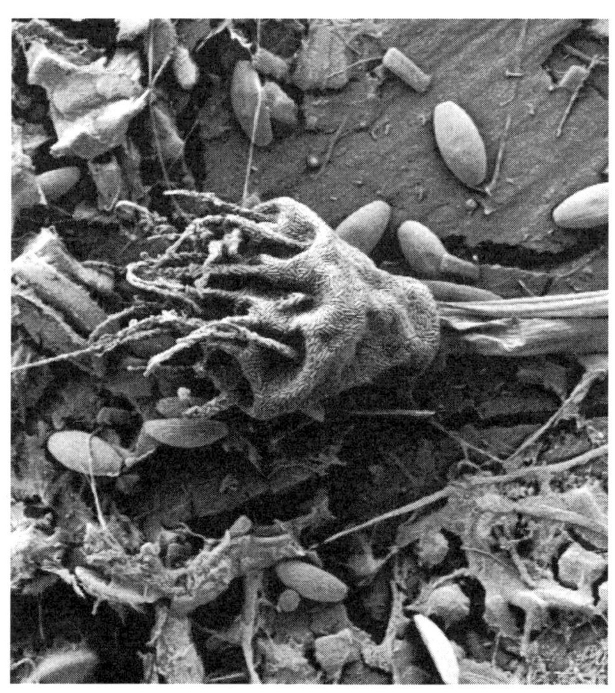

[그림 15] 미세플라스틱에 붙어 이동하는 미시 생명체들

라스틱 입자 표면을 보여준다. 놀랍게도 이 작은 플라스틱 조각 위에는 타원형으로 보이는 광합성 규조류photosynthetic diatoms가 흩어져 있고, 가운데는 촉수를 가진 포식성 흡착성 섬모충predatory suctorian ciliate도 붙어있다. 실제로 이런 미시 생명체가 플라스틱 알갱이와 함께 멀리 이동해서 완전히 낯선 곳의 생태계에서 변화를 일으키는 것이다.[9]

　쓰레기는 더러운 것으로 취급되어 눈에 띄지 않게 은밀히 땅속에 묻히거나 소각된다. 그렇지만 그것의 운동이 거기서 완전히 끝나지 않는다. 섭식, 흡수, 이동, 다시 흡수와 섭식. 미세플라스틱은 인간에게서 이탈하여 먼 곳을 여행한 후 다시 인간에게 귀환한다. 귀환은 달갑지 않은 방식인데, 장기, 혈관, 세포로 흡수되어 우리와 공존하거나 신체의 변화를 일으킨다. 인간에게 이러한 비가시적 변화는 일종의 혼성이다. 그러나 이 혼성은 다른 측면에서 보면 인간의 취약성이기도 하다. 인간과 비인간 사이에 일어나는 이러한 혼성과 취약성은 의식되지 않을지언정 현실적이다. 쓰레기야말로 우리의 이러한 변형을 잘 보여주고 있다.

9　P. J. Kershaw and C. M. Rochman(GESAMP WG40), eds., SOURCES, FATE AND EFFECTS OF MICROPLASTICS IN THE MARINE ENVIRONMENT: PART 2 OF A GLOBAL ASSESSMENT, 2016, p.63.

| 참고문헌

• 김성원 외, 『똥의 인문학: 생태와 순환의 감각을 깨우다』, 역사비평, 2021.
• 메리 더글라스, 유제분, 이상훈 옮김, 『순수와 위험』, 1997.
• 수전 트레이서, 김승진 옮김, 『낭비와 욕망. 쓰레기의 사회사』, 이후, 2010.
• 이탈로 칼비노, 이현경 옮김, 『보이지 않는 도시들』, 민음사, 2016.
• Allan Kaprow, Essays on the Blurring of Art and Life, Berkeley LA: University of California Press, 1993.
• Lawrence Alloway, "Junk Culture," Lawrence Alloway and Richard Kalina (eds.), Imagining the Present: Context, Content and the Role of the Critic, London: Routledge, 2006.
• P.J. Kershaw and C. M. Rochman(GESAMP WG40), eds., Sources, Fate and Effects of Microplastics in the Marine Environment: Part 2 of a Global Assessment, 2016.
• 환경부와 한국환경공단, 「2022년 전국 폐기물 발생 및 처리 현황」, 2023.
• 「等閑한 衛生係, 쓰레기를 치우라」, 『每日申報』(1924년 12월 5일).

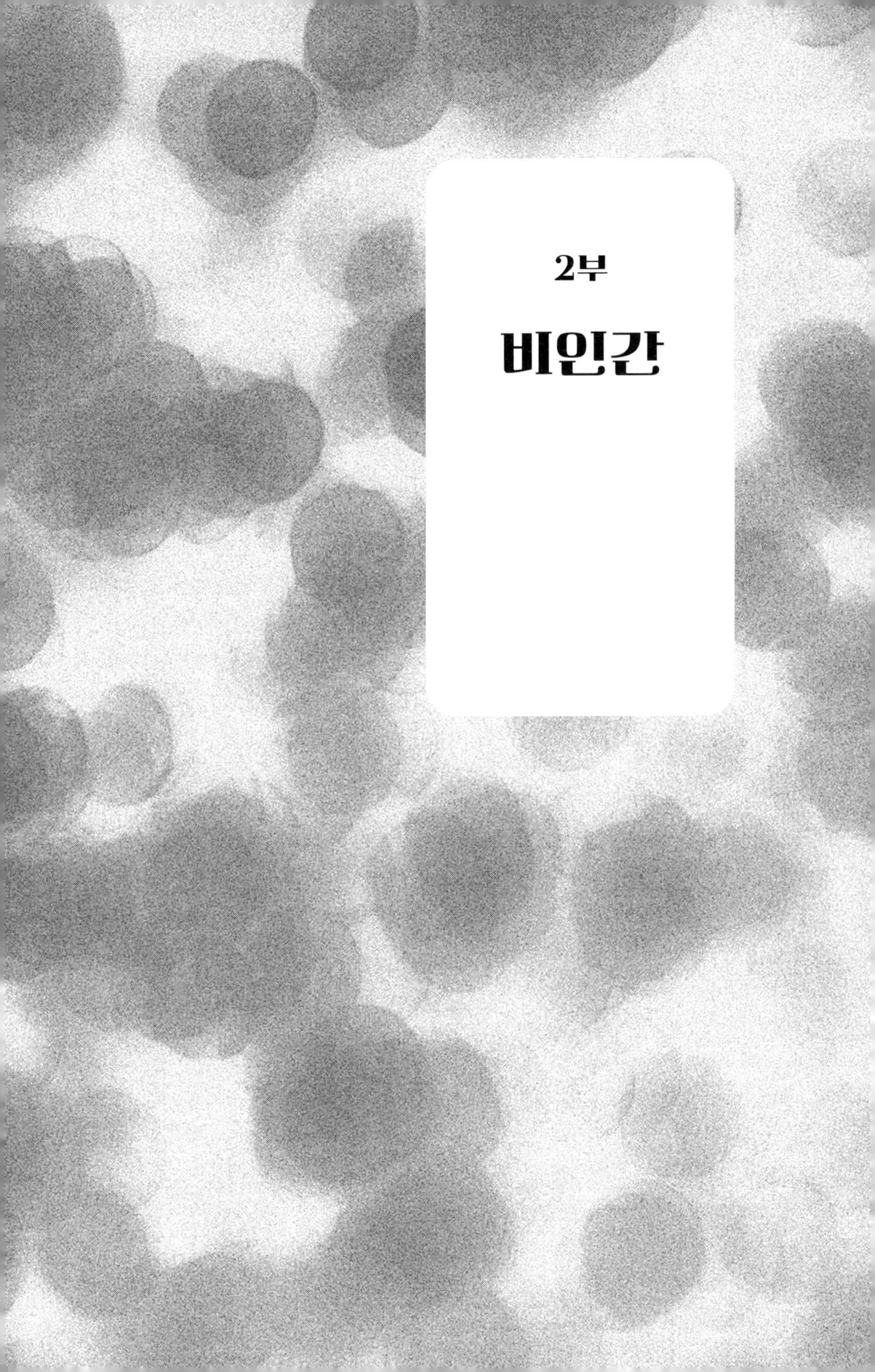
2부
비인간

4장

인간, 비인간, 비인간

인간Human(H)

인간이 중요하게 여겨지는 까닭은 인간이 인간 자신에게 관심거리이기 때문이다. 인간이 관심거리인 이유는 인간이 인간을 완전히 알지 못하거나 가지지 못했기 때문이다. 여기서 이 관심은 배려나 순진한 호기심을 말하는 게 아니다. 관심은 정치적이거나 종교적이며 학문적이거나 미학적이고 금전적인 무언가이다. 이러한 관심은 결코 가벼운 것이 아니다. 인간은 인간을 소유해왔고 그 소유의 권리를 주장해왔다. 노예, 공동체와 그 자신마저도 그런 관심의 대상이었다.

르네상스는 소위 인간주의, 즉 '인간'의 부활에 무척 많은 관심을 가졌다. 이것은 마치 존재론적인 문제처럼 보이긴 했지만, 실제로는 신과 신을 등에 업은 절대 권력을 축소하고 와해시키려는 것이 더 현실적인 목표였다. 신의 초월적인 세계를 인간적인 것으로 세속화하고 신과 인간의 새로운 관계를 재구성해내는 수많은 작업이 이루어졌다.

관심거리는 신이 아니라 온통 인간적인 것들로 향하게 된 게 바로 그런 시대들의 특징이었다. 르네상스는 인간이 다른 피조물들과 어떻게 다르고, 어떤 고유한 특징을 가지고 있으며, 도대체 인간이란 무엇인지에 관해 관심을 가졌다. 계몽주의는 인간이란 무엇인지에 스스로 답했다. enlightenment, illumination, Aufklärung, les Lumières, 즉 계몽은 '꿈에서 깨어난다'라는 문자 그대로의 뜻보다는 오히려 '환하게 비춤'을 뜻한다. 네가 모른다는 것을 스스로 깨달아라! 즉, 기꺼이 알고자 애써라! 이런 모토가 계몽주의를 관통한다. 환하게 비춤은 너 자신에 대해 알고, 세상에 대해 알라는 말로 이해되었다. 신이 내어준 틀을 벗어던질 때 직면했던 그 어둠과 모호함에서 벗어나려는 게 근대의 관심거리였다.

『윤리학Ethica』(1675)을 썼을 때, 바뤼흐 스피노자Baruch Spinoza(1632~1675)는 윤리를 '기하학적 질서에 따라 증명하고ordine geometrico demonstrata' 싶었다. 우리는 상식적으로 윤리나 도덕이 기하학으로 다뤄질 만한 내용이 아니라고 여긴다. 반면 그는 인간 행위와 그것의 가치문제가 그런 수학적 논리로 설명될 수 있을 거라 확신했다.

윤리와 도덕은 인간의 행위가 세상에 미치는 영향의 값과 관련된다. 이것들은 선악이라고 하는 근본적인 가치의 경중을 인간 행위에서 다루는 것이다. 즉 누군가의 행위에 대해 잘잘못과 그 근거를 따지는 것이다. 그래서 윤리란 인간들의 행위로 맺어지는 관계의 인간적 값으로 이해할 수 있다.

그래서 스피노자의 이 시도는 인간 행위 관계와 그것의 가치를 객관적으로 설명하려 한 것이다. 그는 무엇보다도 인간들 사이에서 이루어지는 행위 관계의 값이 인간의 행복을 결정한다고 보았다. 그리고 어떤 관계가 어떻게 맺어져서 행복과 불행으로 나아가는지를 설명하려 했다. 관계는 무엇보다도 관계를 맺는 사람들이 있는지, 그들이 어떻게 관계를 맺는지, 그리고 그들 사이에서 영향을 주고받는 힘들은 어떤 성격이며 또 어떻게 영향을 미치는지로 설명된다. 그의 생각은 더 나아가 인간과 인간 아닌 비인간에게까지 미쳐 관계의 존재론으로 확장되었다.

스피노자는 영향의 속성, 즉 힘들이 일어나는 이유도 설명했는데, 그는 존재자들의 행동과 관계 맺기가 자기와 힘을 보존하려는 충동 내지는 욕망conatus이 표출되는 것으로 보았다. 다시 말해서 욕망은 서로에게 인과적으로 영향을 미지는 것이고, 어느 시점에서 관계를 시작하거나 지속하게 하거나 아니면 끝맺게 하면서 유동적인 것으로 만든다.[1] 스피노자의 이런 설명은 신의 세계에서 신의 의지에 따라 행동해야 하는 인간 윤리와는 매우 다른 입장이다. 이것은 신학적 세계관에서 벗어나 인간 자신의 행동이 무엇인지를 인간 스스로 설명하려 했던 근대인의 모습이다.

임마누엘 칸트 같은 이들은 꿈에서 깨어난 인간 자신을 사물 세계로까지 연결하고 싶었다. 칸트는 시간과 공간 개념을 사용했는데, 그것들을 인간 바깥에서 인간의 경험을 규정하는 '경험 바깥의 형식'이라고 보았다. 여기서 인식은 정확히 '경험'과 같은 것이다. 신체를 가지는 인간은 감각과 지각, 그리고 기억의 총합인 경험에서 벗어나지 못한다. 데이비드 흄David Hume(1711~1776) 같은 이는 그래서 경험을 인간적일 수 있는 모든 것이라고 여겼다. 그리고 훗날 존 듀이John

---

1   바뤼흐 스피노자, 『에티카』, 서광사, 2020, p.153, p.366.

Dewey(1858~1952)는 그런 경험an experience에 '의미'라는 가치를 부여
한다. 칸트는 인간을 자연과 연결할 수 있도록 시공간이라는 개념을
끌어들였다. 칸트는 뉴턴의 물리학이 설명한 시공간 개념을 잘 알고
있었다. 그는 뉴턴의 지지자이기도 했다. 그가 말한 '형식'이 무엇인지
를 아주 잘 설명하기는 어렵지만, 대략 그것은 내용을 담는 '깨끗한'
그릇과 같다고 말할 수 있다. 인간과 인간 아닌 것들의 연결을 설명하
는 제3의 것이라고나 할까.

그렇다면 인간과 인간의 행위도 바로 이 시공간의 형식 혹은 좌표
에 수치로 표시되고 내용처럼 채워질 수 있을 것이다. 그리고 이 그릇
에 담아낸 인간적 사건은 더 명료해지고 더 잘 설명될 수 있는 대상이
될 것이다. 이런 시공간의 그릇 안에서 인간, 인간의 행위는 사물의
운동처럼 물질적인 것으로 이해될 것이다. 그리고 이런 생각이 근대인
들에게 널리 퍼져있었다.

레오나르도 다빈치Leonardo da Vinci
(1452~1519)의 작품, 〈비트루비우스에
따른 인체 비례도Vitruvian Man〉(1430)
는 그런 시대의 이념에 양분을 제공한
상징물이다([그림 1]). 다빈치는 비트루
비우스가 제안한 사물 세계의 비례를
인간에게 적용하고자 했다. 그의 그림
은 현실에는 존재하지 않는 깨끗한
틀, 사물의 수학적 비례에 따라 인간
의 몸을 그렸다. 하지만 그는 단지 몸
만이 아니라 그 수학적 질서를 생산하

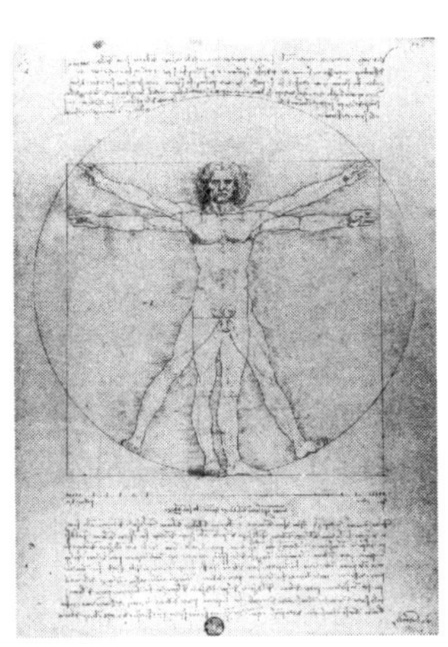

[그림 1] 레오나르도 다빈치, 〈비트루
비우스에 따른 인체 비례도〉, 1492,
펜과 잉크, 34.6 cm×25.5 cm,
wiki commons

는 사고마저도 재현해내고 싶었을 것이다. 이것이 사물의 세계 안에서 인간을 표현하는 인간의 방법이다. 푸코가 '인간'이 발명되었다고 말했을 때, 그 발명은 일순간 이루어진 것이 아니라 오랜 시간 여러 방식으로 실험되었다.

더욱이 이러한 '인식의 관심'은 단순히 그 자체의 역량으로 충족된 것도 아니었다. 인식은 권력, 그리고 자본과 분리되지 않는다. 근대의 수많은 시민 혁명이 이를 잘 보여주었는데, 혁명은 지식, 권력, 자본의 욕망이 응집해서 폭발한 역사적 현실이다. 푸코는 그래서 인간이 어떤 절대적인 존재가 아니라 그저 지식-권력-욕망에 의해 발명된 개념에 불과하다고 여겼던 것이나.

그는 자신의 유명한 생명정치론biopolitics을 통해 이러한 사실을 설명했다.[2] 그는 특히 인간적인 관심거리의 정치성, 즉 통치가 어떻게 변화했는지를 살펴보면서 이러한 과정을 분석했다. 근대 이전의 주권 권력Sovereign Power은 자기 권력과 영토를 유지하기 위해 자기 영토 안에 거주하는 인간들을 다스렸다. 그 인간들은 전투에 나아가 싸울 병사였으며, 승리를 위해 기꺼이 죽을 수 있는 대상이었다. 또한 공개 처형과 단두대는 전제 군주가 평화로운 시기에 권력을 지키는 중요한 장치였다. 전제 권력은 인간의 죽음을 통해서만 빛나는 존재였기에, 기꺼이 인간들의 죽음에 관심을 가졌다. 푸코는 인간들의 이러한 정치적 관계를 '죽게 하고 살게 내버려 둔다'라는 명제로 가름했다.

하지만 근대의 통치 권력은 이와 달리 인간을 "살게 하고 죽게 내버려 두었다." 이는 인간들의 삶을 건강하게 만드는 것이 권력의 유지에

가장 중요한 정치적 사안이 되었기 때문이다. 전쟁은 전투 기계와 포탄으로 대체되고 인간의 삶 대부분은 노동으로 채워졌다. 인간의 노동력은 자본과 세금을 충족시켜주는 주요 자원이 되었기 때문이다. 생명권력biopower은 인간의 생명을 병원과 같은 생물학 지식과 시스템을 통해 관리하면서 인간의 삶에 관심을 쏟는다. 이런 관심은 인간 자체가 자원이고 자본이라는 조건에서 가능했다.

자본주의, 산업자본주의가 세상을 휩쓸기 시작했을 때, 그리고 권력의 욕망이 자본으로 향할 때, 인간은 인간을 뿌리 속까지 자원화했다. 물리적 기계 동력에 상응하는 인간적 노동력은 인간을 매우 훌륭한 자원과 돈으로 바꿔놓았다. 신체만이 아니라 정신도, 인간의 모든 것이 그렇게 되었다.

결국 인간들humans은 르네상스와 근대를 거치면서 이상적인 인간으로, 다시 그것을 표준 삼아 '정상적인' 인간Human이 되었다. 그리고 '인간'과 '인간에서 벗어난 인간'이 구분됐다. 이 둘은 시대에 따라, 그리고 권력의 관계에 따라 다른 양상을 띠었다고 볼 수 있다. 전제주의 시대에 통치자에게 '인간에서 벗어난 인간들'이란 그저 무관심한 대상일 뿐이었다. 계몽주의 시대에 이 양자의 관계는 객관적인 시각으로 볼 수 있는 정도가 되었다. 많은 이들이 '인간'이고자 했다. 그러나 이전의 관계가 해체된 것은 아니었다. 나중에 자본주의 사회가 되었을 때, 이 관계는 자본의 소유관계에 따라 그저 서로에게 상대적인 것이 되었다. 누구나 '인간'이거나 누구나 '인간에서 벗어난 인간'이 될 수 있었다. 그런 상황에서 '인간'은 다시 인간들이 될 뿐이었다.

흥미롭게도 이러한 변화를 가장 섬세하게 감지한 게 인상주의 화가들이었다. 흔히 인상주의는 '인상', 즉 순간순간의 사소한 느낌에만 매달린 예술이라고 불리지만, 인상주의야말로 19세기 말 시민사회에서 도대체 인간이 무엇인지, 인간의 모습이 어떤 것인지, 그 행동이 어떤 것인지를 정확히 표현할 줄 알았던 예술 현상이었다. 클로드 모네는 프랑스 파리의 카푸친 거리를 두 번 그렸다. 그중 〈카푸친 거리 Boulevard des Capucines〉(1873~1874, 캔버스에 유채, 80.3cm×60.3cm, 넬슨 앳킨스 미술관, 미국)라는 제목의 그림에는 누군지 알아볼 수 없는 수많은 사람이 거리를 이리저리 움직이고 있다. 주인공이 없이 사람을 그린다는 게 그 이전 회화 관행에서는 흔한 일이 아니다. 반면 그림에선 누군지 정체를 알 수 없는 인간들이 그림의 주인공이다. 이런 현상이 모네에게서만 나타난다면, 인상주의에 대한 높은 평가는 거짓이 될 것이다. 조르주 쇠라Georges Seurat(1859~1891)는 너무도 잘 알려진 작품 〈그랑자트섬의 일요일 오후Un dimanche après-midi à l'Île de la Grande Jatte〉(1884~1886)를 그렸다. 19세기 파리에서 이루어진 오스만화의 한 사례이기도 한 이 섬은 시민들이 자주 찾던 휴식 공간이었다. 그랑자트섬의 위치는 이곳을 찾은 사람들과 그들의 삶을 보여주는 물리적 조건이다. 섬은 프랑스의 급속한 산업혁명 과정에서 형성된 지리적 조건과 관련되었는데, 그 오른편에 프랑스 파리 북서쪽 상업지대인 뇌이쉬르센Neuilly-sur-Seine과 공장지대인 르발루아페레Levallois-Perret가 있다. 그랑자트섬은 이 두 지역에 연이은 센 강의 길쭉한 섬이다. 그러니 섬은 부유한 자본가와 노동자가 서로 혼재하는 공간일 수밖에 없었다.

[그림 2]를 보면 그랑자트섬은 여유롭고 활기찬 휴일 오후라고 믿기지 않을 만큼 고요해 보인다. 심지어 서로 마주 보고 대화를 나누는 사람도 거의 없다. 계급간의 미묘한 긴장을 담아내고 있는 이 그림에

[그림 2] 조르주 쇠라, 〈그랑자트섬의 일요일 오후〉, 1884–1886, 캔버스에 유채, 207.6cm×308cm, 시카고 미술관, 시카고

서 인간이 아니라 인간들이 보인다. 쇠라는 이 그림에서 섬의 모든 것을 재현하기 위해 헤아릴 수 없이 많은 점을 찍었다. 크기가 제법 큰 이 그림을 완성하기 위해 그는 여러 번 습작을 만들었고, 3년이라는 긴 시간 동안 공을 들였다. 그는 이 점들이 빛에 반응하는 인간의 시각세포와 대응한다고 여겼다. 세포들은 위계도 없고 중심과 주변도 없다. 그것들은 많고 또 평등하다. 쇠라가 정말 세상의 온갖 것에 그 작은 점들이 대응한다고 여기고 그것들을 통해 세상을 재현하려 했다면, 그는 세상의 온갖 것들도 점들처럼 평등하다고 여긴 것일까?

비인간inhuman(IH)

자본주의가 광범위하게 확장하면서 인간 개별의 권리는 자유롭게 생각하고 말할 수 있는 권리, 물건을 사고팔 수 있는 권리, 선거에 참여해서 투표를 할 수 있는 권리 등, 더 다양하고 복잡한 법으로 옹호되었다. 하지만 하늘의 권력에 의존했던 그 옛날의 논리와 비슷하게 이 법도 이성이 부여한 권위에 의해 정당화되었다. 하지만 그 권리는 오직 권리의 타당성을 입증할 수 있는 인간들에게만 적합한 것이었다. 인간들은 이성적으로 생각할 수 있기에 인간이다. '나는 생각한다. 그러므로 존재한다.cogito ergo sum' 물건을 사고팔 수 없고, 선거를 할 수 없고, 자유롭게 사고할 수 없고, 말할 수 없는 사람들이 있다면 그들은 이성적이지 않거나 그 능력이 부족하기 때문일 것이다. 따라서 그들은 보편적이고 성상석인 그 대문자 인간(H)이 아니기에, 자기의 권리를 위한 제대로 된 주장을 할 수 없는 것이다. 자기의 권리는 인간의 권리이고 자기가 인간임을 증명해야 이런 권리를 주장할 수 있게 된다는 것이다. 그렇게 해서 누구든 인간이 무엇인지를 설명하려 애쓰는 시기가 도래한다.

19세기 유럽에서는 '인간학anthropology'이라는 새로운 지식이 유행한다. 인간들의 신체(해부학), 인간들의 영혼(심리학), 인간종들(인종학/민족학), 인간종의 역사(고인류학) 등이 여기에 속한다. 영어 표현은 같지만, 이것은 최근 '인류학'이라는 다른 이름으로 불린다. 인간학의 원형은 1798년 칸트가 쓴 『실용적 관점에서 인간학Anthropologie in pragmatischer Hinsicht』에서 나타난다. 이 책은 인간의 윤리나 도덕을 증진하기 위한 형이상학적 인간 영혼론이나 스피노자의 『윤리학』이 아니다. 칸트 역시 한 평생을 그런 일에 매달렸다. 하지만 『실용적 관점에서 인간학』은 인간의 삶이 현실적인 행복을 증진해야 한다고 주장한다. 그래서 칸트는 이 책에 상상력, 취미, 정서들, 성격, 건강, 욕구, 성 등 인간의 온갖 세속적 특징들을 설명하는가 하면, 지역마다, 인종마다, 추구하는 행복이 같으면서도 다르기에 민족과 인종에 관해서도 기술한다. 그리고 앞서 언급한 것처럼 「계몽이란 무엇인가에 대한 답변」(1784)이라는 짧은 글에서는 '과감히 알려고 애쓰라'고까지 말한다. 근대인들, 유럽인들은 정말로 칸트의 말을 행동으로 옮겼다. 아니 직접 배를 몰고 대양으로 나아가 자기들이 잘 안다고 여긴 그것이 정말 있는지, 그리고 책에 썼던 대로 그렇게 있는 것인지 확인하려 했다. 둥근 지구 행성을 돌아 낯선 남미 대륙을 발견하고 거기서 자신들이 알고 있는 신의 세계와 그 세계 안에 사는 상상 속 이방인을 만나길 열망하면서 말이다. 그러나 그런 욕망은 일차적으로 충족될 수 없었다. 그 우연한 만남에서 이방인은 근대인의 언어로는 알아들을 수 없는 이상한 말로 지껄여대는 이상한 피부색의 사람들이었기 때문이다.

유럽인들은 그들이 지적이거나 논리적이지 않으며, 비판 능력이 없거나 선하거나, 아름답지 않다고 여겼다. 그리고 그들을 야만인이라 불렀다. 그들이 인간이 아니라면 무엇일까? 야만인이라는 옛 유럽어 표현은 'barbarian'이다. 이 말은 '로마인이 아닌barbarinus' 혹은 '그리스인이 아닌barbaros', 그리고 나중에는 '기독교인이 아닌' 이방인들에게 붙여진 말이다. 이것은 유럽 문화의 중심인 그리스-로마와 기독교의 바깥에 존재하는 인간들을 가리키는 말이다. 외부 존재에 붙여진 형용사는 '낯선', '이상한', '무지한', '다른 언어를 쓰는' 등이다. 또 비슷한 말로 'savage'가 사용됐다. 이것은 처음에 사납고 난폭한 동물에게 쓰였는데, 나중에는 '길들여지지 않은' 동물, '개간되지 않은' 숲과 들판, '옷을 입지 않은' 사람, '낯선' 사람, 그리고 '문명화되지 않은' 이방인에게 쓰였다. 그러고 보면 'barbarian'은 이방인, 그리고 'savage'는 짐승과 관련되었던 것으로 보인다.

르네상스가 북유럽으로 퍼져나갈 무렵 네덜란드에 요하네스 스트라다누스Joannes Stradanus(1523~1605) 혹은 얀 반 데어 스트래트Jan van der Straet라 불렸던 화가가 있었다. 그는 근대인과 야만인의 이런 상황을 정확히 보여주는 판화 시리즈 〈노바 레페르타Nova Reperta〉(1590)를 남겼다. 이 작품의 주제는 르네상스 유럽인의 문화와 새로운 세계의 발견이다. 시리즈의 첫 번째 작품은 〈아메리카 알레고리Allegory of America〉이다([그림 3]).

[그림 3] 요하네스 스트라다누스, 〈아메리카의 알레고리〉, 1587-89, 펜과 잉크, 19x26.9cm, wiki commons

제목에서 알 수 있듯이, 신대륙의 발견이 주요 내용이다. 그림은 완벽한 대칭 구도를 하고 있고 제목에 알레고리라는 말이 있으므로 다른 알레고리 그림들이 그렇듯 여러 가지 것들이 나름의 의미를 지닌 채

맞춤법검사기묘사되고 있다. 왼쪽에는 아메리카 대륙에 처음 도착한 아메리고 베스푸치Amerigo Vespucci(1454~1512)가 있다. 그는 오른손에 기독교인임을 증명하는 십자가를 들고 있고, 왼손에는 황동 아스트롤라베astrolabe를 들고 있다. 창처럼 보이는 십자가에는 깃발이 달려 있는데, 이것을 마주한 이들에게 무엇인가를 강하게 어필하려는 듯한 인상을 준다. 아스트롤라베는 항해를 위한 천문관측 장치이다. 이것이 없었다면 야만인의 '발견'은 애초에 불가능했을 것이다. 그 중요한 장치는 유럽인들이 이성과 지식의 힘으로 대양을 건너 신대륙을 탐험하기 위해 도착했음을 상징한다. 그의 뒤에는 목숨을 걸고 험난한 바다를 헤쳐 도착한 근대인의 범선이 보인다.

근대인의 반대편에는 '아메리카'라 불린 젊은 여성이 나체로 해먹에 앉아 있다. '아메리카'는 바로 그 '야만인'이다. 야만인은 놀라 손짓하며 무언가를 방어하는 듯한 수동적인 태도로 베스푸치를 바라본다. 그 뒤로는 나무들과 동물들이 자연스레 배치된 미지의 숲이 있고, 저 멀리 가운데 위쪽에는 사람을 잡아먹는 것으로 보이는 풍경이 묘사되었다. 남성 베스푸치와 여성 아메리카, 옷을 갖춰 입은 유럽인과 벌거벗은 이방인, 이성과 야만, 기독교와 이교도, 그리고 마지막으로 인간과 자연. 이런 대립 구도가 명확하게 그림에서 재현되었다.

유럽인들에게 '아메리카'는 인간(H)의 자기 정체성과 거리가 멀다고 여긴 살아있는 사물, 즉 동물일 것이다. 인간과 동물의 관계는 둘 중 하나이다. 깊은 밀림 속에 있는 알 수 없는 사나운 짐승, 즉 '인간 아닌 것(NH)'이거나, 아니면 우리에 넣고 길러 유용하게 사용할 준비가 된 동물, 즉 가축과 같은 노예일 것이다. 만일 '아메리카'가 전자라면 사냥감일 것이고, 후자라면 '인간이 아닌 인간(IH)'으로서 반드시 인간(H)화되어야 할 존재일 것이다.

앞서 언급했던 데카르트는 '의심하는 인간'이었다. 의심한다는 사실 자체가 부정되지 않기에 의심하는 인간은 존재한다. 근대인 데카르트는 존재한다. 이것은 자기애의 순환적인 논리이다. 이 강박적 논리는 타자가 자기와 같아져야 한다는 방식으로 발현된다. 그래서 말을 알아듣지 못하는 타자에게 인간(H)의 말을 가르치고 교화해서 자기와 같은 인간(H)이 되게 하는 것이 정당화된다. 아래에서 다시 이야기하겠지만, 이런 강박은 아마도 모든 사물을 향한 경향으로 나타나는 듯하다. 서양 근대가 직접 그려낸 거울 이미지인 그 인간(H) 프로젝트는 폭력적인 제국수의 식민화로 나타나고, 아프리카와 아시아를 포함한 세계에 근대인의 모습을 덧씌운다. 근대인이 자기에게 내면화한 강박적인 폭력이 타자인 동양에 향해 가해진 것이다.

제국들의 식민지 경쟁은 장기간에 걸쳐 서양에서 비서양으로 다시 비서양에서 서양으로 향하는 거대한 이동을 수반했다. 이런 이동은 야만을 제거하고 신속히 길들이러 떠나는 일, 자원을 가져와서 상품으로 가공해서 부가가치를 높이는 일, 그리고 다시 자원보다 비싼 상품을 식민지인들에게로 가져가 되판매하는 일이다.

더욱이 자본의 축적이 단시간에 이루어지는 이런 수지맞는 경제 활동이 증가하면 할수록 유럽의 문화에 타자인 비서양이 침투하는 일도 빈번히 일어났다. 이는 특히 야만으로 치부되던 아프리카와 아시아 문화가 유행할 뿐만 아니라 야만인의 물건들에 대한 소비가 증가하고 심지어 이런 현상이 유럽인의 정신세계를 바꿔놓게 된다. 예를 들어 오스만 튀르크는 제국주의 전쟁이 격화할 때조차 체코 인근 지역과 그리스, 흑해 연안 지역을 장악하고 있을 정도로 서양을 위협하는 비서양으로서 군림하고 있었다. 오스만 튀르크에 대한 공포는 알 수 없는 존재의 위력에 대한 동경과 함께 야만인에 대한 조롱과 뒤섞여 나타났다. 으젠느 들라크루와Eugène Delacroix(1798~1863)는 오스만 튀르크의 풍경과 삶을 여러 작품 그렸는데, 작품들은 유럽 전체에서 비서양에 대한 낭만주의적인 동경을 불러일으켰다. 수백 년 동안 유럽 전체를 두려움에 떨게 한 이 위협적인 타자는 근대인의 계몽을 저지하는 반-계몽인 야만으로 여겨졌지만, 이와 다른 측면에서는 계몽의 이성으로써 설명할 수 없는, 즉 알 수 없는 그들의 힘은 동경의 대상이 되었다. 이런 현상은 계몽주의에 대한 낭만주의의 비판과 뒤엉켜 나타났다. 또한 비서양에 대한 동경은 대중의 삶에 뿌리를 내렸다. 19세기 중반 프랑스와 영국에서 카메라와 사진 기술이 발명되면서 시각 이미지 생산과 소비가 폭증하고 상업적으로 커다란 성공을 거두었다. 많은 유럽인이 카메라를 들고 앞다투어 아프리카와 아시아로 떠났다. 이들이 유럽으로 귀환했을 때 손에는 낯설고 신기한 사진들이 수없이 들려 있었고, 다시 이것들이 대량 복제되어 판매되었다. 그리고 비서양에 대한 유럽의 소비는 다양한 문화로 펼쳐졌다. 지아코모 푸치니Giacomo Puccini(1858~1924)의 오페라 〈나비부인Madama Butterfly〉(1904)은 이국적인 동양을 서양식 오페라로 번역한 작품이다. 일본 기생과 미국 해군 장교와의 기형적인 사랑 이야기를 담았다. 어린 주인공 초초상의 순종적 사랑은 근대인에게는 이해되지 않는 비인간(IH)을 향한 이상 야릇한 욕망의 이미지를 만들어낸다. 이것은 당시 자포니즘Japonism이라 불렸던 일본풍 문화 소비의 한 양상이다. 또한 빈센트 반 고흐Vincent van Gogh(1858~1890)는 〈탕기 아저씨의 초상화Portrait of Père Tanguy〉(1887)에서 앉아 있는 인물의 배경으로 '우키요에浮世繪'

이미지들을 잔뜩 그려 넣었다. 말 그대로 '떠다니는 세상을 그린 그림' 인 '우키요에'는 일본 에도시대에 대중적으로 유행한 판화작품이다. 저렴하게 판매하기 위해 반복 생산이 쉽도록 형상의 세세한 부분이 생략되어 있고 색상도 가능한 한 단조롭고 원색을 사용했다. 일본 판화작품들은 유럽에서 일종의 문화 상품으로 저렴하게 판매되었고, 고전주의니 낭만주의니 하는 전통적인 미학에 도전하고 싶은 예술가들의 실험실 한자리를 차지했다. 고흐의 꿈틀거리는 붓놀림만이 아니라 현란한 색상은 유럽 문화를 변화시켰다. 하지만 차고도 넘치는 이런 예들에서 과연 서양은 비서양의 목소리를 그 자체로 들을 수 있었을까?

오리엔탈리즘이라는 이런 유럽 중심적인 시각과 문화생산물은 비서양에 대한 자기들의 태도를 논리적으로 재생산했을 뿐이다. 『오리엔탈리즘Orientalism』(1978)에서 에드워드 사이드Edward W. Said(1935~2003)는 이런 식의 담론이 실제 비서양에 대한 경험이 아니라 비서양을 서양으로 재현하는 '동양의 서양화'이며, 비서양을 서양의 타자로 삼는 존재론적 인식론적인 차별을 내면화한 것이라고 비판했다.

자기로 되돌아옴으로써 자기를 긍정하고, 자기애를 증명함으로써 '인간(H)-되기'를 완수하는 근대인의 논리는 비서양을 서양으로 포섭하려는 담론체계인 오리엔탈리즘에만 해당하는 것은 아니다. 인간 아닌 인간, 즉 노예 비인간은 인간의 역사와 함께했다고 할 만큼 오래되었지만, 노예제도에서는 무지하고 야만적인 비인간을 향한 주인의 지배 논리 역시 마찬가지였다. 1920년대 참정권이 여성에게 처음 부여되었을 때도 여성에 대한 남성의 논리가 그랬고, 1930년대 독일 나치의 순혈주의도 이런 논리를 이용하려 했다.

비인간(IH)은 불완전한 인간, 무지한 인간, 자율적이지 않고 의존적인 인간이라는 인간(H)의 결핍 조건에서만 가능하다. 여기서 전제된 결핍은 반드시 충족되어야 하는데, 이를 위해 인간(H)의 자기애를 실현하는 교화나 훈육 체계들, 그리고 다양한 장치들은 인간이 아닌 인간들(IH)을 재생산하고 그들에게서 차별을 내면화하면서 지배적인 자리 배치를 정당화한다.

인간 아닌 인간인 이 비인간(IH)은 원래 인간이 아니었던 게 아니라 이 논리에 따라 재현되어 발명된 부정적인 인간 유형일 뿐이다. 피부색의 차이, 체형의 차이, 몸에서 나는 냄새의 차이, 목소리와 사투리의 차이, 체형의 차이, 부모의 존재 여부와 경제 수준의 차이, 화이트컬러와 블루컬러의 차이, 취향의 차이, 출신 지역과 학교의 차이, 지능의 차이, 심지어 통속적인 성격 특성인 MBTI의 차이 등 헤아릴 수 없이 많다. 이런 차이를 차별로 만드는 장치들은 인간(H)과의 관계에서 비인간(IH)을 구별 짓고 차별을 실행하는 정치적이며 물질적인 특성들을 교묘하게 활용한다.

나아가 비인간(IH)의 존재를 구성하는 이 논리는 또 다른 비인간(NH)을 구별 짓고 차별하는 논리로 전용된다. 아니 오히려 '인간 아닌 인간들' 보다 '인간 아닌 것들'인 이 비인간(NH)에서 차별의 논리는 더 근본적이었다.

비인간nonhuman(NH)

'비인간'을 언급할 때마다 우리는 길을 잘못 들기 일쑤다. 이는 영어

접두사 in과 non의 의미가 우리말로 명확히 구별되지 않을뿐더러 모두 '비非'로 옮겨지기 때문이다. 'inhuman'과 마찬가지로 'nonhuman'도 대개 '비인간'으로 옮겨진다. 이 둘을 동시에 말하거나 영어로 표기하지 않은 채 '비인간'이라고 쓰면, 그것이 'inhuman'인지 아니면 'nonhuman'인지 혼란스러워진다. 게다가 'dehumanization', 'anti-humanism', 'posthuman' 등 '인간'과 관련된 다른 여러 표현과 뒤섞이면 그야말로 안개 속을 헤매게 된다.

무엇보다도 위에서는 인간(H)과 비인간(IH)을 이야기했다. 거기서 비인간은 '아님'을 뜻하는 '비非'를 '인간'에 접두사로 붙여 쓴 '인간'의 켤레 말이다. 즉, '인간이 아닌 인간'을 의미했다. 그리고 그 인간(H)이란 특정한 시대에 특정한 사회적 자리를 차지한 인간들이 상상하고, 욕망하고, 사고하고, 증명하려 한 인간의 개념이나 이미지이다. 나는 위쪽 여기저기서는 그것을 근대인이라는 말로 대신하거나 작은 따옴표를 사용해서 '인간'이라고 썼다. 어떤 경우에는 이 '인간'을 대문자 'Human'을 써서 설명하기도 했다.

'dehumanization'은 '인간다움'이라는 말로써 표현되는 가치들의 상실을 가리키는 '비인간화'이다. 즉, 그것은 인간주의humanism를 전제로 해서 우리의 삶과 사회가 인간답지 못하게 된 상황을 말한다. 이 상황은 정치적이다. 왜냐하면 인간다움을 무엇으로 정의하냐에 따라 의미가 달라지는데, 그 정의는 대개 정의하려는 주체나 집단의 입장에 따르기 때문이다. 그러나 인간주의는 오히려 '인간성'이라는 가치의 순수성을 지키려한다고 주장하면서 이런 정치성을 부정한다. 그렇지만 인간성이니 인간다움이니 하는 개념들이 얼마나 관계적이고 상대적인 성격의 것들인지는 누구나 잘 알고 있다. 인간주의는 충분히 그리고 과하게 정치적이다.

샤르트르가 실존주의는 휴머니즘이라고 외쳤을 때도 마찬가지였다. 그는 인간이 신이나 운명에 기대지 않고, 자기의 의지와 행동으로 운명을 개척하며, 그 과정에서 인류에 대한 책임을 지는 위대하고 주체적인 존재라고 높이 평가했다. 그는 이런 가치가 옳고 보편적이라고 여겼을 것이다. 하지만 이런 실존적 근거에 따르는 인간이 세상에 얼마나 될지는 미지수이다. 또한 그렇지 않은 삶을 사는 대다수 인간에게 이러한 주장은 과도한 윤리적 무게로 느껴지거나 비현실적으로 여겨질 수 있다. 그리고 만일 이러한 비인간화를 비판하기 위해 인간주의의 가치를 절대화한다면 그런 인간주의는 오히려 다수의 비인간(IH)을 재생산하는 문제를 일으킬 수 있다. 비인간(IH)은 인간과 인간 사이의 존재-정치적인 권력관계에서의 소수자 인간들이다. 비인간 담론은 특정한 인간들을 '인간' 아닌 인간으로 규정하고 '인간'의 바깥으로 밀어내는 배제와 차별에 관한 것이다.

그렇지만 비인간화는 특정 인간들에 대해서 인간성이나 인간주의적인 규범, 혹은 권리를 부정하는 행위를 통해 이루어진다. 예를 들어 자본주의는 자유라는 이름으로 인간들의 무한 경쟁을 긍정했는데, 인간들은 자기가 소유하거나 소유할 재산을 증식하기 위해 충돌을 마다하지 않았고 그 과정에서 인간다움은 상당히 훼손되었다. 그래서 대가속화the Great Acceleration가 시작될 무렵에는 보편적 인간성의 보존이 인간주의의 가장 중요한 목표가 되기도 했다. '산업화와 대도시화된 사회에서 인간성 파괴'라는 표현은 낯설지 않다. 젊은 시절 칼 마르크스는 혁명을 통해서 사유재산이 제거된 공산주의 사회가 이런 인간주의를 구현할 수 있으리라 믿기도 했다. 그의 기대와 달리, 소비에트가 국제 정치력을 발휘하게 되었을 때 사회주의 진영에서도 예외 없이 비참한 비인간화가 이루어졌다. 인간주의가 사용하는 보편적 인간성은 자본주의가 교묘하게 구축하고 조장하는 계급 불평등을 은폐했고, 사회주의는 이데올로기의 환영 속에서 국가 폭력을 은폐했다. 이는 보편적 인간성이라는 개념이 구체적으로 무엇인지 모호한데다가, 소수자들이 처한 구조적인 모순에 대한 비판의 칼을 무디게 만들었다.

프리드리히 니체Friedrich Nietzsche(1844~1900)는 인간주의가 강조한 인간다움의 보편성을 세속적인 것으로 만듦으로써 인간주의의 권력과 위선을 공격했다. 그리고 후기-마르크스주의자들은 보편적 인간성에 뿌리내린 이런 인간주의를 근본적으로 반대했다. 따라서 antihumanism은 인간주의를 비판하는 '反인간주의'를 뜻한다는 것을 알 수 있다. 로지 브라이도티Rosi Braidotti(1964~)는 『포스트휴먼』에서 반인간주의에 대해 이렇게 말한다.[3]

> 그것[미셸 푸코가 선언한 '인간의 죽음']의 공격 목표는 마르크스주의에 내포된 휴머니즘, 더 구체적으로는 '인간'을 세계 역사의 중심에 놓기를 고집하는 휴머니즘[인간주의]적 오만이다. … 반휴머니즘의 주요 특징은 인간 행위자를 이 보편주의적 태도에서 분리해내고, 그가 수행하는 구체적인 행위를 놓고 그['인간']를 질책한다. 일단 이전의 지배적 주체인 그가 자신이 위대하다는 과대망상에서 벗어나고, 더 이상 소위 역사적 진보에 대한 책임을 지지 않게 되면, 다른 더 날카로운 권력관계들이 부상한다.

---

3 로지 브라이도티, 이경란 옮김, 『포스트휴먼』, 아카넷, 2015, p.36.

반인간주의는 인간주의가 근본적으로 인간중심주의를 내재화함으로써 담론으로 기능할 수 있다고 보는데, 앞서 살펴본 권력화한 '인간'의 자리 배치가 비인간들, 즉 '인간 아닌 인간들'(IH)을 억압하는 권력관계를 실현하기 때문에 인간(H)에 대한 급진적인 해체를 주장하는 것이다.

그리고 반인간주의는 인간(H)에 대한 부정과 동시에 인간(H)으로부터 벗어남, 즉 탈인간posthuman 담론, 탈인간주의 내지는 포스트휴머니즘posthumanism으로 연결된다. 포스트휴머니즘은 '언어적 전환' 이후 진척된 여러 반인간주의의 변형으로 볼 수 있다. 데카르트의 문제 해결에서 보았듯이 '있다'와 '안다'는 근대인이 자기 힘으로 인간(H)을 정의하려 했을 때 핵심 근거들이었다. 그것들은 마치 그 자체로 있는 것인 '실체'처럼 이해되거나 아니면 경험을 구성하는 관념들이나 표상들로 여겨졌다. 20세기의 언어적 전회는 무언가가 있으며 그것을 아는 일이란 다름 아니라 언어와 기호 구조에 의한다는 생각을 밀어붙이려는 시도를 말한다. 그리고 구조주의 언어학이나 기호학이라는 이름으로 불렸던 언어적 전회는 언어와 그것이 지시하는 현실 사이의 차이, 언어나 기호 구조가 실현하는 심각한 권력관계가 폭로되는 순간, 탈-구조주의 혹은 포스트구조주의로 옮겨갔다.

'인간'의 정치적, 경제적 독단을 비판한 반인간주의가 1990년대 포스트구조주의 담론과 결합하면서 포스트휴머니즘으로 재생산된다. 포스트휴머니즘은 반인간주의보다 더 근본적인 것으로 이해될 수 있다. 무엇보다도 반인간주의는 근대인이 정의한 인간(H)의 특성이 허구이고 이데올로기적이라는 점을 신랄히 비판한다. 가령 근대인은 모든 개별 인간의 보편적 자유와 권리를 주장하지만, 그 자유와 권리는 사실상 자본과 권력의 관계에서 결정된다. 게다가 인간주의의 보편적 인간성이라는 것마저도 사회적으로 거듭 강조했고 훈육했음에도 불구하고, 어째서 인간(H)의 사회가 홀로코스트와 같은 비인간적인 행위를 되풀이하는 것인지 설명되지 않는다. 포스트구조주의는 인간(H)의 내재적인 모순을 지적했다. 예를 들어 포스트구조주의 정신분석학에 따르면, 이런 인간은 자기-정체성을 확인하기 위해 끝없이 타자를 욕망하고 또 배제하면서 다시 자기 이미지로 귀환하려는 자기 투사적 욕망에 크게 의지한다. 그러나 이는 타자가 삭제된 거울 이미지들을 자기로 착각하는 과정이며, 정작 '인간'은 처음부터 존재하지 않았던 것이다.

포스트휴머니즘은 인간의 내재적 모순만이 아니라 자기 정체를 정의하기 위해 거듭해서 이 타자와의 관계를 소환한다. 그런 타자들 가운데는 비인간만(IH)이 아니라 비인간(NH)도 있다. 예를 들어 초등학교 앞 도로 위에 설치된 과속 방지턱은 교통법규를 잘 지키는 운전자의 보편적 인간성을 대신한다. 여기서 과속 방지턱은 인간 아닌 것, 즉 비인간(NH) 중 하나다. 하지만 인간적인 관점에서 과속 방지턱은 강제로 운전 속도를 줄이게 만들어서 초등학생들이 안전하게 도로를 건너다닐 수 있게 하는 그저 하나의 '수단' 정도로만 이해된다.

또 다른 예도 있다. 영장류의 진화에서 인간과 유인원을 다르게 진화하게 한 것 중 하나가 바로 돌도끼이다. 현대 인류학은 인간만이 일어서서 두 발로 걸으면서 놀고 있는 두 손으로 도구를 사용한 데서 인간을 유인원과 구별하는 진화의 씨앗을 찾는다. 도구의 사용이 비슷한 종을 다르게 진화하도록 한 결정적인 요인이었다. 돌도끼는 아무 말도 하지 않았지만, 인간의 손과 뇌의 구조를 변형시켜 영장류 중 몇

몇 종을 인간으로 만들었다.

이종이식heteroplastic transplantation은 동물에서 일부 장기나 조직, 혹은 세포를 분리하여 인공 증식한 후 그것이 필요한 환자에게 이식하는 치료 방법이다. 동물의 생명을 인공적으로 조작하는 데서 여러 윤리적 문제를 낳고 있지만, 이식이 절실한 환자들에게는 실낱같은 희망처럼 여겨지곤 한다. 기술적으로 이종이식은 초보 단계에 있지만, 췌장 일부에 이상이 생긴 환자에게 돼지의 췌장을 이식하는 실제 의료 사례도 있다. 그 환자가 생명을 지켜 인간으로 살아갈 수 있는 게 돼지 덕분이라고 할 수 있다면, 비록 극단적인 생각일는지 모르지만, 그 환자의 '인간'은 돼지에 의해 가능한 것이라고 말 할 수 있을 법하다. 이러한 사례에서 인간은 자기 스스로가 아니라 오히려 비인간(NH)에 의해 인간(H)이 되고 있다. 그렇지만 위의 모든 경우에서 비인간(NH) 타자는 삭제된다.

물론 비인간의 이러한 자리 배치를 다르게 해석하는 관점도 있다. 비인간들은 인간의 능력을 확장하는 일prosthesis에 도움을 주는 수단이라는 것이다. 흔히 닉 보스트롬Nick Bostrom(1973~) 같은 이들이 주장한 트랜스휴머니즘transhumanism이 그런 관점이다. 역사상 인간은 가축, 자동차, 텔레비전, 스마트폰, 인공지능, 로봇 등 비인간 수단을 잘 활용함으로써 인간 앞에 놓인 장애물을 극복하고 더 나은 삶을 살아갈 수 있었다. 문제 해결 능력이 이렇게 증가하는 사이 인간은 과거의 인간과 달리 비인간들에 의해 새로운 인간으로 변형될 것이다. 보스트롬은 이러한 인간이 과거의 인간에서 벗어난다는 의미로 탈인간 posthuman이라 부르면서도 또한 과학기술의 집적물인 비인간에 의해 변형된다는 의미로 변형인간transhuman이라 불렀다.[4] 트랜스휴머니즘은 미래 사회가 더 복잡하고 극복하기 힘든 장애물들에 부딪힐 것이며, 그때마다 적합한 기술로 고도화된 비인간들(NH)이 인간의 미래를 보장할 것이라고 믿는다. 근대인들이 그랬던 것처럼 인간이 계속 진보하리라고 믿는 것이다.

그러나 포스트휴머니즘의 주요 논자인 캐리 울프Cary Wolfe(1959~)는 보트르롬의 트랜스휴머니즘을 '나쁜 포스트휴머니즘bad posthumanism'이라고 비판한다.[5] 근대인들의 이 '인간'이라는 개념은 비인간(NH)을 타자로서 배제하는 과정에서 발명된 것이다. 가령 동물은 인간과의 관계에서 난폭하거나, 수동적이거나, 저능하거나, 보호받아야 할 비인간으로 규정되었는데, 그 반대편에서 인간은 자기를 선하고, 능동적이며, 지적이거나, 자율적인 존재로 부를 수 있었다. 하지만 진화론이 등장하면서 근대인들은 비로소 비인간 배제의 논리가 가진 허점을 자각하게 되었다. 말하자면 근대인의 데카르트식 논증은 인간(H)이 온전히 다 설명됐다고 여겼지만, 진화론은 인간이 '사고하는 동물'이라는 아리스토텔레스의 주장을 거듭 의심했다. 그 대신 동물과의 물질적 유사성을 찾아내고 강조했다. 그러나 진화론은 비인간 동물로의 추락을 부정하기 위해 다시 인간의 동물적 기원을 초월하려 한다. 인간 진화론은 사실상 인간과 동물의 유사성이 아니라 '사고'에 방점을 찍어 인간을 비인간 원숭이와 구별하고 차이를 만들려는 인간적인 장치로 볼 수 있다.

---

4 Nick Bostrom, "A History of Transhumanist Thought," Journal of Evolution and Technology 14(1), 2005, p.2.
5 Cary Wolfe, What Is Posthumanism?, Minnesota University Press, 2009, pp.xvii.

그러나 비인간을 배제하는 이런 절차는 인간의 자기규정을 위해 근본적으로 동물을 인간에게 재투입하는 일과 다를 바 없다. 따라서 트랜스휴머니즘이 주장하는 탈인간이란 결국 '인간'의 탈중심화가 더욱더 진전되는 역사적 순간을 일컬은 것일 뿐이다. 달리 보면 인간의 탈중심화를 실현하는 힘은 사실상 비인간이었으며 또한 그 탈중심화된 인간이란 비인간과의 혼성에 불과하다.

'인간 아닌 것'으로서 비인간은 그 '인간'에게 '인간 아닌 인간(IH)'보다 더 급진적인 관계를 맺는 존재이다. '인간답지 않은 인간(IH)'이나 '인간답지 않게 된 인간'이 '짐승 같은 인간', '버러지 인간', '인간 쓰레기' 같은 혐오스러운 말로 불린다 해도, 그/그녀가 혐오스러운 짐승, 벌레, 쓰레기 자체는 아니다. 하지만 '인간 아닌 것'이 이런 혐오 표현이 지시하고 있는 부정적인 의미를 대신한다는 측면에서 이 비인간은 위에서 이야기했던 '인간'과 '비인간(IH)'의 관계를 또한 반복하고 있다. 포스트휴머니즘은 '인간'의 탈중심화를 환영하고 비인간(NH)을 논의의 장으로 끌어들이지만 궁극적으로 인간을 향한다.

비인간 담론이 있을 수 있다면 그것은 인간과의 이러한 조건들에서 비인간을 설명해야 한다. '인간'에게서 망각되었던 비인간들이 무엇이며 왜 이제 다시 중요해진 것인지를 설명해야 한다. 앞서 살펴본 인류세는 근대인들에게서 잊혔거나 아예 언급조차 될 수 없었던 비인간들이 파국의 이미지를 통해 우리의 눈앞에 다시 소환되게 만든 현실적인 조건이었다. 비인간주의라 불리는 비인간 담론은 그렇게 소환된 동물과 식물, 벌레와 세균, 대지, 강, 바다, 바람과 구름, 하늘과 우주, 인간종들, 세상의 온갖 것을 그 자체로 어떻게 이해할는지를 보여주어야 한다.

| 참고문헌

• 임마누엘 칸트, 홍우람 이진우 옮김, 『실용적 관점에서 본 인간학』, 한길사, 2021.
• 임마누엘 칸트, 김미영 외 옮김, 「계몽이란 무엇인가에 관한 답변」, 『비판기 저작 1(1784~1794)』, 한길사, 2019.
• 토머스 홉스, 진석용 옮김, 『리바이어던: 교회국가 및 시민국가의 재료와 형태 및 권력』 1권, 나남, 2018.
• 르네 데카르트, 이현복 옮김, 『방법서설』, 서광사, 1998.
• 에드워드 사이드, 박홍규 옮김, 『오리엔탈리즘』, 교보문고, 2015.
• 로지 브라이도티, 이경란 옮김, 『포스트휴먼』, 아카넷, 2015.
• Wolfe, Cary. What is Posthumanism?, University of Minnesota Press, 2010.
• Bostrom, Nick. "A History of Transhumanist Thought," Journal of Evolution and Technology 14(1), 2005.

비인간주의

호모 날레디

비인간(NH)을 인간으로부터 분리해서 자신의 정체성을 구축하려 했던 게 근대인의 기획 중 하나이다. 기획은 이중의 겹으로 실현된다. 무엇보다도 비인간은 인간으로부터 분리된다. 그리고 다시 분리는 분류라는 과학적 지식으로 재생산된다. 비인간(동식물, 인공물, 광물 등)에 대한 분류가 이루어지고, 다시 이것을 토대로 인간을 포함한 전체 분류가 완성된다. 그러나 분류하는 자는 분류되는 자보다 우월한 지위를 전제로 하기 때문에 우월한 자기정체성을 확증한 인간은 매우 효과적으로 비인간을 다시 분리한다.

이러한 분리는 수용과 배제의 이중 장치로 작동된다. 인간에게 필요한 도구의 유용성 기준에 따라 비인간의 존재 가치가 결정되고, 특정한 비인간들이 인간 사회에 수용된다. 그리고 고도화된 유용성으로 인해 비인간은 잊힌 존재로 남는다. 마치 목수에게 망치가 단순히 나무와 금속의 연결체가 아니라 못을 박는 손에서 잊히는 것처럼 말이다. 이것이 인간주의의 그늘 안에 놓인 대다수 비인간의 현실이다. 이러한 잊힘은 무관심과 다르다. 무관심은 한여름 어느 마을의 나무 그늘아래 낮잠을 자는 누렁이를 바라보며 느낀 여행객의 마음처럼 평화로울지 모른다. 반면 유용하지 않거나 심지어 피해를 주리라 예상된 비인간은 배제와 폭력 아래 놓인다. 배제는 비인간을 폭력적으로 완전히 분리하는 것일 수 있고, '인간'을 위한 자기 희생양으로 주변에 머무르게 할 수도 있다. 아래에서 다시 언급하겠지만 괴물을 대하는 인간의 태도처럼, 이것은 분리의 다른 형태일 수 있다.

한편 이러한 배제의 논리는 근대인의 가장 깊은 곳, 즉 인간의 기원 문제에서도 나타난다. 그 논리는 처음에 18세기 자연학, 19세기 고인류학, 그리고 마지막으로 진화론에서 작동한다. 근대인이 자신에서 인간 아닌 것을 구별해낸 것은 18세기 무렵 인간학이 고인류학으로 분기할 시기에 나타나는데, 결정적인 개념이 바로 '호모 사피엔스'라는 원과거의 인간이자 근원적인 인간이다. 이것은 훗날 우생학eugenics이라는 사이비 과학으로도 변형된다.

근대인에 의해 정의된 '인간'은 원래 자기 정체성을 스스로 정의할 수 있는 이성 능력을 발휘하는 추상적인 존재였다. 그런 '인간'이 관념으로만 머물러 있기보다는 자기를 생물(살아있는 물질)로서 설명할 때조차 결정적인 프레임이 되었다. 그렇지만 몸을 지닌 구체적인 인간, 생물학적인 종으로서 인간을 설명하려 할 때마다 딜레마에 빠지게 된다. 가시적으로는 머리, 사지, 날개 등이 쉽게 구분되는 듯하지만, 구조상 인간의 팔다리와 비인간 원숭이의 네 발은 비슷하다. 20세기 중반에 알려진 DNA 지식으로도 몇 % 정도만이 차이를 보증할 뿐이다. 다시 말해서 생물학적 인간종은 근대인들이 상상한 그 인간처럼 순수하게 논리적으로 설명되기 쉽지 않다. 더욱이 어떤 구조와 기능에서 인간은 비인간 동물들보다 열등하다. 이 때문에 인간을 설명하려는 생물학은 인간을 신과 천사의 아래에 배치한 신학 내지는 형이상학과 심각한 갈등을 일으키곤 했다.

1758년 '호모 사피엔스'라는 용어를 처음 사용한 칼 린네는 이런 갈등을 피할 수 있었다. 그는 거대한 동물 왕국을 명료한 분류 체계로 설명하면서 인간을 체계 도식의 맨 왼쪽 꼭대기에 가져다 놓았다.[1] 겉으로 보기에, 만물의 맨 위에 자리한 인간의 모습은 신이 창조한 세계의 그림과 그다지 달라 보이지 않는다([그림 4]). 말하자면 신으로부터 사물에 이르는 '존재의 거대한 연쇄'와 완전히 다른 것처럼 보이지 않았기에 '린네의 지식'은 사회적으로 받아들여질 만한 것이었다.

하지만 이런 배치는 기독교 신학의 입장에서 두 가지로 위험하다. 하나는 동물 비인간들보다 상위에 자리한 근거가 결정적으로 신적 이성이 아니라 사물을 분류할 수 있는 인간적인 이성 능력이다. 인간종을 정의하는 근거가 신의 뜻이 아니라 바로 라틴 수식어 '사피엔스', 즉 인간 자신의 지성이다. 다른 하나는 인간과 동물의 연속성이다. 이 책 1장의 [그림 7]에서처럼, 오른쪽에서 왼쪽의 상단을 향하면서 동물들은 서로 겹치는 특징을 가진다. 다리 없이 꿈틀거리는 몸체, 두 발, 날개, 네 발, 두 발과 두 다리 등이 그것이다. 그러니 분류 체계는

---

1 Carl Linnaeus, Systema naturæ, 1735. 린네의 『자연의 체계』는 유럽의 모든 지식인에게 영향을 미칠 만큼 대단한 책이었다. 그리고 이 책의 제목은 1753년 10판에 이르러서야 완전하게 제시되었다.

[그림 4] 〈존재의 거대한 연쇄〉, 디에고 발라데스Didego Valades(1533~?)의 책 『기독교 서사Retorica Christiana』(1579) 중에서 wiki commons

인간과 동물의 유사성 혹은 연속성을 암시한 과감한 표현이었다. 반면 신학에서 인간과 동물 비인간은 서로 뒤섞인 존재가 아니다. 린네의 주장과 신학 사이에 내재한 모호한 관점은 고생물학자인 조르주 퀴비에Georges Cuvier(1769~1832)에게서도 선명하게 나타난다. 칼 린네의 충실한 제자였던 그는 찰스 다윈Charles Darwin(1809~1882)이 『종의 기원On the Origin of Species』(1854)을 쓰기 몇 해 전부터 몇 갈래로 뻗어 간 이런 가지들이 서로 만날 수 없다고 주장함으로써, 스승이 제안한 동물의 왕국을 더욱 견고한 체계로 완성했다. 퀴비에는 6개 강으로 분류된 동물을 척추동물, 연체동물, 관절동물, 방사동물 등의 4개로 재분류했다. 그러면서 4개로 갈라진 동물들 사이에는 그 어떤 유사성도 없는 명백한 차이만이 있다고 주장했다. 그의 이러한 생각은 인간과 비인간의 분명한 구분, 나아가 인종 간의 분명한 경계를 주장한 근거로 인용되곤 했다. 그리고 그는 훗날 사르티 바트만Saartje Baartman(?~1815)이라는 이름의 흑인이 죽었을 때 그 사체를 보존하여 분석한 연구에도 참여해서 인종주의의 면모를 여지없이 보여주었다.[2]

반면 다윈과 진화론자들의 생각은 퀴비에에 비해 매우 급진적이었다. 칼 린네의 그 체계는 사실상 비인간과 완전히 분리되어 하나의 종으로 고정된 인간을 전제로 했다. 그런데 문제는 인간과 비인간 동물을 시간에 따라 연속적으로 배치하려 할 때 나타났다. 호모 사피엔스가 완성된 존재가 아니라, 시간에 따라 변화한다는 생각은 다윈의 『인간의 유래, 그리고 성선택The Descent of Man, and Selection in Relation to Sex』(1871)이 세상을 시끄럽게 할 무렵 '인간종의 진화'라는 개념으로 나타났다.

생명과학자 에른스트 헤켈Ernst Haeckel(1834~1919)은 자신의 책 『인간발생론 혹은 인간의 진화Anthropogenie oder Entwickelungsgeschichte des Menschen』(1874)에서 다윈의 진화론을 체계화하고 전파하는 데 열을 올렸다. 그의 유명한 나무 도식을 보면, 린네의 체계에서처럼 맨 위에 인간이 있다([그림 5]). 그 좌우로 고릴라와 오랑우탄이 있고, 그

---

2   바트만은 18세기 남아프리카 네덜란드의 식민지에서 태어난 흑인 여성이다. 어린 시절 농장의 노예로 생활하다가 이상 발달한 신체에 호기심을 느낀 백인 상인에 의해 영국으로 팔려 가 프릭쇼freak show에 참여했다. 당시 수많은 유럽인이 전시장을 찾아와서 그녀를 구경하면서, 호텐토트의 비너스Hottentot Venus라는 별명을 붙였다. 그녀의 신체는 문화상품이 되었다. 이런 행위는 사회적으로 큰 비난을 샀는데 종국에는 법정 소송으로까지 이어졌다. 이 과정에서 인간과 동물의 유사성을 자극적으로 희화한다거나 아이를 많이 낳는 신체가 아프리카인의 야만성으로 여겨지는 등 인종주의의 편견과 혐오가 양산되었다.

아래로 원숭이-인간Ape-man 즉
유인원이 있다.[3] 『인간발생론 혹
은 인간의 진화』는 동물 왕국의
시민들이 어떻게 과거(기원)로부터
생성되어 현재에 이르렀는지를 해
부학과 발생학을 통해 상세히 비
교 설명하고 있다. 헤켈은 '개체발
생ontogeny은 계통발생phylogeny을
반복한다'라는 주장, 즉 생물학적
개체가 수정에서 신체로 성장하
는 과정(개체발생)은 그 개체가 속
한 종이 환경에 적응하면서 거듭
했던 진화의 역사(계통발생)를 반
복한다는 주장을 통해 인간종의

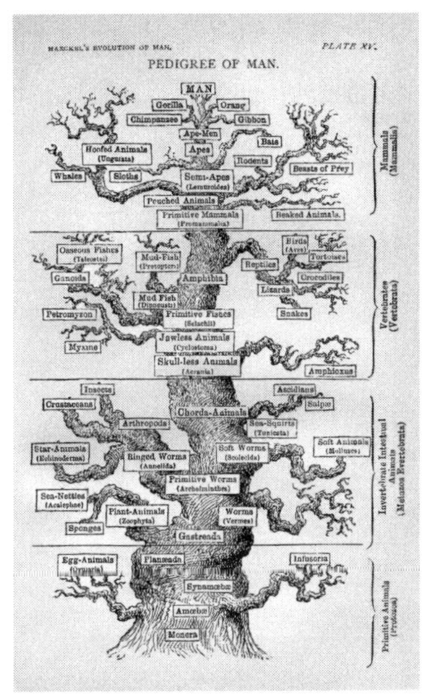

[그림 5] 생명의 나무 은유. 에른스트 헤켈,
『인간의 진화』(1910)

진화를 설명했다. 그는 특히 인간 배아의 발생을 보여주는 해부학적
증거를 제시했는데, 인간의 태아가 자궁 안에서 물고기처럼 아가미가
생겼다가 사라지거나, 꼬리가 나타나는 단계를 거치는 것은 인간의 조
상이 과거에 어류와 유인원 단계를 거쳤음을 보여주는 증거라고 주장

---

3 Ernst Haeckel, The Evolution of Man II, 5th ed., 1910, pp.418-419. 헤켈이
독일어로 쓴 이 책은 여러 판본으로 거듭했고 영어본으로도 여러 번 출판될 만큼
세간의 관심을 모았다. 하지만 나중에 나온 영어 번역본의 제목은 『인간의 진화
The Evolution of Man』로 독일어 원본과 다를뿐더러 '대중적인 과학 연구a popular
scientific study'라는 부제가 달려 있는데, 이는 헤켈이 그 당시 학계로부터 받은 비
판과는 달리 대중적으로는 큰 인기를 얻었던 사실을 보여준다.

했다. 비록 현대 발생학이 태아가 조상의 성체 모습을 그대로 반복하는 게 아니라, 배아 단계를 공유한다는 사실을 밝혀 헤켈의 주장을 수정하긴 했지만, 그의 주장은 인간의 과거가 단세포 생명체라는 것을 분명히 보여주었다.

진화론은 근대인의 인간주의에 잠재된 내적인 모순을 들춰내고 있다. 그렇지만 린네와 다윈을 가로지르는 헤켈의 생각은 여전히 인간주의로 향한다. 생명의 나무는 인간을 위해 하늘 높이 성장하는 진보의 이미지를 그대로 반영한다. 그러나 나무 밑동과 줄기를 잘라 버린다면 모든 가지는 존재하지 않는다는 점 또한 이 그림의 숨은 의미이다.

물론 이것이 진화론의 단면일 뿐이지만, 그것이 말해주는 바는 생명체들이 서로 다른 종으로 연결되는 연속성을 보여줄 뿐만 아니라 여러 종이 서로 경쟁할 수 있다는 것, 그리고 어떤 종들은 살아남고 다른 종들은 파국을 맞이한다는 것이다. 또한 생물학적 진화란 어떤 종이 변화 내지는 적응한다는 것이거나 아니면 적응하지 못하거나 소멸한다는 것을 뜻한다. 인간종의 진화란 그래서 다양한 인간이 존재한다는 것이고, 어떤 인간은 변화한다는 것이자, 다른 인간은 소멸한다는 것이다. 우리는 진화를 진보로 오해하지 말아야 한다. 적응에 관한 생각의 무한 긍정 회로를 돌린다고 해도 그것을 온전히 진보라고 해석할 수는 없다. 적응은 환경과 개체 간의 관계이고, 환경의 변화 영향은 개체에 유리하거나 불리하기에 때로는 퇴보로 때로는 진보로 해석될 수 있다.

헤켈의 진화론은 근대인이 비인간을 분류하고 배제하고 그것을 기반으로 다시 자기 정체성을 물을 때 처할 수밖에 없던 내재적 문제를 들춰냈다. 하지만 그것은 린네의 분류학과 마찬가지로 자연이라는 거대한 비인간을 인간주의의 언어로 번역하고 그 중심에 유일한 번역자로서의 인간을 배치하려는 시도였다고 볼 수 있다. 그 귀결은 순수한 인간 개념과 그것을 정립하려는 논리의 붕괴로 보인다. 그런데 이런 일들이 유독 근대에만 있었던 것은 아니다. 최근 발굴된 호모 날레디 homo naledi 화석에서도 계속되고 있다. 땅속에 묻힌 화석 발굴에 크게 의존하는 고인류학의 운명은 '새로운 발견의 충격'에 민감한데, 이는 고인류학이 기존의 설명을 뒤집을 증거가 나타날 때마다 학설 자체를 의심받게 되는 일이 흔하기 때문이다. 호모 날레디의 뼈들이 처음 발견되었을 때도, 그것들이 지금 여기 살아있는 인간의 뼈인가라고 물었던 것이다. 분제는 무엇보다도 호모 날레디의 존재가 그동안 우리가 인간의 기원이라고 믿어왔던 순수한 인간종 '호모 사피엔스'와 부합하느냐이고, 만일 부합하지 않는다면, 고인류학의 기존 설명이 유지될 수 있을 것인가이다.

호모 날레디에 대해 잠깐 설명하자면, 신성 동굴Rising Star Cave이라는 이름의 남아프리카 유적지가 1980년대부터 많은 고인류학자의 관심을 받아왔다. 그러다 2013년 새로운 공간, 즉 나중에 '디날레디dinaledi'(별들이라는 뜻의 아프리카말) 방이라고 이름 붙인 공간이 발견되었다. 그런데 거기에는 새로

[그림 6] 스미소니언 박물관이 제안한 호모 날레디의 모습을 재현한 이미지

운 인간종의 화석 무리가 있었다. 그 공간의 이름에서 유래한 호모 날레디는 침팬지보다 조금 큰 체구에 턱뼈와 치아는 작고 고르며 작은 키에도 팔과 다리 등 전반적인 외양은 호모 네안데르탈렌시스Homo neanderthalensis나 호모 사피엔스와 유사하다([그림 6]). 이 인간종은 대략 30만 년 전에 존재했으니, 유럽 쪽 호모 네안데르탈렌시스나 아프리카 쪽 호모 사피엔스와 비슷한 시기를 살았다. 체격 조건에 맞게 원숭이나 다른 특정 영장류처럼 나무에서 주로 생활했던 것으로 추정된다.

그런데 잠시 호모 네안데르탈렌시스와 호모 사피엔스에 대해 이야기하자면, 이 두 인간종은 인간의 기원 담론의 정치적 양상을 보여주는 사례다. 이들은 비슷한 시기에 살았지만, 지역적으로 유럽에 머물렀던 호모 네안데르탈렌시스와 달리 호모 사피엔스는 아프리카로부터 남아메리카까지 전 세계로 이주했다. 그런데 3만 년 전쯤 호모 네안데르탈렌시스는 무슨 이유인지 멸종하고 현재 인간종의 기원인 호모 사피엔스와 그 아종들만이 살아남아 진화한 것으로 보인다. 19세기 중반 발견되었을 때 유럽인들이 호모 네안데르탈렌시스에 보인 관심은 지대했다. 이런 관심은 고인류학의 발전을 크게 자극했다. 1856년 독일 라인강 북쪽 네안데르Neander 계곡의 펠트호퍼Feldhofer 동굴에서 처음 발견된 이 인간종 화석은 1864년 인간의 기원으로 인정받은 최초의 표본이다. 네안데르탈렌시스는 낮게 뒤로 밀려난 이마를 가진 타원형 두개골에, 키가 큰데다가 튼튼한 골격도 갖추고 있었다. 호모 사피엔스보다 훨씬 큰 체격에 돌도끼로 사슴과 같은 동물을 사냥했으며 뼈바늘을 사용해서 옷을 지어 입고, 장례 의식을 치를 수 있었던 것으로 알려져 있다. 이처럼 우월한 능력 때문에, 근대인들은 자신들이 기획했던 호모 사피엔스라는 이상적인 인간종이 아프리카 식민지인들이 아니라 원래 유럽인이었으리라고 기대했다. 일면 이러한 경향은 생물학적으로 우월한 인종을 증명하려는 비뚤어진 과학, 즉 우생학을 부추겼을 수도 있다. 헤켈마저도 원숭이로부터 인간을 설명하면서 아프리카로부터 기원한 원시 인간종이 유럽에 이르렀을 때 최고도로 진화했다고 주장했다. 특히 그는 이 인간종을 지중해 인종Homo Mediterraneus이라 불렀다. 훗날 나치즘이 준동했을 때 이 독일 과학자의 생각은 아리안의 순혈주의로 진화했다.

어쨌든 호모 날레디의 이야기로 돌아오면, 호모 날레디가 세간의 관심을 끈 이유는 이 화석이 무리로 발견되었을 뿐만 아니라 그것들이 놓인 공간적 특성 때문이었다([그림 7]). 디날레디 동굴은 매우 가변적이고 복잡한 공간 구조를 가졌다. 입구로부터 들어가다가 '슈퍼맨의 포복'이라는 이름의 좁은 통로를 지나면 거대한 공간이 나타난다. 그 동굴의 맞은편 높은 벽을 기어오르면 '용의 등짝'이라는 좁은 통로가 다시 나타나는데 너무 좁은 나머지 어린아이나 작고 마른 성인만이 겨우 기어갈 수 있을 정도다. 그리고 그 통로를 지나면 마지막으로 깊게 파인 거대한 공간이 나타난다. 그 아래쪽 바닥에 또 다른 인간종의

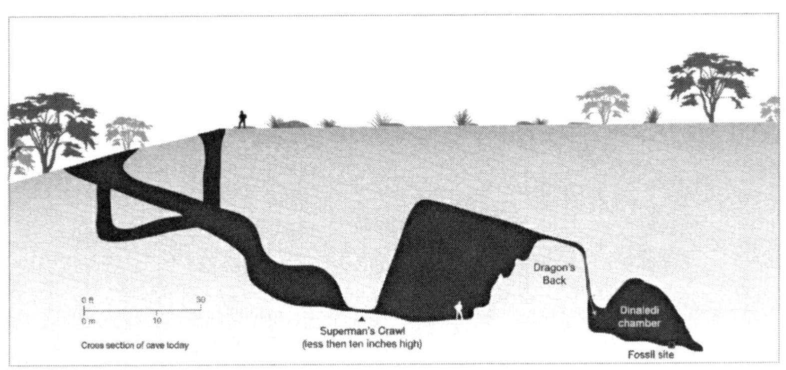

[그림 7] 신성 동굴의 그림. 입구에서 좁은 통로 두 곳을 지나면 오른쪽 깊숙한 곳에 디날레디 방이 있다.

화석 무더기가 흩어져있었다. 두 개의 좁은 통로와 외부로부터 완벽히 차단된 마지막 공간은 동물로부터 시신의 훼손을 방지하는 역할을 했을 것으로 보인다. 같은 종족을 보호하고 그들의 사후 세계를 걱정했던 인간종인 호모 사피엔스나 호모 네안데르탈레시스와 유사한 면이 있는 것이다.

그런데 이런 정신세계를 이해하고 문화로 만든 것은 특정 인간종의 높은 지능 덕분이고 두뇌의 용량이 그 사실을 증명한다는 것이 고인류학의 상식이다. 반면 호모 날레디의 두뇌 용량은 $450cm^3$ 정도로 용량이 약 $1,500cm^3$이었던 호모 사피엔스의 두뇌에 비해 1/3 크기에 머무른다. 사실 두뇌 크기는 같은 영장목(영장류)에 속하는 인간과 침팬지, 그리고 고릴라를 구별하는 중요한 특징이고, 19세기 말 고인류학의 발달과 함께 편승한 인종주의를 부추긴 과학적 기준이기도 하다. 그렇게 명명된 인간종의 이름이 다름 아니라 호모 사피엔스다.

결국 이러한 이유로 호모 날레디는 하나의 기원으로 알려진 생물학적 인간종, 호모 '사피엔스'를 의심하게 만든다. 즉 근대인들은 인간의 기원, 그리고 그 기원을 가득 채우고 있는 인간다움이 곧 지적 능력이었기에 호모 사피엔스라는 이름을 붙였지만, 호모 날레디는 그 두뇌 용량과 상관없이 인간다움을 갖추고 있기 때문이다. 조금 극단적으로 상상해보면, 인간의 또 다른 기원인 호모 날레디가 우리에게 말해주는 것은 우리가 지적인 능력 때문에 인간인 것이 아니라 동료에 대한 공감과 사랑 덕분에 인간일 수 있다는 것이다. 이것은 시사하는 바가 크고, 또한 중요하다.

게다가 호모 사피엔스라는 인간종마저도 단일한 종이 아니라 다종이었고, 심지어 혼종이라는 고인류학적 증거들도 존재한다. 언어 이전

시대에는 대략 20여 가지의 인간종이 있던 것으로 알려져 있는데, 호모 하빌리스Homo habilis, 호모 에렉투스Homo erectus, 호모 안테세소르Homo Antecessor, 호모 에르가스테르Homo ergasther, 호모 헤이델베르겐시스Homo heidelbergensis, 데니소반Denisovan, 호모 플로렌시엔시스Homo floresiensis, 호모 로데시엔시스Homo rhodesiensis 등이 그것이다. 또한 다종만이 아니라 종간 교차도 있었는데, 가령 호모 사피엔스 인간종과 경쟁했던 호모 네안데르탈렌시스에 관한 고인류학 연구는 네안데르탈렌시스가 단일한 종으로 멸종하지 않았다고 설명한다. 이는 호모 네안데르탈렌시스의 DNA 형질이 현대 인간들에게서도 고르게 발견되기 때문이다. 만일 이 인간종이 완전히 멸종했고 호모 사피엔스만이 유일한 기원이라면 현대 인간들에게서는 결코 호모 네안데르탈렌시스의 DNA가 나타나지 말아야 한다. 심지어 이 인간종이 유럽에만 국한된 것이 아니라 점차 동쪽으로 이동하면서 알타이산맥에 도달했을 때 그 지역에서 활동하던 또 다른 인간종인 데니소반과 결합했다는 고인류학적 증거들도 있다.

결국 여러 인간종은 오랜 시간에 걸쳐 종간 교차를 이루었다. 그렇기에 인간의 기원이란 단일하지도 순수하지도 않은 혼성일 가능성이 충분하다. 다종과 혼성은 언어 이전 인간에게 '현실'이었다. 현실적인 이 혼성은 인간(H)의 관념적인 순수성을 해체한다. 사실 진화 담론에 등장한 '생명의 나무' 은유마저도 하나가 아니라 여럿이었다. 북유럽과 이슬람의 신화에도 비슷한 은유가 등장하는데, 오직 하나의 뿌리에서부터 줄기를 뻗어 여러 갈래로 펼쳐진 나무 형상을 강조하는 기독교 신학의 세계상과 달리 거기서는 나무도 하나가 아닐뿐더러 그것의 뿌리마저도 단일하지 않다. 우리 시대의 많은 이론가가 땅 위를 기거나 물에서 떠다니는 뿌리이자 줄기인 식물에 감화되었고 이런 '리좀'이라는 식물을 인간의 삶을 이해하기 위해 기꺼이 받아들인다.[4]

동물의 권리

1948년 신경과학자이자 사이버네틱스 연구자였던 그레이 월터William Grey Walter(1910~1977)는 '마키나 스페큘라트릭스machina speculatrix', 즉 반사 기계라는 이상하기도 하고 거창하기도 한 이름의 로봇을 만들었다.[5] 최초의 피지컬 인공지능 기계일 수도 있는 이 로봇이 맡은 궁극적인 역할은 '목표-추구 행동goal-seeking behavior'이 대량의 뇌 기능이 아니라 소수 뉴런의 상호 연결과 복잡성에 달려 있다는 뇌신경과학의 가설을 증명하는 일이었다. 배터리를 탑재한 거북이 모양의 로봇은 완전히 방전되기 전에 충전을 위해 전등이 켜진 불빛을 찾아 복귀하는 과제를 수행했다. 불빛은 거울에 반사되어 빛났고, 광센서를 탑재한 로봇이 거울에 반사된 빛을 따라 움직였다. 배터리의 방전-충전이라는 단순 신호 행위의 충족이 배고픔-밥을 먹음이라는 더 포괄적인 인지 동기-행위를 충족했다([그림 8]).

그런데 그레이 월터의 이 로봇은 몇 가지 점에서 인간주의의 변형으로 볼 수 있다. 하나는 기계에 인간주의를 투사하고 있는데, 이는 목적의 인지와 행위라는 인간적인 의미를 두뇌 기능으로 재현하고 있

---

4 질 들뢰즈, 펠릭스 가타리, 김재인 옮김, 『천개의 고원』, 새물결, 2011, p.11.
5 W. Grey Walter, An imitation of life. Scientific American 182(5), 1950, p.45.

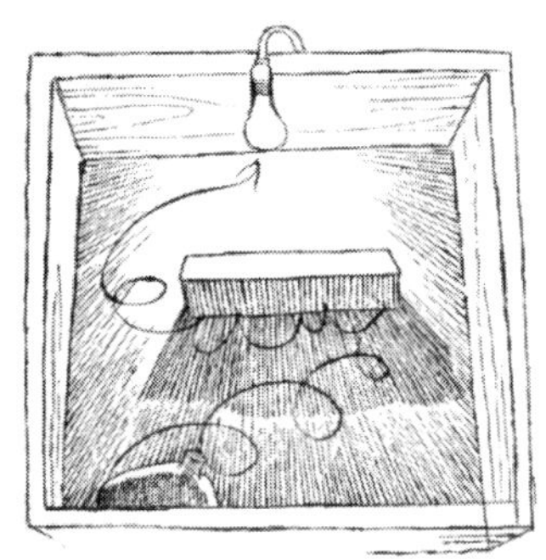

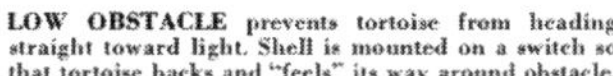

[그림 8] 그레이 월터가 제작한 마키나 스페큘라트릭스의 시연 이미지. 거북이 로봇이 장애물을 피하고 거울에 반사된 빛을 센싱하고 있다.

다는 것이다. 마키나 스펙큘라트릭스에서 '스펙큘라트릭스'의 어원은 '보다'를 의미하는 라틴어 '스페케레specere'이다. 서양에서 역사상 시각은 단순한 지각을 가리키지 않는다. 그것은 '멀리 거리 두기', 거리 두기를 통한 앎의 실현, 즉 '반성', '관조', '사유', '성찰' 등을 뜻할 만큼 지식 획득과 인식 방식을 보여준다. 다른 하나는 이중의 투사를 통해서 인간을 설명하고 있다는 점이다. 그레이 월터는 이 반사 기계에서 인간의 인지 기능을 설명하고 있으며, 이것을 다시 거북이라는 동물로 재투사함으로써 기계의 기능을 생물학적 형태로 재생산하고 있다. 그레이 월터는 나중에 기계 거북이 하나를 더 만들어 각각 엘머와 엘시라는 애칭을 붙여주었다. 스마트하고 귀여운 이 거북이들은 세간의 주목을 받아 유명해졌다. 당시 이 거북이들은 사람들에게 반려동물처럼 느껴졌다.

우리가 반려 거북이를 만날 수 있는 건 집안 어항이거나 아니면 인근 개천이다. 개천에 사는 거북이는 반려에서 야생이 된 개체일 가능성이 매우 크다. 거북이는 야생에서 자유를 찾았을까? 반려 거북이가 어항 밖으로 나간 이유는 무엇일까? 이유는 어렵지 않게 상상해볼 수 있는데, 개체 수의 과도한 증가, 폐사로 인한 오염, 아니면 싫증이었을 것이다. 물론 종교적인 이유에서도 방생되곤 한다. 그런데 상상력을 조금 더 발휘해서, 거북이가 엘머나 엘시처럼 조금 더 똑똑해서 인간과 닮았더라면, 다정히 담소도 나누고, 또 아프면 병원도 데려가지 않았을까? 그러면 거북이는 아직 우리 집안에 머물고 있지 않을까?

앞서 인간의 기원으로 여겨진 '호모 사피엔스'에서 '사피엔스'는 우리말 '슬기로운'으로 옮겨지는데, 그 말은 발음에서나 뜻에서나 제법 아름답다. 그런데 근대인들은 그 말을 인식하거나 인지하거나 아니면 의식할 수 있는 능력과 연결했다. 그래서 사피엔스는 침팬지나 고릴라, 말이나 소, 개나 돼지, 뱀이나 물고기, 애벌레 등의 동물들과 자기를 구별할 수 있는 인간만의 차별적인 능력을 설명하기 위해 붙여진 수식어였다. 반대로 지적 능력이 아예 없거나 부족한 존재야말로 '인간 아닌 것'을 정의하는 근거가 되었다. '나는 생각한다. 그러므로 존재한다'라고 말한 근대인의 의도와 일치하는 사피엔스라는 말은 일종의 강박, 다시 말해서 지적인 판단과 이에 따른 행위만을 인간 정체성의 핵심으로 보아야 한다는 고질적인 사고 습관의 결과물이다. 이것은 엘머와 엘시의 사례에서처럼 비인간 동물을 바라보는 우리의 시각에도 고스란히 투영되어있다.

1999년 제정된 「동물보호법」의 제1조는 보호되어야 할 비인간 동물과 인간의 관계를 이렇게 설명하고 있다.[6]

---

6 농림축산식품부, 「동물보호법」(국가법령정보센터, https://www.law.go.kr)

이 법은 동물의 생명 보호, 안전 보장 및 복지 증진을 꾀하고 건전하고 책임 있는 사육문화를 조성함으로써, 생명 존중의 국민 정서를 기르고 사람과 동물의 조화로운 공존에 이바지함을 목적으로 한다.

그리고 이어서 제2조 1항과 2항은 동물과 그것의 소유자를 정의한다.

1. "동물"이란 고통을 느낄 수 있는 신경체계가 발달한 척추동물로서 다음 각 목의 어느 하나에 해당하는 동물을 말한다. 가. 포유류, 나. 조류, 다. 파충류·양서류·어류 중 농림축산식품부장관이 관계 중앙 행정기관의 장과의 협의를 거쳐 대통령령으로 정하는 동물[이다.]
2. "소유자 등"이란 동물의 소유자와 일시적 또는 영구적으로 동물을 사육·관리 또는 보호하는 사람을 말한다.

제1조는 인간과 비인간 동물의 공존을 명시하고 있다. 하지만 제2 조에서는 동물이 매우 제한적으로 정의되고 그래서 결과적으로 그런 동물과의 공존만이 설명된다. 그 동물은 다름 아니라 신경체계가 발달한 척추동물이고, 사육될 만한 것이고, 인간에게 유용한 것이고, 재산으로 여겨질 수 있는 것일 뿐이다. 소유물의 법률적 관계가 동물의 보호받을 권리를 설명한다. 이는 인간이 동물에 대한 독점적 소유권을 가지고 있고, 그래서 소유물이자 재산인 동물이 법적으로 보호 받을 수 있다는 뜻이다.

게다가 제2조 1항의 동물 순서는 의미심장한데, 동물들 자체로는 위계관계가 없음에도 순서는 어떤 능력 차이에 의해 위계가 결정된 듯 보인다. 신경 체계, 특히 고통을 인지할 수 있는 능력이 그 근거다. 인지능력이 있느냐 혹은 있다면 어느 정도냐에 따라 순서가 결정되는 것이다. 그리고 이러한 법적 설명은 동물실험법에서도 반복된다.「동물보호법」제47조는 동물실험이 따라야 할 원칙을 다음과 같이 제시하고 있다.

제47조(동물실험의 원칙)
① 동물실험은 인류의 복지 증진과 동물 생명의 존엄성을 고려하여 실시되어야 한다.
② 동물실험을 하려는 경우에는 이를 대체할 수 있는 방법을 우선적으로 고려하여야 한다.
③ 동물실험은 실험동물의 윤리적 취급과 과학적 사용에 관한 지식과 경험을 보유한 자가 시행하여야 하며 필요한 최소한의 동물을 사용하여야 한다.
④ 실험동물의 고통이 수반되는 실험을 하려는 경우에는 감각능력이 낮은 동물을 사용하고 진통제, 진정제, 마취제의 사용 등 수의학적 방법에 따라 고통을 덜어주기 위한 적절한 조치를 하여야 한다.
⑤ 동물실험을 한 자는 그 실험이 끝난 후 지체 없이 해당 동물을 검사하여야 하며, 검사 결과 정상적으로 회복한 동물은 기증하거나 분양할 수 있다.
⑥ 제5항에 따른 검사 결과 해당 동물이 회복할 수 없거나 지속적으로 고통을 받으며 살아야 할 것으로 인정되는 경우에는 신속하게 고통을 주지 아니하는 방법으로 처리하여야 한다.
⑦ 제1항부터 제6항까지에서 규정한 사항 외에 동물실험의 원칙과 이에 따른 기준 및 방법에 관한 사항은 농림축산식품부장관이 정하여 고시한다.

4항은 감각 능력에 따라 실험에 사용될 동물의 종을 결정하게 된다.

고통을 피한다는 조건으로 동물실험법은 인간을 위한 동물의 사용과 죽임을 결정한다. 더욱이 이런 결정의 권리가 농림축산식품부장관에게 부여된다. 여기서 동물은 자신의 고유 권리를 보장받는 것이 아니다. 동물은 오직 인간과의 닮음, 즉 고통을 인지할 수 있는 능력의 정도에 따라 자기 권리를 인간에게 내어주고 있다.

푸코는 '살게 하고 죽게 내버려 둔다'라는 생명정치를 말했다. 근대 통치 권력은 병원, 학교, 의학, 위생, 복지 등을 통해 인구를 관리하는 반면 죽음에 대해서는 관리 실패나 자연적인 현상으로 내버려 두는 식의 정치를 했다. 하지만 이런 정치는 비인간 동물에게는 반대의 방식으로 행해지고 있다. 농불에게는 인간의 삶을 위해 죽어도 될 혹은 마땅히 죽어야 할 존재로 죽음정치necropolitics가 작동하는 것이다. 비인간 동물은 예외상태에 놓여있다.

동물의 권리에 관한 논쟁은 오래되었다. 인도처럼 살생을 금기시하고 동물을 신성시하는 세계관을 가진 나라에서는 이미 1960년에 동물학대방지법을 제정해서 동물을 보호하려 했다. 그리고 동물에게 권리가 있느냐의 논의는 피터 싱어Peter Singer(1946~)가 『동물 해방 Animal Liberation』(1975)을 출판한 이후 본격화되었다. 그리고 '고통을 느낄 수 있는 능력'에 관한 수많은 논의가 이 책에서 비롯한다.[7] 싱어는 공리주의의 입장에서 쾌고감수능력sentience이라는 용어를 사용했는데, 고통을 피하려는 것은 모든 동물에게 이익이라는 것이다. 그가 모든 동물에게 평등한 권리가 있다고 말할 때, 그것은 인간과 동물이 같은 권리를 가진다는 것이 아니라 고통을 피함으로써 궁극적으로 이

---

7   피터 싱어, 김성한 옮김, 『우리 시대의 동물해방』, 연암서가, 2024, p.45.

익을 추구할 수 있는 상태의 평등이다. 동물에 대한 종차별주의speciesism는 이러한 욕구가 동등하게 보장될 때 해소될 것이라는 생각이다. 하지만 싱어의 주장에서 쾌고감수능력 뒤에 숨은 지적 능력에 대한 근대인의 욕망은 사라지지 않는다. 지적 능력이 낮기에 고통을 덜 느끼는 동물종이 있다면, 죽음정치는 꿈틀거리는 동물에게만이 아니라 지금은 사라지고 없는 네안데르탈렌시스에게도 심지어 발달장애를 가지고 태어난 인간종에게도 당연한 것으로 받아들일 수밖에 없을 것이다.

반면 톰 레건Tom Regan(1967~)은 『동물권 옹호The Case for Animal Rights』(2004)에서 싱어의 주장을 적극적으로 비판한다. 레건은 공리주의가 아니라 윤리적 원칙주의를 강조한다. 인간이든 동물이든 생명의 기본권이 있다는 것인데, 모든 생명체는 도구나 자원으로 사용되기 이전에 생명의 가치를 지닌 평등한 존재라는 것이다.[8] 그렇기에 이런 가치가 훼손된다면, 그것은 반드시 금지되어야 한다. 이런 가치는 인간이 동물을 상대로 행동할 때 반드시 고려해야 할 동물 존재의 내재적 원칙이라고 볼 수 있다.

싱어와 레건의 대립은 지금도 논쟁거리이다. 더욱이 최근 동물의 권리를 자연 사물에까지 확장하자는 자연법 논의는 문제를 더욱 복잡하게 만들고 있다. 자연법은 인간이 만든 법(실정법)과 달리, 인간의 이성으로 파악할 수 있는 우주의 보편적이고 절대적인 법칙이 존재하며 그것에 따라 자연에도 법이 존재할 수 있다는 생각이다. 이것에 따르면 자연의 모든 사물은 자신의 고유한 생존 욕구와 본성을 지니기에

8　톰 레건, 김성한 옮김, 『동물권 옹호』, 아카넷, 2023, p.516.

그러한 조건을 근거로 성립하는 권리가 반드시 보장되어야 한다. 그것이 동물이 아닌 나무이고 폭포일지라도 말이다. 자연법 논의는 매우 이상적이고, 일면 인간의 법을 자연으로까지 확장하는 인간주의의 특징도 포함하기에 논란거리다. 하지만 우리가 문제에 대해 끊임없이 논의하지 않는다면, 그 어떤 답에도 이르지 못하리라는 사실은 이론의 여지가 없다.

비인간주의란

우리는 20세기의 절반을 탈이데올로기의 정치적 분위기에서 세계화에 몰두했다. 그렇지만 어느새 탈세계화의 거센 파도가 우리를 감싸고 있다. 그런 와중에 크고 작은 전쟁이 첨단 무기의 수급에 맞춰 반복되고 있으며, 기술적으로 계획된 팬데믹이 죽음정치를 작동시키는가 하면, 기후 급변과 생태계 훼손이 기후난민을 만들고, 인공지능 데이터센터와 에너지 쏠림이 거대 도시의 블랙아웃을 초래하고 있다. 이러한 현실은 탈세계화로 인해 더 극단적인 위험으로 나아가고 있다. 위험은 기술의 세속화와 얽혀있다. 인간의 삶이 한순간도 기술과 유리된 적이 없기에 세속화야말로 기술의 근원이다. 세속화 가운데서 이런 거대한 위험은 허구가 아닌 현실이고, 위험은 현실 논리에 따라 충분히 조정될 수 있거나 폭발할 수 있다. 그리고 바로 이러한 위험이야말로 기술적 개체인 기계적 물질적 비인간들과 얽힌 것이기에 우리에게 비인간은 그 어느 때보다도 관심일 수밖에 없다.

'비인간론'이라고도 일컫는 비인간주의nonhumanism는 비인간에 관한 담론이다. 그것이 국내에 대중적으로 알려진 것은 2015년 로지 브라이도티의『포스트휴먼』(2013)이 우리말로 번역될 무렵이다. 그녀는 반인간주의나 네오휴머니즘의 정치와 비교하면서 자신의 '비판적 포스트휴먼'을 정의했는데, 그 과정에서 포스트휴먼의 생성 과정에 개입하는 비인간이 언급되었다. 하지만 비인간주의는 그보다 앞서 선언적인 방식으로 세상에 알려졌다.

2012년 미국 위스콘신-밀워키 대학의 21세기연구센터Center for 21st Century Studies가 개최한 학술대회 〈비인간 전환에 관한 21세기 회의the 2012 conference on the Nonhuman Turn〉가 그것이다.[9] 뉴미디어 이론가 리처드 그루신Richard Grusin(1953~)이 그 당시 센터를 이끌었는데, 그는 디지털 기술문화, 비인간 전환, 인류세 등을 연구의 아젠다에 포함시켰다. 그가 제이 볼터 볼터Jay D. Bolter(1951~)와 함께 쓴 『재매개: 뉴미디어의 이해Remediation: Understanding New Media』(1999)는 반향이 컸는데,『재매개-뉴미디어의 계보학』(2006)이라는 제목으로 국내에도 소개되었다. 그루신과 볼터는 올드 미디어가 '아버지 살해'의 욕망 구조에 의해 획일적으로 소거되거나 대체된다기보다는 오히려 비선형적이고, 역행적인 방식으로 거듭 매개된다는 논리를 뉴미디어 현상에서 찾아냈다. 그들은 마셜 맥루언Marshall McLuhan(1911~ 1980)이 그랬던 것처럼 미디어의 내용이 아니라 형식과 물질성에 관심을 가졌는데, 이로부터 '기계'로서의 미디엄이라는 이해에 이르기도 했다. 이것은 웬디 천Wendy Chun(1969~)이나 마크 핸슨Mark Hansen (1965~)과 함께 미디어물질론의 일부로 포함되었고, 비인간주의에도

---

9   https://uwm.edu/c21/event/the-nonhuman-turn/

영향을 미쳤다.

〈비인간 전환〉은 몇 년 뒤에 같은 제목 『비인간 전환The nonhuman turn』(2015)이라는 책으로 출판되었었는데 그루신은 책의 서문에서 미디어물질론만이 아니라 다양한 이론들을 언급한다. 무엇보다도 비인간 전환을 위해 영향을 미친 브뤼노 라투르Bruno Latour(1947~2022), 브라이언 마수미Brian Massumi(1956~), 제인 베넷Jane Bennett(1957~), 이언 보고스트Ian Bogost(1976~), 티모시 모튼Timothy Morton(1968~), 스티븐 샤비로Steven Shaviro(1954~) 등의 이론이 거론된다. 또한 그루신은 비인간주의와 관련해서 행위자연결망이론Actor-Network Theory 에시 라투르의 비인간 행위사nonhuman agents와 사불 정지politics of things 개념, 정동이론affect theory과 퀴어이론, 다나 해러웨이의 동물권 및 종주의speciesism, 들뢰즈Gilles Deleuze(1925~1995), 데란다Manuel DeLanda(1952~), 라투르 등을 관통하는 집합체이론assemblage theory, 사회적, 기술적, 생태주의적 관점이 교차하는 체계이론systems theory을 언급한다. 나아가 객체지향철학Object-Oriented-Philosophy, 사변적 실재론speculative realism, 신물질주의new materialism 등이 생기론vitalism, 범심론汎心論, panpsychism 등과 함께 설명된다.

그루신의 생각을 따라가면, 궁극적으로 인간주의에 대한 강한 저항을 확인할 수 있다. 저항이 향하고 있는 것은 인간주의를 지탱한 요소들, 가령 인간의 예외성, 서구 자유주의 전통에서 남성 주체의 특권적 지위, 그리고 여기에 더해 인간/비인간, 주체/객체의 이분화 논리에 대한 비판이다. 그렇지만 포스트휴먼 담론과 유사한 듯 보이는 이 비판에서 그루신은 다음과 같이 양자를 구분한다.[10]

흔히 혼동되긴 하지만 포스트휴먼 전환과 달리, 비인간적 전환은 인간으로부터 시작하여 인간 이후 또는 인간을 넘어 포스트휴먼으로의 변형을 기대하는 목적론이나 진화를 주장하지 않는다. 매우 뛰어난 포스트휴머니즘 연구가 그런 목적론에서 벗어나려 한다. 그러나 그조차도 포스트휴먼을 인간 발전의 새로운 단계로 보려는 시각과 인간-비인간의 분리 불가능성에 주목하려는 시각 사이에서 오락가락한다. 그럼에도 포스트휴먼 개념 자체가 인간으로부터 인간 이후로의 역사적 발전을 내포하는 것이자, 동시에 포스트휴먼 전환을 구성하는 인간-비인간의 얽힘을 환기한다. 반면 비인간적 전환은 (라투르의 말에 따르자면) "우리는 결코 인간이었던 적이 없기에", 인간은 항상 비인간과 함께 진화하고 공존하며 협력해왔으며, 인간은 바로 이 비인간과의 구분 불가능성으로 특징지어진다.

그루신의 비인간주의는 『포스트휴머니즘이란 무엇인가?What Is Posthumanism?』(2009)라는 책에서 목적론을 제거하려 했던 캐리 울프 Cary Wolfe(1959~)의 비판적 관점과 평행한 것처럼 보인다. 다만 비인간주의는 인간이 비인간과 분리된 적이 없다는 사실과 미분리의 다양한 양상에 집중한다. 그루신이 인용에서 언급한 라투르의 선언, '우리는 근대인이었던 적이 없다'를 빗댄 '우리는 인간이었던 적이 없다'라는 말은 인간(H)과 비인간(NH)의 얽힘을 주장하는 핵심적인 문장이다.

라투르는 『우리는 결코 근대인이었던 적이 없다We Have Never Been

---

10 Richard Grusin, ed., The nonhuman turn, Minneapolis : University of Minnesota Press, 2015, p.ix-x.

Modern』(1991)라는 책에서 이를 긴 호흡으로 논증한다. 그에 따르면 근대성이란 '인간(사회/문화)'과 '비인간(자연/사물)'을 분리된 별개의 존재로 나누고 후자에 대한 부정을 통해 자기 정체성을 긍정하려는 노력의 결과물이다. 그리고 이러한 노력이 실패한 기획이었다는 것이다. 왜냐하면 인간은 한순간도 비인간과 분리된 적이 없기 때문이다. 그렇다고 이것을 동양적 세계관이 말하는 물아일체物我一體 같은 것과 혼동하면 안 된다. 라투르의 논리는 나와 타자, 주체와 객체가 궁극적으로 대칭적임/수평적임을 뜻한다면, 인간이 비인간에 대한 독단적인 지위에서 그것을 배제할 수 없다는 것이다.[11]

라투르는 이러한 설명에서 유명한 홉스-보일 논쟁을 소환한다. 토머스 홉스와 로버트 보일은 비인간을 인간으로부터 분리함으로써 궁극적으로는 배제하는 장치들을 고안한 대표적 인물이다. 과학사에서도 자주 언급될 만큼 중요했던 이 논쟁은 진공 상태를 실험으로 증명한 로버트 보일의 진공펌프 실험에 초점을 맞췄다. 진공 상태는 아리스토텔레스 이래로 부정되었는데, 이유는 간단하다. 세계는 물질로 가득 차 있으며, 물질과 물질 사이에는 틈이 없어서 텅 비어있는 공간이 불가능하다는 것이다. 이것은 '자연은 빈 곳을 두려워한다horror vacui'라거나 '자연에는 비약이 없다Natura non facit saltum'라는 오래된 명제와도 관련된다. 비약 없는 자연에 대한 신념을 표현한 후자는 19세기 돌연변이를 부정하려는 진화론자들도 사랑한 명제이지만, 자연 사물이 물질적인 매개를 통해 연속된다는 신념을 보여준다. 하지만 동시에

---

11 브뤼노 라투르, 홍철기 옮김, 『우리는 결코 근대인이었던 적이 없다』, 갈무리, 2009, p.336.

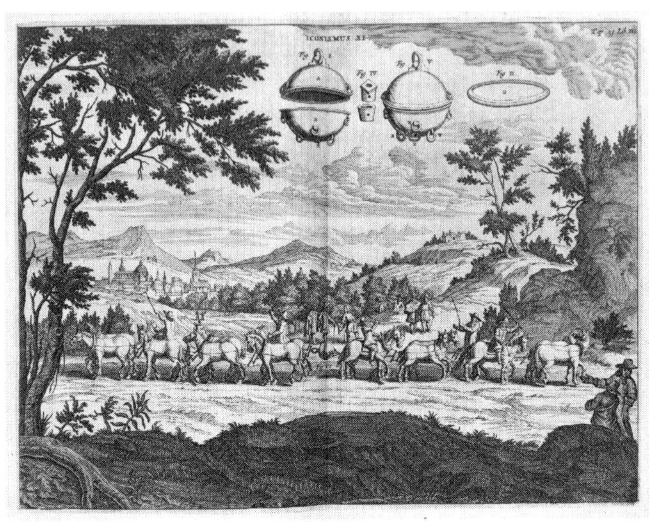

[그림 9] 가스파르 쇼트가 1657년 제작한 마그데부르크 반구 실험, Otto von Guericke, Experimenta nova (ut vocantur) magdeburgica de vacuo spatio, 1672.

상상과 경험 속에서 비약 없음은 항상 의심받고 진공의 증명은 의심하는 이들에게 도전과 승리를 안겨줄 만한 과제였다.

그중 한 사람이 마그데부르크의 귀족이었던 오토 폰 괴릭케Otto von Guericke(1602~1686)였다. 그는 구리를 가공해서 두 개의 반구를 이어붙이고 공기를 빼냄으로써 진공 상태를 만들 수 있었다. 그는 1654년 황제와 귀족, 시민이 보고 있는 자리에서 30마리의 말이 당겨도 반구가 분리되지 않을 만큼의 놀라운 압축력을 마치 마술처럼 보여주었다. 이 반구는 '마그데부르크 반구'라 불리게 되었다([그림 9]). 몇 년 뒤, 뷔르츠부르크 대학의 신부이자 자연학 교수였던 가스파르 쇼트 Gaspar Schott(1608~1666)는 이 사실을 『유압-공압 메카니즘Mechanica Hydraulico-pneumatica』(1657)이라는 책에 기록했고, 로버트 보일Robert

Boyle(1627~1691)은 그의 책에서 진공 실험에 대한 영감을 얻었다. 그는 곧장 자신의 조수였던 로버트 후크Robert Hooke(1635~1703)와 함께 실험 장치를 제작해서 진공 실험에 성공했고, 온도가 일정할 때 일정량의 공기가 압력과 부피에서 반비례한다는 기체 법칙을 설명했다. 폰 괴릭케가 그랬듯이 보일도 귀족들을 위한 '과학 극장'을 설치했고 공기가 사라진 유리관 안에서 죽어가는 종달새의 가여운 모습을 보여주며 진공 현상을 극적으로 시연했다. 극장과 같은 공간에서 이상한 장치를 통해 공개된 실험은 보일의 진리 주장에 사회적인 정당성을 부여했다. 그런데 통제된 공간에서 현상을 재현한 보일은 실험의 결과가 사회적인 혹은 정치적인 입상과 분리된 객관적 지식임을 보여주려 했다. 그리고 그 지식이 다른 과학자들에 의해서도 검증될 것을 요구했다. 보일의 방법은 실험과 동의를 통해 '객관적 사실'을 확립하려는 과학 지식의 구축적 성격을 보여준다.

하지만 홉스는 학문적 진리가 이런 방식으로 정당화될 수 없다고 여겼다. 그는 실험이 하나의 '현상'을 보여준 것일 뿐, 근본적인 '원인'을 설명하지 못한다고 보았기 때문이다. 이와 달리 지식의 정당성은 수학이나 기하학처럼 명확한 정의에서 출발해서 논증되어야 한다는 것이다. 그렇지 않을 경우, 보일의 실험에서처럼 불필요한 논쟁이 일어나고 이것이 지식의 분열은 물론, 더 나아가서 사회적인 혼란을 초래한다고 주장했다. 홉스는 이러한 과정에서 귀족들로 이루어진 학술집단의 승인이 필요했던 보일의 과학 지식이 과학-정치임을 간파했다.

샤핀Steven Shapin(1943~)과 섀퍼Simon Schaffer(1955~)는 『리바이어던과 공기 펌프: 홉스, 보일, 그리고 실험적 삶Leviathan and the Air-

Pump: Hobbes, Boyle, and the Experimental Life』(1985)에서 보일과 홉스의 논쟁을 평가하면서, 보일이 실험적 사실을 생산하는 사회적 공간을 발명했고, 홉스는 지식이 어떻게 정치적 권력과 연결되는지를 꿰뚫어 보았다고 해석했다.[12]

라투르는 보일과 홉스를 근대인의 전형이라고 보았다. 이는 두 사람 모두 인간과 자연이 분리되어 있다고 전제했고, 그들의 논쟁은 끊임없이 '분리의 배치'를 실현했기 때문이다. 우선 보일은 자신이 자연을 객관적으로 관찰하고 가설을 세워 실험을 통해 그것을 증명하려 했고, 성공적인 실험 결과 인간과 무관하게 자연을 객관적 지식으로 설명했다고 믿었다. 하지만 그는 쇼트의 책과 괴릭케의 공기펌프, 그리고 후크의 손기술로 완성된 실험 장치가 없었다면 그런 지식을 손에 쥘 수 없었을 것이다. 또한 홉스 역시 분리를 정당화하는데, 무엇보다도 과학적 지식의 값은 인간의 경험과 무관하기에, 인간들의 사회적 관계를 법률로 정의하는 사회계약과 달리 합의나 조율로는 결정될 수 없다고 여겼다. 하지만 홉스는 인간이 법률과 규칙으로 작동하는 거대한 사회적 기계를 발명했다고 보았다. 그가 말한 리바이어던이란 정치과학의 산물로서 하나의 비인간 기계이자, 개인을 관통해서 작동하는 사회적 인공물이었다.

이렇게 보면 홉스든 보일이든 근대인으로 불렸던 이들은 자기 정체성을 위해 비인간을 분리하고자 했지만, 사실상 인간-비인간의 분리가 실현된 적이 없으며, 라투르는 이런 이유로 그들이 근대인이었던

---

12 Steven Shapin, Simon Schafer, Leviathan and the Air-Pump: Hobbes, Boyle, and the Experimental Life, Princeton University Press, 1985, p.112.

적이 없다고 주장한 것이다. 그의 사유에서 상호 의존, 미분리, 횡단, 혼성, 얽힘 등은 인간과 비인간의 관계를 잘 설명해 줄 수 있는 핵심어들이다.

| 참고문헌

- 브뤼노 라투르, 홍철기 옮김, 『우리는 결코 근대인이었던 적이 없다』, 갈무리, 2009.
- 질 들뢰즈, 펠릭스 가타리, 김재인 옮김, 『천개의 고원』, 새물결, 2011.
- 톰 레건, 김성한 옮김, 『동물권 옹호』, 아카넷, 2023.
- 피터 싱어, 김성한 옮김, 『우리 시대의 동물해방』, 연암서가, 2024.
- Carl Linnaeus, Systema naturæ, 1735.
- Ernst Haeckel, The Evolution of Man II, 5th ed., 1910.
- Richard Grusin, ed., The nonhuman turn, Minneapolis : University of Minnesota Press, 2015.
- Steven Shapin, Simon Schafer, Leviathan and the Air-Pump: Hobbes, Boyle, and the Experimental Life, Princeton University Press, 1985.
- W. Grey Walter, An imitation of life. Scientific American 182(5), 1950.
- 농림축산식품부, 「동물보호법」(국가법령정보센터, https://www.law.go.kr)
- https://uwm.edu/c21/event/the-nonhuman-turn/

무물無物

함께-하기

살아있는 것들은 대부분 자기 관심에만 몰두하기에 관심 밖에 놓인 것들에는 자연스레 무심하다. 살아있음이란 사실 자기 관심에 충실한 모든 순간을 일컫는지 모른다. 그렇기에 살아있는 것들에게는 나름의 관점이 있고, 나름의 세계가 있다. 그런데 자기로 맴돌아가는 듯하고, 타자에는 무심한 듯한 살아있음의 이 자기중심성은 사실상 복수적이다. 이는 자기 관심이 타자를 거치지 않고서는 도저히 실현될 수 없기 때문인데, 다른 무언가가 없다면 그 무엇도 살아있을 수 없다는 것이다. 살아있음은 타자에게 의존하는 모든 순간을 일컫는다. 그렇기에 살아있는 것들은 자기의 관점을 가지지만, 타자를 거친 관점이고, 나름의 세계는 자기 아닌 무언가와 함께 이룬 세계이다. 그리고 만일 세계가 살아있음을 통해 이렇게 만들어진다면, 세계는 단일하지 않을 것이다.

조르조 아감벤Giorgio Agamben(1942~)은 『열림The Open』(2012)에서 인간을 '인간'으로 만들어주는 인간화 장치들이 인간종 중심적인 세계를 만들었다고 말한다.[1] 그 장치들은 마치 『오즈의 마법사』의 허수아비와 양철 로봇이나 아니면 『피노키오의 모험』의 피노키오처럼 지푸라기, 양철, 나무처럼 인간 아닌 것들을 분리해 내고 다시 끌어들여 순수하게 인간적인 것을 만드는 기계다. 야콥 폰 윅스퀼Jakob von Uexküll(1864~1944)도 『동물들의 세계와 인간의 세계Streifzüge durch die Umwelten von Tieren und Menschen』(1934)에서 자기 관심으로 타자에 의존해서 만들어진 복수의 세계를 둘레세계Umwelt라 부르면서, 세계를 자기 앞의 단일한 대상들의 총체로 이해하려는 인간의 사고가 잘못된 것이라 주장한다.[2] 둘레세계는 살아있는 것이 자기 관심에 따라 타자와 반복해서 맺는 행위의 묶음이다. 그리고 그것은 살아있는 것의 고유한 경험과 의미의 묶음이기도 하다. 그래서 살아있는 것은 단일한 세계 안에 사는 것이 아니라 중첩된 세계들 사이를 오가는 것이다. 알아들을 수 없는 사물들의 세계는 이렇게 살아있는 것들의 세계와 혼성을 이룬다.

한여름 양철 지붕의 골들을 타고 빗물이 처마 끝에서 주르륵 떨어진다. 아래 흙바닥에는 지붕에서 이어진 처마의 골 간격과 정확히 일치하는 간격으로 작은 구멍들이 리듬감 있게 파인다. 지붕이 땅바닥을 움직여 점점이 선을 긋는다. 점선은 건물 벽 외에도 안팎을 가르는 보

---

1   Giorgio Agamben, Trans. by Kevin Attell, The Open. Man and Animal, Stanford University Press, 2003, p.33.
2   야콥 폰 윅스퀼, 정지은 옮김, 『동물들의 세계와 인간의 세계』, 도서출판b, 2012, p.20.

[그림 10] 최상철, 〈無物 24-7〉, 2024, 캔버스에 아크릴릭, 132×582cm

충적인 경계가 된다. 점선은 누군가가 사는 '거처'를 더 명료하게 만든다. 나는 빗물이 흘러내리도록 지붕에 굴곡을 만들었을 뿐, 흙바닥에 구멍들을 파라고 요구한 적이 없는데도 말이다. 누군가의 실존적 공간인 '거처'의 의미 일부를 이렇게 지붕의 굴곡, 빗물, 흙바닥이 만들어냈다.

한동안 내린 비가 뜨거운 서울을 식혔을 때, 나는 효자동에 있는 한 갤러리의 좁은 계단을 따라 아래층으로 내려가고 있었다. 지하에 1층을 향해 뚫린 밝은 공간이 나타나고 안으로 길게 이어진 맞은편 벽에 두루마리처럼 좌우로 크게 펼쳐진 그림이 시선을 사로잡는다([그림 10]). 거기엔 중심에서 아래위로 꼬리를 길게 내린 검은 선들이 줄지어 나란히 병립해 있다. 반복되는 선들은 숭고한 깊이를 느끼게 한다. 선들은 돌이 구르면서 만든 흔적이다. 그것들은 화가 최상철(1946~)이 검은색 물감통에서 건져낸 돌멩이들과 함께 생성되었다. 내겐 그것이 인간 아닌 것들의 목소리이고 표현이라 여겨졌다.

접착테이프는 무언가를 이어 붙일 때 흔히 사용되는 재료다. 그것은 투명하거나 투명하지 않은 종이거나 비닐이다. 한쪽은 매끈하고 다른 한쪽은 끈끈하다. 끈끈한 쪽은 이것과 저것을 연결해서 함께 하도록 만든다. 이것과 저것은 좋든 싫든 그 끈끈한 물질 아래서 함께 있어야 한다. 그렇지만 접착테이프는 이것과 저것을 분리하는 역할도 한다. 마스킹테이프Masking Tape라 불리는 이것의 끈끈한 면을 캔버스에 붙이고 물감을 칠한 뒤에 떼어내면 말끔한 면을 얻을 수 있다. 인간의 손이 만들 수 없는 순수한 직선으로 감싸인 단일한 채색면이 생기는 것이다. 기하학의 이상理想은 이런 순수함이다. 현실에 존재하지 않는 선은 정신적인 존재를 가리키고 이것의 순수성은 기하학적 추상의 목표이기도 하다.

〈1973년 5월-C〉에서 접착테이프는 캔버스에 가장 예리한 선을 남긴다([그림 11]). 테이프의 매끈함과 끈끈함의 뒤섞일 수 없는 상호 배타성이 순수한 직선을 내어준다. 손과 붓에 맡겨진 색 면의 현실적인 불균등함은 예리한 선들에 의해 완전히 충족된다. 테이프의 순수함이 회화의 추상을 완성한다. 그것이 기하학적 추상을 표현한다. 그런데 무언가를 배제하면서 그어진 이 직선은 경계선을 만든다. 경계는 특정한 색과 형태를 이루는 영토를 만든다. 영토는 배제하려는 힘들이 응집하는 장소이다. 작품에

[그림 11] 최상철, 〈1973년 5월-C〉, 1973, 캔버스에 유채, 145.5cm×145.5cm

서는 응집하고 상승하는 힘들이 극도로 절제된 색과 형태로 표현된다. 1970년대 최상철의 현실 경험을 이 힘들이 거듭 관통하고 있다. 일반 적으로 추상은 현실 의미와 해석을 제거하는 대신 재현의 정치를 비판 한다. 그렇지만 한국 현대 추상 미술은 이와는 다른 길을 가는데, 개발 과 산업화, 경제 성장, 개발독재, 분단, 도시화 등 현실 쟁점을 다시 끌어들인다. 이는 추상의 이념에 반하는 한국 현대미술의 특성이 드러 나는 지점이다. 최상철을 포함해서 일군의 작가들이 이런 모순적인 조 건을 동시대 미술의 문제로 경험하고 있었다. 어떤 작가들은 동양적 자연을, 또 다른 작가들은 매체medium 자체를 자기만의 대안을 찾기 위한 모티브로 여기고 추상을 다양하게 실험한다. 기하학적 추상을 멈추고 실험을 감행했을 때, 작가의 하루하루를 고된 작가의 노고로 채우게 만든 동력은 무엇이었을까?

1920년대부터 처음 사용되기 시작한 마스킹테이프는 롤 형태가 대 부분인데, 한쪽 면에는 감압접착제Pressure-Sensitive Adhesive가, 다른 쪽에는 양면이 붙지 않도록 접착방지제가 발려있다. 감압접착제는 흐 름과 흐르지 않음의 균형을 이룬 상태에서 말 그대로 압력에 반응하는 접착 물질이다. 외부 압력이 가해지면 흐르려는 경향 덕분에 접착되고 흐르지 않으려는 경향 덕분에 고정된다. 접착은 압력과 응력이 적절히 균형을 이룰 때 만들어지는 효과다. 균형이 무너지면 무언가를 고정하 고 있는 테이프는 다시 떨어질 수 있다. 붙였다 뗄 수 있는 테이프의 이런 성질이 마스킹의 역할을 한다. 그래서 이것은 물감이나 도장재료 를 자주 사용하는 미술가나 건축가를 위한 재료가 되었고 나중에는 '화가의 테이프Painter's Tape'로도 불렸다.

〈1973년 5월-C〉에서는 감춰져 있어서 전면에 드러나지 않았지만,

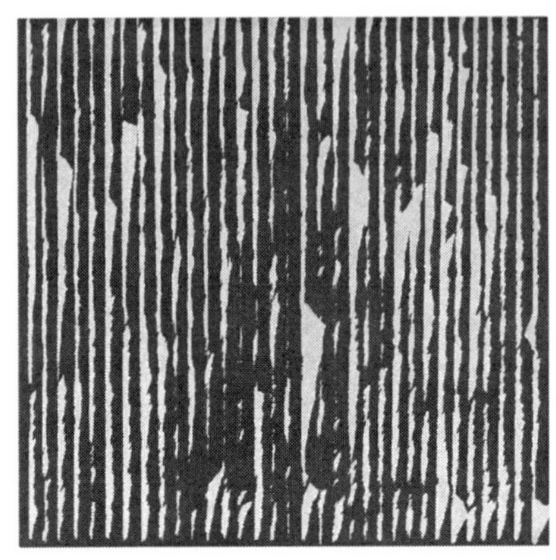

[그림 12] 최상철, 〈작품 80-6〉, 1980,
종이에 아크릴릭, 종이테이프,
70cm×70cm

〈작품 80-6〉에서 테이프에 잠재된 힘들의 균형을 유지하거나 무너뜨리는 행위는 실험의 중요한 요소로 등장한다. 이 행위는 추상이 무엇인지 찾기 위한 과정이다. 가로세로 70cm 크기의 종이 위에 테이프가 일정한 간격으로 붙여지고 다시 그 위에 단일한 색이 칠해진다. 일정한 시간이 지난 뒤 테이프를 뜯어낸다. 〈작품 80-6〉에서 선의 규칙성과 색의 균등함은 〈1973년 5월-C〉의 특징과 유사해 보이지만, 테이프를 뜯어내는 행위가 기하학적 추상의 의도된 계획과 엄밀한 계산을 오류로 만들어버린다([그림 12]). 테이프를 붙일 때와 뜯어낼 때 가한 힘과 속도의 가변성이 단일하고 순수한 직선에 노이즈를 만들어낸다. 의도하지 않은 형태의 선들이 전면에서 불규칙하게 드러나고 의도조차 되지 않은 낯선 리듬의 운동이 왼쪽 좌우를 관통하는가 하면 중앙의 채움과 비움을 만든다. 그 결과 직선의 추상이 준 단순함과 명료함은 중심에서 오히려 주변으로, 즉 나머지redundance의 자리로 물러난다. 단순함과 명료함만이 추상의 전부가 아니었음을 바로 이 테이프 뜯는 행위actions가 폭로한다. 모호함과 우발성은 은폐된 것이었을 뿐

추상을 구성하는 주요 요소였음이 실험에서 밝혀진다. 최상철에게 실험은 미지의 미학에 접근하려는, 한 번도 포기된 적 없는 매우 급진적인 방법이다. 그리고 밀기, 누르기, 때리기, 던지기, 굴리기 등 최근까지 계속되는 행위는 이 실험의 중심이다. 작가는 무엇을 확인하고 싶은 것일까? 어디에 이르려는 걸까? 실험은 멈추지 않고 행위는 계속된다.

행위와 반복, 그리고 힘과 선들

작가도 직감하고 있지만, 실험은 알 수 없는 그 무엇에 이르려 할 뿐 이를 수 없는, 그래서 실패하고 말 행위 자체임을 뜻한다. 그리고 이는 실패가 멈춰질 수 없기 때문이기도 하다. 그 행위가 실험의 성격과 의미를 잘 대변한다. 〈작품 84-7〉에서 최상철은 작은 나무틀을 만들고 그 안에서 칠하기를 반복한다([그림 13]). 틀이 제거되고 나면 선들이 상하좌우로 교차하는 격자 형상이 나타난다. 격자는 칠하기 행위

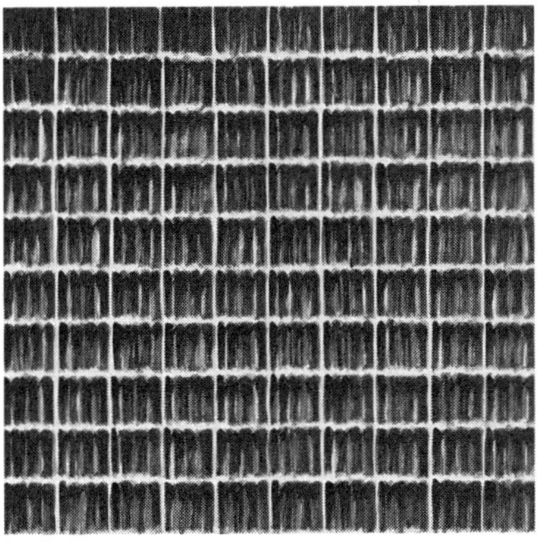

[그림 13] 최상철, 〈작품 84-7〉, 1984,
캔버스에 아크릴릭, 나무 사각틀,
100cm×100cm

자체에는 없었던 존재다. 서로 관통하는 선들은 일정한 두께의 나무 틀이 만든 텅 빈 영역이고, 틀을 유지할 수 있을 만큼 두께를 유지해야만 하는 나무의 물질성이 남긴 흔적이다. 그래서 서로 관통하는 선들은 작가의 붓을 피해 나타난 것, 다시 말해 작가도 어쩔 수 없었던 것, 그리려 해도 그릴 수 없었던 것이 만들어낸 효과다. 작업 과정에서 이런 작은 반복들이 수없이 실행되고, 다시 그것들을 포함하는 더 큰 반복이 실험들로 실행된다. 이것은 감기면 풀리고 다시 감기는 태엽의 순환과 같다. 태엽을 옆에서 들여다보면 작은 원들이 큰 원 안에 촘촘히 자리한다. 작은 원이 커지면 다음 원도 커지고 전체가 최대의 크기에 도달하면 힘을 잃는다. 되감아 처음으로 오면 다시 시작된다. 힘의 강도는 처음으로 되돌아올 때 가장 크다. 에도 시대 일본인들은 가라쿠리からくり라는 나무 인형을 좋아했다. 서양 시계 안에 든 태엽을 이 작은 인형에도 넣었는데, 그들은 금속 태엽을 복제할 수 없었기 때문에 가느다란 고래수염을 돌돌 말아 태엽 대신 사용했다. 그 인형의 손에 찻잔을 올리면 차실茶室 이쪽에서 저쪽을 돌아 원래의 제자리로 돌아왔다. 하지만 이것은 단순히 규칙을 되풀이하는 반복 기계가 아니다. 기계의 비현실적 특징이 차의 정신성과 연결될 때 가라쿠리의 이 반복 운동은 전국시대 칼과 피로 물들었던 불안한 삶의 집단적 트라우마에 대응하려는 행위처럼 보인다.

이러한 반복 행위는 포르트-다fort-da 놀이와 비슷한 면이 있다. 포르트-다는 실이 감긴 실패를 앞쪽으로fort 던져 눈앞에서 사라지게 한 다음 다시 실을 끌어당겨 그 실패를 여기에da 나타나게 하는 놀이다. 던짐이 없음을 만들고 끌어당김이 있음을 만든다. 여기서 실이라는 선은 없음/있음과 이어져 있다. 그런데 놀이는 여기서 저기로 저기에서 여기로 이어지지만, 매번 처음에서 다시 시작된다. 프로이트 Gigmund Freud(1856~1939)는 이 놀이에서 어머니의 근원적 상실과 부재를 쾌락pleasure으로써 보상하려는 아이의 욕망 메커니즘을 발견한다. 이 포르트-다 놀이는 이중적이다. 한편으로 그것은 상실과 부재를 보상함으로써 쾌락과 안도감을 준다. 이런 이유로 프로이트는 쾌락 원칙이 억압된 욕망을 보상한다고 여겼다. 그러나 다른 한편으로 놀이는 매번 처음으로 되돌려짐으로써 불안의 고통을 반복한다. 프로이트의 '쾌락 원칙의 너머Beyond the Pleasure Principle'를 분석한 라캉Jacques Lacan(1901~1981)은 포르트-다의 다른 측면에서 고통과 쾌락이 갈등을 빚으며 교차하는 기묘한 현상을 이해한다. 쾌락의 원칙은 결핍을 보상해 주지만 상징계를 지배하는 현실 원칙은 쾌락의 과잉을 억압한다. 하지만 상징계의 원칙들을 위반하는 행위는 비록 고통스러울지라도 이상한 쾌락을 준다. 라캉은 무의식적 만족이 의식적 고통과 함께 뒤섞인 이것을 주이상스jouissance라 불렀다.

1970년대 기하학적 추상의 적자였던 최상철은 그 추상이 한국 미술계에서 일종의 규범이 되었을 때, 곧장 이 포르트-다 놀이를 시작한 것으로 보인다. 재현주의 미학을 해체하려는 추상이 극단인 자리에서 획득한 순수 형상과 색채라는 전리품은 예술적 실재이기보다는 또 다른 예술 권력의 근원적인 환상에 불과할 수 있다. 만일 추상이 무엇인가를 급진적으로 덜어내야 한다면, 그것은 재현주의의 토대인 '너무나 인간적인 것들'이야 한다. 상징계의 논리에 따르지 않는 그것은 재현주의가 미치지 못할 수밖에 없으며 그리지 않고 그리려는 강박적인 반복 행위로부터 힘겹게 모습을 드러내는 우발적인 사물들things이다.

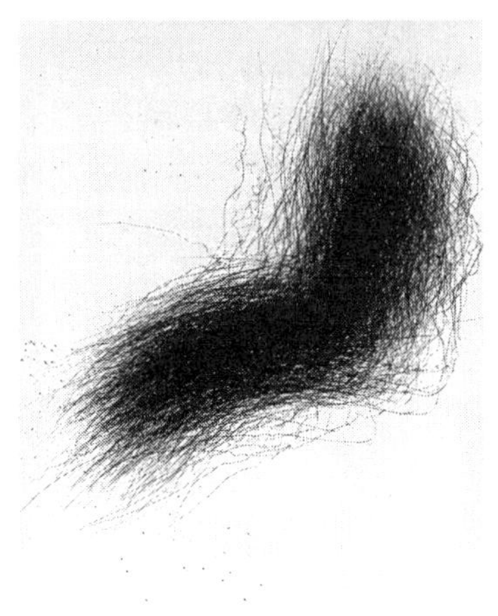

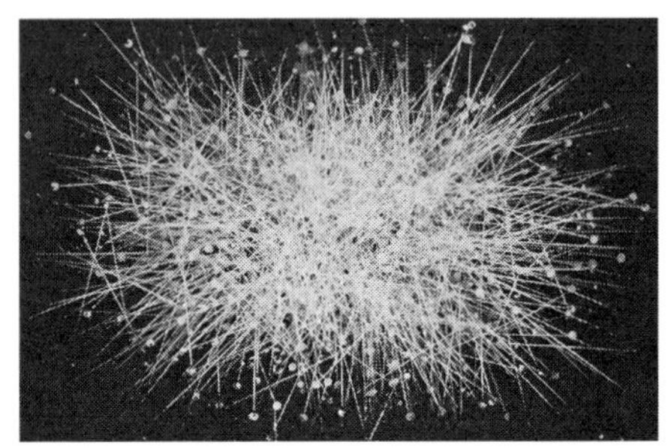

[그림 14] 최상철, 〈無物 8-19〉, 2008,
캔버스에 아크릴릭, 162.2cm×130.3cm

[그림 15] 최상철, 〈無物 11-3〉, 2011,
캔버스에 아크릴릭, 97cm×145.5cm

〈無物 8-19〉와 〈無物 11-3〉은 이런 반복이 무엇인지를 잘 보여준다. 〈無物 8-19〉에서는 검은색 물감에 적신 실을 한 줄 한 줄 캔버스 위에 반복적으로 던질 때 우연히 어떤 형상이 나타난다. 실은 흐물흐물한 물질이기에 규칙을 부여한다거나 고정하기 어려운 소재다. 말하자면 생각보다 실은 인간적인 의도를 재현하기 쉽지 않은 물질이다. 실의 물질성을 잘 배려하는 것만이 현명한 방법이다. 최상철이 택한 방법은 실의 자유낙하를 돕는 반복적인 던지기이다. 행위에서 원래 계획에 없었던 짚신벌레 같은 형상이 나타난다([그림 14]).

이런 우발성은 2021년 일본 홋카이도의 오타루 해안에서 관찰되었다. 흔히 성게는 검거나 붉은색을 띠는데, 흰색 성게가 나타난 것이다. 전문가들은 흰색 성게가 붉은 성게의 돌연변이일 거라고 주장했지만, 어째서 그 개체만 흰색이 되었는지는 설명할 수 없었다. 〈無物 11-3〉에서는 특이한 흰색 성게가 밤바다를 유유히 떠다니고 있다([그림 15]).

흰색 물감이 묻은 작은 고무 패킹이 캔버스 위에 던져지고 패킹이 떨어진 자리에서 흰색 물감이 묻은 철사가 쓰러진다. 묻힘과 던짐, 쓰러뜨림이 반복될 때 어느새 하얀 형상이 강렬하게 나타난다. 물론 짚신벌레와 흰색 성게는 작품을 본 나의 상상일 뿐이다.

그런데 짚신벌레가 살아 꿈틀거리고 흰색 성게가 어두운 바다를 헤엄칠 때까지 실과 철사는 몇 번이나 던져졌을까? 비록 작은 구멍들이 보이긴 하지만 얼마나 많은 선이 모이고 겹쳐져야 그 생명체들의 몸을 만들까? 작가는 언젠가 1,000번을 반복한다고 말한 적이 있다. 반복이 작가의 뼈와 근육과 느낌을 길들이면서 행위를 어떤 충족된 상태로끼지 밀어붙인다. 마치 습판처럼 몸에 밸 때까지 말이다. 그쯤 되면 실험은 완결된 표현을 수확물로 얻는다. 행위의 반복은 습관의 필수조건이다. 습관은 타자에 길드는 가장 편한 방법이다. 길듦에서 타자를 내면화한 듯한 착각에 빠지는데, 우리는 그것을 잘 알아차리지 못한다. 사물과의 충만한 접속이 있다. 충만한 접속은 사물이 다시 깨어날 때까지 타자를 향한 행위를 잠시 멈추게 한다.

접착테이프를 뜯어내는 행위는 반복으로 구축된 실험의 중요한 요소였기에 매우 강렬하고 의미로 충만한 경험이었다. 작가는 반복 행위에서 힘듦을 이해하는데, 나의 팔과 몸의 힘과 그것에 저항하는 타자의 힘을 느낀다. 또한 행위는 관계의 현실적인 필수조건이다. 행위에서 드러나는 것은 순수한 형상이나 색이 아니라 나와 연결된 나 아닌 존재이다. 거기에는 인간의 시선에 가려 알 수 없었던 객체가 있다.

〈회화 52〉에서는 반복 행위가 많은 선과 사각형을 만들지만, 그것들은 가장자리에 독특한 얼룩과 함께 할 때라야만 그럴 수 있다([그림 16]). 얼룩은 스퀴즈의 밀어내는 힘에 물감이 저항해서 남겨진 짙거나

[그림 16] 최상철, 〈회화 52〉, 1989,
캔버스에 아크릴릭, 112.1cm×112.1cm

옅은 흔적이다. 선과 사각형보다 오히려 그 얼룩이 더 강렬하게 감각
된다. 그 얼룩 흔적들은 선과 사각형의 순수함을 조롱하는데, 이는 순
수함이라는 근원적인 환상이 사실은 인간의 추상 의지가 도달하지 못
한 사물의 단지 부수적인 양태임을 폭로하기 때문이다. 어떤 존재자
는 다른 존재자를 만날 때 울퉁불퉁하며 느리거나 빠르고, 매끄럽거
나 거칠다.

모든 것은 힘에 저항한다. 평소 과묵한 작가가 고된 실험을 수없이
되풀이할 때도 그랬다. 거기엔 저항하는 힘, 응력이 있다. 물리학에서
말하는 응력stress이란 외부에서 힘이 어떤 사물에 가해질 때, 그것에
저항해서 그 사물의 내부에서 생기는 힘이다. 하지만 그것은 단순히
외력에 대항해 발생하는 내력이 아니라 타자와 관계할 때 드러나는
그 사물의 잠재된 힘이다. 이 힘과 저 힘, 힘들은 관계-존재론적이다.
우리는 바람을 떠올릴 때 휭휭 소리도 함께 떠올린다. 그 소리가 바람
보다 더 바람답다. 하지만 차갑거나 뜨거운 공기의 이동인 바람은 원

래 아무런 소리도 내지 않는다. 그것이 다른 무언가와 마찰을 빚을 때에라야 비로소 소리가 들린다. 바람은 그것이 다른 것과 함께 소리를 낼 때 우리에게 바람으로 알려진다. 그래서 하나임, 즉 동일성이 아니라 여럿, 다른 여럿이 더 중요하다. 그리고 행위하는 다른 여럿이 만나는 것이 중요하다. 다른 여럿이 만날 때 모호하고 우발적인 다양함이 충만해진다.

휘둘리는 대나무 막대의 힘이 가만히 머무르려는 공기를 가르며 이동할 때 울음소리가 들린다. 작가가 대나무 막대를 내려쳤다. 〈무제 97-7〉에서는 검은색 아크릴이 묻은 대나무 막대가 울음소리와 함께 캔버스 위에 부딪힌다([그림 17]). 대나무는 튕기고 물감은 캔버스 위에서 날라 퍼진다. 캔버스는 채찍을 맞은 듯 지저분한 선들의 흔적을 기록한다. 강렬한 힘들의 충돌이 선들을 그으면서 선들에 자유를 부여한다. 억압된 정신적 선들이 한껏 자신의 모습으로 해방을 맞는다. 〈회화 52〉에서의 얼룩은 직선과 사각형의 주변이었지만, 여기서는 그 자신이 얼룩이다. 얼룩은 여러 가지 색들이 겹쳐진 뒤 마지막에는 붉은

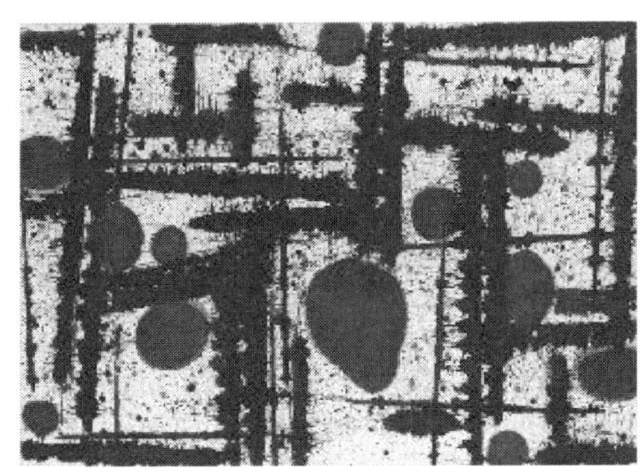

[그림 17] 최상철, 〈무제 97-7〉,
1997, 캔버스에 아크릴릭,
97cm×145.5cm

색 형상으로 표현된다. 여기서 비로소 수직선들, 사선들, 사각형들이 영향력을 발휘하던 작품들 사이에서 둥근 형상이 전면에 나타난다. 걸쭉한 액체가 평평한 판에 눌릴 때 자유로이 자신을 표현한 것이 둥근 형상이다. 외부 압력이 가해질 때 물감의 응력은 둥근 얼룩을 캔버스 위에 흔적으로 남긴다. 얼룩은 형상의 자유와 해방을 상징하는 듯하다. 순수하고 규칙적인 선과 면이 완전히 제거되고 불규칙한 형상이 그 자리를 대신한다. 얼룩은 수십 년 동안 반복했던 실험의 중요한 성과가 분명하다. 하지만 실험은 완결되지 못한 채로 머무는 듯하다. 이는 얼룩이 접착테이프, 스퀴즈, 대나무를 작가의 힘이 능가할 때, 즉 작가의 일방적인 힘이 사물을 압도할 때 나타나기 때문이다. 형상들은 모호하고 우발적으로 표현되지만, 기하학적 추상 너머에, 그리고 그리지 않는 그림에 도달하기에는 아직 불충분한 면이 있다.

무물, 사물과의 공생

바닷가에 몽돌이 널려있다. 해면에 파도가 밀려오면 돌멩이들은 바다의 힘에 맞서며 자신의 질량과 형태에 합당하게 이리저리 흔들린다. 돌멩이들은 구르고 굴러 모래가 되고 먼지가 될 때까지 더 동그랗게 될 것이다. 파도가 육지와 만나면서 거품과 돌멩이들이 해안선을 만든다. 해안선은 낯선 소리를 낸다. 우리는 돌멩이, 거품, 해안선의 언어를 모른다. 그것들이 무슨 말을 하는 것일까? 인간은 언어를 가지고서 무슨 생각이든 한다. 돌멩이에게 언어가 없다면 그것은 생각하지 않을 것이다. 너무도 인간적인 관점에서 '나는 생각한다. 그러므로

존재한다'라고 누군가 주장한다면, 그리고 그런 인간을 너무나 좋아
한다면, 생각하지 않는 돌멩이는 존재하지 않으리라.

마누엘 데란다Manuel DeLanda(1952~)는 비민주적인 위계에 의해 억
압된 우리의 사회적 삶을 진지하게 문제 삼으면서, 폭력적인 질서를
극복하기 위한 대안으로 '평평한 존재론'을 제안한다.[3] 물론 이 평평함
은 인간종에게만 해당하는 것은 아니다. 부분과 전체, 중심과 주변,
아래와 위, 앞과 뒤, 왼쪽과 오른쪽, 이런 관계 양상이 온갖 것들의
삶과 운명을 결정하는 것이 아니다. 오히려 모든 존재자는 저마다의
자리에서 고유한 행위를 통해 서로 관계하며 목소리를 낼 뿐이다. 앞
서 말한 바람 소리처럼 이 목소리마저도 함께-하기, 즉 관계하는 행
위의 효과이다. 존재론적으로 질서는 목소리들의 반향이자 함께 만
들어지는 지도일 뿐, 어떤 확정된 규범이 아니다. 레비 브라이언트Levi
Bryant(1968~)도 데란다의 생각에 동의하면서 인간이 과도하게 인간
아닌 것들을 완전히 다 설명할 수 있는 것인 양 착각해왔다고 주장한
다.[4] 자연과학으로 알려진 인식 방식이 거기에 해당하는데, 이것은 일
종의 존재론적 포획과 비슷하다고 볼 수 있다. 왜냐하면 자연과학은
정해진 규칙에 따라 자연을 인식 대상으로 완전히 환원할 수 있다고
선언하기 때문이다. 이런 자연 이해는 근본적으로 농경 사회의 집단적
관념을 자연에 투사한 '깊은 시간'의 관습에 빚지고 있다. 익숙해진
이 관념에 따라 우리는 자연을 질서와 법칙에서 벗어난 적 없는 존재

---

3   마누엘 데란다, 김영범 옮김, 『새로운 사회철학: 배치 이론과 사회적 복합성』, 그린
    비, 2019, p.21.
4   레비 브라이언트, 김효진 옮김, 『존재들의 지도』, 갈무리, 2020, p.356.

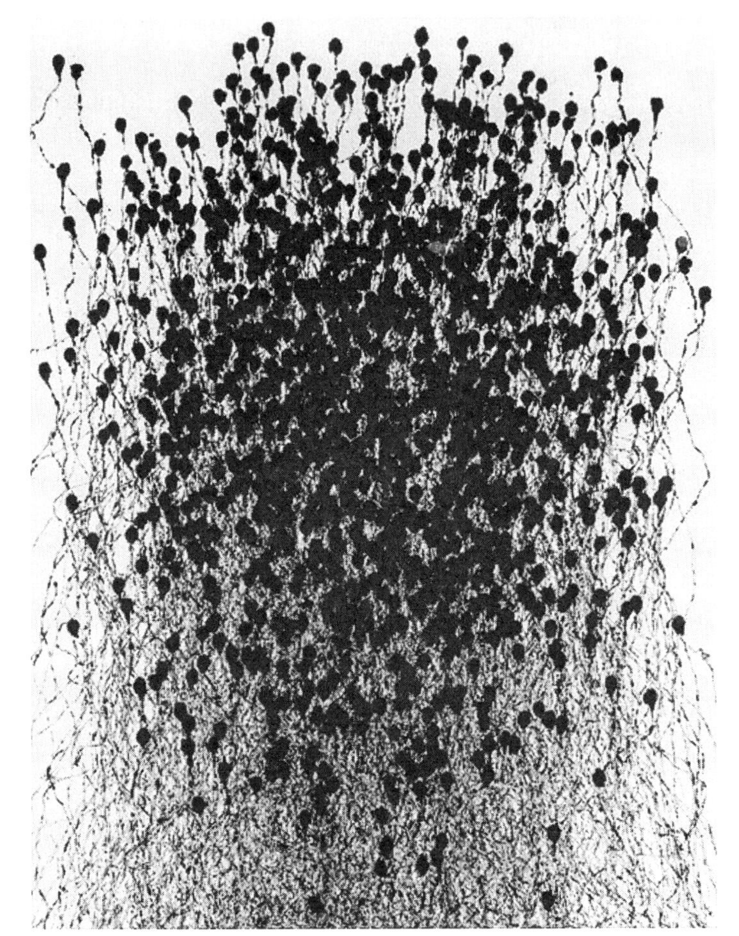

[그림 18] 최상철, 〈無物 20-15〉, 2020, 캔버스에 아크릴릭, 130.3cm×97cm

로 해석해왔다. 하지만 정작 우리는 이상처럼 여겨왔던 자연과 부분적으로만 만났을 뿐 자연 자체를 온전히 만난 적이 없으며, 자연이 과연 그런 존재일 것이라 확신할 수 없다.

게다가 우리가 조화로운 자연을 머리에 떠올린다면, 이는 근대인인 임마누엘 칸트처럼 자연을 숭고한 관조의 대상이나 아름다운 윤리적 대상으로 보려는 인간의 근원적 환상 때문일 것이다.[5] 이런 인간적 태도에서 자연은 인간의 욕망을 위해 펼쳐진 그물 아래 포획될 뿐이다. 반면 사물은 결코 인간의 언어로 말하지 않는다. 그래서인지 모르겠지만 인간은 오히려 사물을 자기 언어로만 포획하려 한다. 예술은 역사상 이런 포획의 가장 선형석인 방식이었다.

〈無物 20-15〉는 이 전형적인 방식을 반박한다. 사물에 자기 목소리를 돌려주고 그것에 귀를 기울인다([그림 18]). 돌과 작업할 때 작가는 대개 캔버스의 네 모서리에 나무틀을 붙인다. 검은색 물감이 묻은 작은 고무 패킹이 캔버스 위 어딘가에 낙하한다. 거기서 검은색 물감이 묻은 돌멩이가 구르기 시작한다. 작가는 구르는 돌멩이가 너무 빠르게 굴러가지 않도록 그리고 너무 한쪽으로만 움직이지 않도록 캔버스를 흔들며 균형을 맞춘다. 돌멩이는 캔버스 위에서 자신의 생김새에 알맞게 진동을 주다가 나무틀에 부딪히면서 탁탁 소리를 낸다. 얼룩은 작가와 돌멩이가 접속해서 한 쌍이 된 순간순간을 기록한 흔적이다. 행위는 흔적들이 적합한 형상으로 모습을 드러낼 때까지 충분히 되풀이된다.

---

5   장 프랑스와 리오타르, 이현복 옮김, 「숭고와 아방가르드」, 『지식인의 종언』, 문예
     출판사, 1999, p.154.

그레이엄 하먼Graham Harman(1968~)은 사물의 권리를 옹호하기 위해 1960년대 미니멀리즘의 미학 전략을 소환한다. 그는 사물을 객체object라는 개념으로 번역하고, 미니멀리즘이 객체 자체에 접근할 수 있는 독창적인 방식을 제안했다고 주장한다.[6] 미니멀리즘은 예술의 가치 근거로 어떤 미학적 의미의 응축을 사물에 투사하지 않는 대신 관객들이 전시장에 배치된 객체 자체의 목소리에 매혹되길 기대한다.

그런데 하먼의 해석에서조차 간과된 것은 작가와 작품 사이에서 누적된 행위 과정이다. 미니멀리즘 작가들은 자신들의 의도에 따라 관객을 위해 작품을 제작해야 한다는 생각을 저버린 적이 없었다. 그렇기에 작품을 구성하는 객체들은 오직 작가의 몫에 귀속되며, 관객은 작가의 계획된 의도에 따라서만 작품 안에서 움직이면서 객체들로부터 어떤 감각적 경험을 얻어야 한다.

하지만 〈無物〉 연작은 작품이 작가의 몫만이 아니라는 사실을 선언한다. 그리고 이제 그리지 않는 그림이 거의 충족에 이른다. '무물無物'은 말 그대로 무언가가 존재하지 않음을 뜻한다. 그런데 이 제목을 달고 있는 연작은 어째서인지 무언가를 삭제해서 없애버리는 것이 아니라 오히려 계속 끌어들여 그것의 존재를 확인한다. 작품들에서 철사, 실, 돌멩이는 금속, 섬유, 광물의 특성과 각각 특이한 모양에 따라 쓰러지고, 낙하하며, 구른다. 작가는 이 사물들의 힘과 몫을 잘 이해하고 있으며 그것들을 배려하고 또 그것들과 공명한다.

그리고 마침내 그것들은 자기 몫을 당당히 주장하게 된다. 온갖 것들의 목소리가 어우러질 때 비로소 사물들의 흔적은 가장 실재적인

---

6   그레이엄 하먼, 김효진 옮김, 『예술과 객체』, 갈무리, 2022, p.49.

얼룩들이 되고, 마침내 우발적인 순간 형상의 존재가 생성된다. 그렇기에 '무물'이란 사물이 없음을 가리키지 않는다. 연작은 오히려 작가 또한 예외 없이, 여기 살아있는 온갖 것들이 만나 함께 할 때 무언가 생성된다는 사실을 기록한다. 그렇기에 '무물'이란 무언가를 지우고 빼는 것이 아니라 무언가를 더하는 것이다. 최상철의 작업에서, 행위에서, 그리고 작품에서 온갖 것들이 소란스레 자기 몫을 주장하는 울퉁불퉁한 대지 위에서 세계가 모습을 드러낸다.

| 참고문헌

- 그레이엄 하먼, 김효진 옮김, 『예술과 객체』, 갈무리, 2022.
- 레비 브라이언트, 김효진 옮김, 『존재들의 지도』, 갈무리, 2020.
- 마누엘 데란다, 김영범 옮김, 『새로운 사회철학; 배치 이론과 사회적 복합성』, 그린비, 2019.
- 야콥 폰 윅스퀼, 정지은 옮김, 『동물들의 세계와 인간의 세계』, 도서출판b, 2012.
- 장 프랑스와 리오타르, 이현복 옮김, 「숭고와 아방가르드」, 『지식인의 종언』, 문예출판사, 1999.
- Giorgio Agamben, Trans. by Kevin Attell, The Open. Man and Animal, Stanford University Press, 2003.

| 초출

- 이 장은 다음 글을 수정한 것이다.
  이재준, 「무물의 행위자 최상철」, 이재준·박겸숙 편, 『최상철』, 아트스페이스3, 2025, pp.172-185.

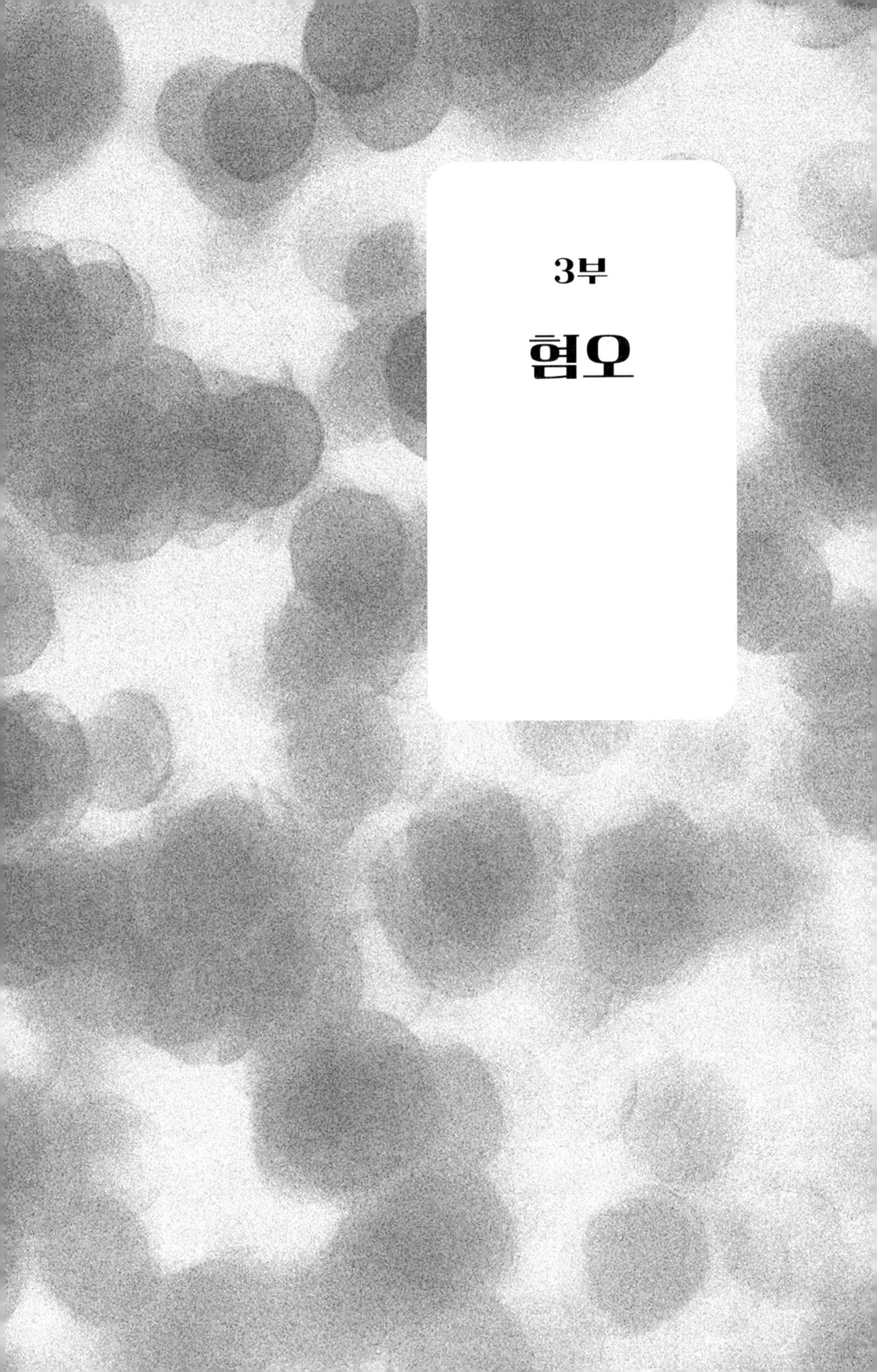
3부

혐오

7장

혐오에 관한 짧은 생각

얼굴들

혐오가 어떤 느낌인지 우리는 너무 잘 안다. 다른 사람에게서 그런 느낌을 느낄 때 우리는 나와 그 사람의 관계가 어떤지 잘 안다. 그 사람이 나를 혐오한다고 느끼면 나도 그의 혐오를 느낄 것이다. 하지만 그건 각자에게서일 뿐이다. 반면에 내가 느낀 그 느낌이 무엇인지 또 다른 사람에게 말하려면 그건 생각보다 쉽지 않다. 그 대신 내가 말할 수 없는 상황에서도 사람들은 나의 얼굴을 보고서 그걸 안다. 얼굴이 혐오를 말하고 있다.

얼굴은 아주 옛날부터 기록되었다. 초상화가 그것이다. 초상화는 말 그대로 누군가의 얼굴을 기록한 그림이다. 이런 그림이 지구 행성 그 어느 곳에서도 항상 인기를 누렸던 건 두 말 필요가 없다. 그래도 잘 그려진 나만의 초상화를 가지긴 쉽지 않다. 초상화는 예나 지금이나 고가의 상품이다. 화가가 손으로 그린 그림은 품이 많이 들고, 제대로 된 초상화는 흔히 값이 많이 나간다. 그러니 초상화는 아무나 가질 수 없는 그림이었을 거고, 얼굴을 새겨넣어 길이길이 남겨 자신과 가문을 차별화해야 직성이 풀리는 사람들은 미치도록 그걸 갖고 싶었을 것이다.

가문의 권력과 명예가 중요했기에 귀족들은 유명한 화가를 고용해서 자기 저택의 벽을 초상화로 장식했다. 초상화의 목적은 권력과 부에 대한 숭배였다. 초상화는 의뢰한 이의 권력과 부를 기리는 장치였다. 그리고 또한 거기 재현된 얼굴도 그런 숭배의 기호였다.

증명사진은 초상화에 대한 정치적인 혁명이었고 마침내 승리했다. 언젠가 오래전에 다게레오타입 초상사진을 실제로 본 적이 있는데, 손바닥만 한 금속판 위에 정교하게 현상된 이미지가 퍽 인상적이었다. 다게레오타입, 그건 세상에 단 하나밖에 없는 사진이다. 유일무이의 사진. 아우라가 덕지덕지 묻은 '작품'이다. 이건 초상화보다 훨씬 싸지만, 초상화만큼이나 값지다. 그러니 미디어 미학의 선구자인 발터 벤야민도 사진의 역사를 다룬 짧은 글에서 할 얘기도 많았을 텐데 굳이 다우텐다이의 사진들을 그리도 한참이나 읊어댄 게 이해가 된다.

그런데 초상사진의 혁명은 역설적인 이 저렴함에서 싹 터 성장했다. 초상화를 가지려면 지급해야 할 그 물질적 대가, 즉 돈 말이다. 원판 초상사진은 초상화보다 저렴했다. 종이에 인화된 초상사진은 원판 초상사진보다 몇 곱절은 더 저렴했다. 여러 장으로 복제된 사진은 저렴했다. 그 초상사진도 저렴했다. 그런 사진 속의 얼굴도 값싸 보였다. 그 대신 많은 이들이 얼굴을 가질 수 있었다. 얼굴들이 유행을 탔다. 초상사진에서 저렴함의 경제가 이뤄낸 미학적 혁명이었다. 박리다매의 초상사진은 제법 장사가 되는 시장이었다. 카메라는 점점 더 작아지고, 렌즈는 점점 더 밝아졌다. 그리고 1889년에는 아이들도 사진을 찍을 수 있을 만큼 작고 쉬운 〈코닥 No.1〉 카메라가 처음 만들어졌다. "버튼만 누르세요! 나머지는 저희가 알아서 해드립니다." 그렇게 사진은 한 세기 이상 대중의 취향을 위해, 그리고 대중의 미학을 위해 거대한 시장을 만들었다.

그렇게 해서 만들어진 사진 하나가 있다([그림 1]). 1850년대, 그러니까 사진 발명이 공식적으로 선언된 지 얼마 지나지 않은 시점에 제작된 사진이다. 촬영한 사람이 누군지, 그리고 촬영된 사람이 누군지 알려지지 않았다. 그저 재미 삼아 찍은 초상사진일까? 그런데 사진을 잘 들여다보면 주인공이 여성인지 혹은 남성인지 애매하다. 이상한 느낌을

[그림 1] 1850년대 촬영된 다게레오타입 초상사진. Wikimedia Commons

주는 사진이다. 만일 주인공이 남성이라면 누군가는 이 사진을 보면서 혐오스럽게 느낄지도 모른다. 왜일까?

초기 초상사진 시장에서 빛나도록 성공한 사람 중 하나가 오스카 레일랜더Oscar Gustave Rejlander(1813~1875)이다. 그는 당시 유행과 달리 카메라와 사진을 발명하지는 않았다. 하지만 그는 사진 예술의 선조로 불릴만한 인물이었다. 여러 사람에 의해 발명된 카메라와 사진이 1843년 처음 공식화되고 사진에 대한 수요가 폭발하면서 정말 다양한 사람들이 사진사로 전업했다. 레일랜더도 원래는 평범한 화가였는데, 그의 손은 이미 이미지 제작에 익숙했기에 사진 제작에 엄청난 이

점이 있었다.[1] 그의 주요 전략은 인체 묘사를 위해 화가에게 필요한 전문적인 표준 이미지를 제작해서 판매하는 것이었다. 그래서 그는 주변에서 전문 배우들을 섭외해서 '범례'가 될 만한 자세를 취하게 하고 사진으로 제작했다.

범례. 이것은 전통적인 미학에서 너무도 중요한 개념이다. 우리가 고전이라고 알고 있는 그 고전이 바로 이런 범례의 모방에서 시작하기 때문이다. 그리고 그렇게 하려는 미학을 우리는 고전주의라 부르곤 한다. 레일랜더는 그런 시대의 끝자락에 태어나 빅토리아시대를 살았으니 고전주의 미학에 어느 정도는 친숙했을 것이고, 그걸 기술적으로든 상업적으로든 잘 활용한 건 그의 타고난 재능이었다. 그는 여러 장의 사진을 제작해서 필요한 부분만을 잘라 이어붙인 몽타주의 천재였다. 행복한 사람들의 모습, 청순한 인간, 타락한 모습 등등. 상업적으로 성공한 레일랜더는 말년에 회화 작품과 견줄만한 고전적인 사진들을 제작해서 예술가로서도 명성을 쌓았다.

레일랜더가 사진의 시각적 범례를 잘 만들어 성공했다는 소문은 인간과학에 관심이 많았던 진화론자 찰스 다윈의 귀에도 들렸다. 다윈은 주저하지 않고 레일랜더를 찾아가 인간의 정서를 설명할 때 몇 가지 정서의 표준을 보여줄 사진들을 만들어달라고 의뢰했다. 이렇게 레일랜더의 손에서 제작된 사진 중 하나가 바로 혐오를 재현한 사진이다([그림 2]).

이 사진이 연출됐다는 건 카메라라는 사물의 측면에서도 충분히 예상된다. 1870년대 레일랜더가 사용한 카메라는 헬리오타입, 말 그

---

1 보먼트 뉴홀, 정진국 옮김, 『사진의 역사』, 열화당, 2021, p.84.

대로 저 하늘 위 태양 빛에 크게 의존하는 이미지 생성 기술이었다. 헬리오타입 카메라의 노출 시간은 대략 20에서 30초 정도였는데 이미지가 착상되기엔 30초, 아니 20초마저도 매우 긴 시간이다. 사진이 발명된 지 30년이 지났지만, 요즘 우리가 사용하는 그런 밝은 렌즈가 레일랜더의 손에는 없었다. 심지어 빛의 광량을 조절하는 조리개도 없었다. 그렇기에 서로 다른 크기의 구멍이 뚫린 구리판을 렌즈와 감광판 사이에 적절히 넣었다가 빼내야만 했다. 그러니 레일랜더의 촬영 기술은 놀랍기만 하다. 혐오를 느끼고 그것이 표현되는 시간은 한순간이지만, 반면 혐오의 표정을 카메라로 순간 포착하기란 불가능했을 것이다.

결국 인간이 개입할 수 없는 어떤 요소가 혐오를 특별한 방식으로 설명하게 한 계기가 된다. 다시 말해 카메라 기계의 현실적인 제약이 혐오의 느낌을 불가피하게 연출된 것으로 만들었다. 배우를 섭외하지 못했는지 아니면 섭외된 배우의 표정이 마음에 안 들었는지, 레일랜더는 자기가 사진의 주인공을 맡았다. [그림 2]에서 그가 취하는 표정과 자세를 보면 혐오 느낌을 표현하기 위해 얼마나 세심하게 공을 들였을지 알 수 있다.

[그림 2]. 오스카 레일랜더, 〈혐오〉, 1872, 헬리오타입 사진, 18.2cm×11.9cm, 다윈, 『인간과 동물의 정서 표현』

그 사진을 의뢰한 다윈은 한때 의학을 공부한 19세기의 과학자였다. 그는 인간을 신의 피조물이자 이성적인 존재로 여겼지만, 또한 동물과 연속성을 지닌 존재로도 보았다. 이런 입장에서 그는 동물 진화론과 동물 행동학을 인간 연구에 활용하려 했다. 그렇게 구상된 책이『인간의 유래와 성 선택』(1871)이다. 그리고 그런 생각의 연장선에서 인간의 정서를 동물과 함께 공유한 특성으로 설명하려고 한 책이『인간과 동물의 정서 표현The Expression of the Emotions in Man and Animals』(1872)이다. 다윈은 이 책에 사용할 이미지를 위해 레일랜더를 찾았다. 그는 레일랜더에게 우리가 혐오를 느낄 때 어떤 표정을 지어야 할지 상세히 알려주었을 것이다. 다윈은 이렇게 설명한다.[2]

> 혐오의 감각은 주로 먹거나 맛을 보는 행동과 관련되어 촉발된다. 이에 따라 관련 표정이 주로 입 주위의 움직임에서 나타난다는 것은 자연스러운 일이다. 하지만 혐오는 불쾌와 함께 일어난다. 그러니 혐오가 느껴질 때는 일반적으로 찡그린 표정이 아울러 나타나며, 흔히 불쾌감을 낳는 사물을 밀쳐 버리거나 이로부터 자신을 보호하려는 듯한 몸짓을 나타내기도 한다. 레일랜더는 두 사진에서 이러한 표정을 어느 정도 성공적으로 모사해내고 있다.

다윈의 이 책에서 혐오를 보여주는 사진은 경멸을 표현하는 또 다른 사진([그림 3])과 나란히 수록되었다. 두 사진을 비교해보자. 사진들에서 나이 든 남자가 인상을 잔뜩 찌푸리고 두 손을 엇갈려 거부하려는 듯, 혹은 밀어내려는 듯한 자세를 취한다. 이 사진들에는 별도의 캡션이 없어서, 어떤 게 혐오이고 경멸인지를 구별하기 쉽지 않다. 손

---

2 찰스 다윈, 김성한 옮김,『인간과 동물의 감정 표현』, 사이언스 북스, 2020, p.351.

의 위치가 두 가지 정서를 구별해주는 걸까? 다윈은 다시 이렇게 말
한다.[3]

> 혐오는 그 특징이 비교적 두드러진 느낌으로, 첫째, 실제로 지각하거나
> 생생한 상상을 통해 맛과 관련되어 구역질나게 하는 것을 말하며, 둘째,
> 냄새, 촉감, 그리고 때에 따라서는 시각을 통해 방금 언급한 바와 비슷한
> 느낌을 낳는 것을 말한다. 그렇지만 흔히 증오를 수반하는 경멸이라는
> 극단적인 경멸은 혐오와 거리가 멀다.

다윈의 말을 따르자면 경멸과 혐오의
차이는 우리와 사물 사이의 관계가 인간
들 사이의 관계로 바뀌는 과정에서 나타
난다. 경멸은 누군가를 증오하거나 미워
하면서 멸시할 때 나타나는 느낌이다. 그
것은 사회적인 관계에서 나타나는 정서이
다. 이와 달리 혐오는 몸의 직접적인 반응
에서 온 느낌이다.

　사진에서 레일랜더는 혐오에서 비해 경
멸에서 더 큰 방어 자세를 취하고 있는 걸
까? 그렇다면 느낌의 강도intensity에서 두
정서는 다른 걸까? 그렇지는 않을 거 같
다. 다만 직접적이냐 아니면 간접적이냐

[그림 3] 오스카 레일랜더, 〈경
멸contempt〉, 1872, 헬리오타
입 사진, 18.2cm×11.9cm, 다윈,
『인간과 동물의 정서 표현』

3　찰스 다윈, 김성한 옮김, 『인간과 동물의 감정 표현』, 사이언스 북스, 2020, p.347.

의 차이 정도로 보인다. 여기서 말하는 '간접적'은 어떤 상황을 여러 번 경험하고 그 경험한 것을 다시 곱씹어보거나 하면서 나중에 그 경험에 추상적인 의미가 부여된다는 뜻에서의 경험이나 기억의 관련성이다. 평생을 혐오 연구에 바친 폴 로진Paul Rozin(1936~) 같은 심리학자는 몸이 겪은 직접적인 느낌인 혐오가 사회적 관계에서 간접적이고 윤리적인 느낌으로 바뀔 수 있다고 말한 적이 있다. 그렇지만 다윈의 책을 읽다 보면 그가 경멸에 대해 말하고 있는 건지 아니면 혐오에 대해 말하고 있는 건지 명확히 구분되지 않는 곳이 여럿 있다. 이런 모호한 것들이야말로 혐오와 경멸이 정말 서로 비슷한 경험이라거나 아니면 그것들이 서로 연속적인 느낌일 수 있음을 뜻한다.

우리는 대개 혐오를 사회적 약자에 대한 차별과 관련지어 말하면서도 경멸과 더 가까운 증오 표현hate speech을 혐오와 어떻게 연관 지을 수 있을지 망설이기 일쑤다. 어디서부터 어디가 혐오의 느낌이고 경멸 혹은 증오의 느낌인지 정확한 경계를 찾는 일도 쉽지 않다. 최근 혐오를 사회적 약자에 대한 차별의 동기로 보려는 인식이 부쩍 커졌다. 이런 사회적 분위기와 더불어 혐오를 조금 더 진지하게 이해해야 할 필요를 느낀다. 또한 혐오가 빠르게 우리 사회에 확산하고 있는 현실도 이러한 관심과 연구의 필요성에 한몫한다. 다윈 이후 지난 세기엔 얼굴이 중요했고, 그것이 정체성을 증명했다. 하지만 이제 얼굴들이 어느새 해체되었다. 혐오 표현은 온라인 숏츠에서, 댓글에서, 혹은 이런저런 플랫폼에서 무한히 잘게 쪼개지고 다시 사소한 일처럼 아무렇지도 않게 재생산되고 있다. 그렇게 되면 원인을 알지 못하는 비아냥거림과 조롱, 그리고 분노에 찬 분위기로 일상이 물들게 되리란 건 자명하다.

〈장기하와 얼굴들〉이 해체됐다. 벌써 몇 년은 지났는데, 나는 이 사실을 최근에서야 알았다. 어쩐지, 장기하가 왜 얼굴들과 함께 다니질 않나 했다. 이색적인 라임이 꾀나 자극적이고 그에 걸맞게 리듬도 재밌었는데, 아쉽다. 애정곡은 여럿이지만 〈그건 니생각〉이 '얼굴들'을 떠올리게 한다. 이런 가사가 좋다.

> 이 길이 내 길인 줄 아는 게 아니라/ 그냥 길이 그냥 거기 있으니까 가는 거야/ 가다 보면 어찌어찌 내 길이 되는 거야/ 이 사람 저 사람/ 이러쿵저러쿵/ 뭐라 뭐라 뭐라 뭐라 뭐라 뭐라 해도/ 상관 말고/ 그냥 니 갈 길 가

밴드에서 장기하의 역할이 너무 컸던 탓인지, 밴드가 해체되었어도 얼굴들이 사라진 지도 모르겠다. 그래도 장기하는 있지만, 얼굴들이 없다. 얼굴은 인간사의 관심거리가 맞는가 보다. 그대로 얼굴들이 어느새 유령처럼 우리들을 관통하고 있다.

혐오의 과학

다윈의 『인간과 동물의 정서 표현』을 읽다 보면, 이게 정서를 이론적으로 설명한 책이 맞나 싶은 생각이 든다. 정서를 설명한다고 하고서는 왠지 몸에서 나타나는 특징들을 기술하고 있기 때문이다. 혐오와 경멸을 설명할 때도 마찬가지인데, 그 정서들이 윤리적이거나 사회적으로 어떤 의미를 지니는지가 아니라 그런 느낌이 찌푸려진 눈썹이나 벌렁거리는 콧구멍으로 언급된다.

이런 특징들을 사람들은 과학이 정교해지기 전의 시대적 한계쯤으로 여길지 모른다. 물론 그럴 수도 있다. 하지만 이 책의 제목이 무엇이었는지 다시 떠올려보라. '인간과 동물'. 상식적으로 우리는 동물에게 윤리적 관계니, 사회적 관계니, 정서적 고양이니 하는 걸 아냐고 묻지 않는다. 그러니 다윈의 의도는 그런 게 아니었을 것이다. 그는 정서를 인간과 동물 사이를 관통하는 특징으로 설명하려 했다. 인간과 동물은 서로 다른 종이고 서로 다른 언어를 가졌다. 그렇다면 이 둘을 관통하는 특징이란 다윈 자신이 관찰해서 확인할 수 있는 대상 특징들, 즉 신체적 특징, 행동 양상 등일 것이다. 그는 근대인 보일처럼 실증적인 방법을 신봉한 과학자였고, 진화생물학적 보편성을 말하고 싶었을 것이다.

다윈은 정서가 인간이든 동물이든 얼굴과 몸짓으로 표현된다는 생각을 믿었다. 그렇기에 정서가 표현되는 얼굴의 구성 요소라든지, 그 요소들의 변화, 몸짓의 특징들에 관심을 쏟았다. 그런데 그 혼자만이 이런 생각을 한 것은 아니었다.[4] 신경과학자이자 의사인 뒤센느 드 블로뉴Duchenne de Boulogne(1806~1875)는 이미 다윈보다 10여 년을 앞서 얼굴 표정의 변화로부터 정서를 연구했다.

뒤센느는 악명 높았던 살페트리에르 병원의 정신과 의사로서 자기 환자들을 선별해서 얼굴 신경에 전기자극을 가하고 미리 기대된 정서 표정을 재현했다([그림 4]). 그 환자들의 얼굴과 표정이 초상사진으로 책에 수록되었다. 책은 『인간 인상학의 메커니즘Mécanisme de la

---

4   Phillip Prodger, Darwin's Camera: art and photography in the theory of evolution, Oxford University Press, 2009, p.15.

physionomie humaine』(1862)이라는 제목으로 출판되었다. 다윈은 뒤셴
느의 이 연구에서 영향을 받았다.

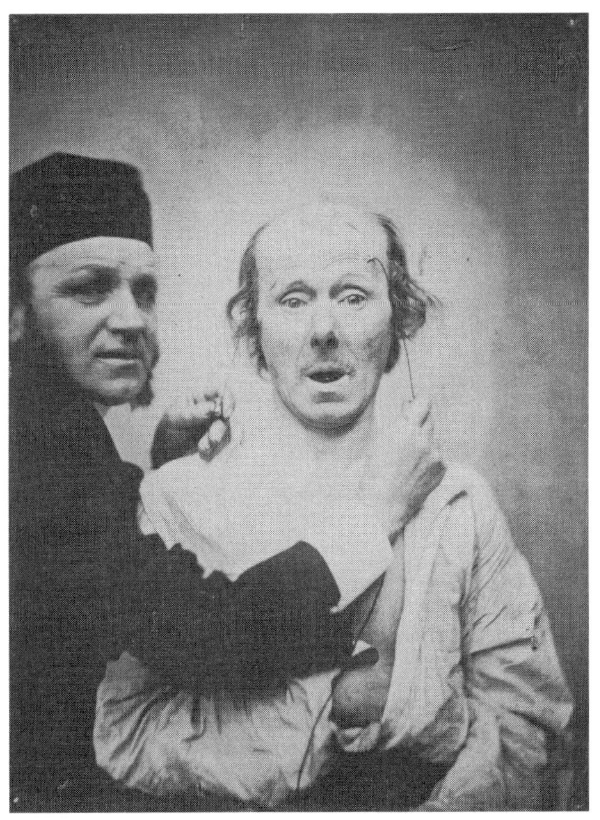

[그림 4] 아드리앙 투르나숑(Adrien Tournachon, 1825~1903), 〈놀
람〉, 1862, 알부민 프린트, 21.5×16cm, 기욤 뒤셴느, 『인간 인상학의
메커니즘』. 뒤셴느가 환자의 얼굴 신경을 전기장치로 자극해서 얼굴
신경에 따라 정서 표정을 재현하는 광경. 사진가인 나다르(Félix Nadar,
1820~ 1910)의 동생 아드리앙 투르나숑이 촬영했다.

뒤센느의 이 책은 "조형예술의 정념 표현에 대한 전기생리학적 분석Analyse électro-physiologique de l'expression des passions des arts plastiques"이라는 부제를 달고 있다. 책의 구성은 일반론, 과학, 미학, 이렇게 세 부분을 포함한다.[5] 그런데 신경과학과 조형예술은 어떻게 교차할 수 있을까? 이유는 간단하다. 물론 그 의미는 복잡하지만 말이다.

처음에 뒤센느는 경험적으로 정서가 무엇인지는 알았지만, 그것들을 상세히 그리고 명확히 구분할 수는 없었다. 그는 참고할 만한 것들을 찾았다. 그것은 인상학physiology이라는 이름으로 세상에 잘 알려진 지식이었고, 그에게 이것은 중요한 선행연구였다. 인상학은 원래 사람들의 얼굴 인상을 여러 성격과 연결해서 분류해 놓은 일종의 경험적인 사전학 같은 것이다. 레일랜더의 표정 사진들이 범주적으로 구분되었던 것을 떠올려보면, 그 역시도 당시 유행하던 인상학에 대해 알고 있었을 수 있다. 이런 이유로 뒤센느의 책 제목에도 인상학이 붙어 있다. 하지만 그는 여기서 더 나아가 인상학을 신경과학으로 재구성했다. 그는 인상학에서 범례로 만들어진 '성격 인상'을 자기의 신경증 환자들에게서 '정서 표정'으로 나타나길 기대했다. 물론 기대가 완전히 충족되진 못했기에 이 과정은 다시 '연출'이라는 형식으로 각색되었고, 마지막에 정서의 신경과학이 되었다.

물론 이런 '연출'이 뒤센느의 신경과학 연구에서 처음 등장한 건 아니었다. 뒤센느가 일했던 그 병원에는 또 다른 신경과학자 장 마르탱

5　 Duchenne de Boulogne, trans. and ed. by R. Andrew Cuthbertson, The mechanism of human facial expression, Cambridge University Pres, 2010, p.3.

샤르코Jean-Martin Charcot(1825~1893)가 있었다. 지그문트 프로이트 Sigmund Freud(1856~1939)에게 영감을 주기도 했던 그는 히스테리 연구의 선구자로, 강의실에서 환자들에게 자기 증상을 시연하게 한 것으로도 유명했다. 또한 비슷한 시기 영국의 신경과학자 휴 웰치 다이아몬드Hugh Welch Diamond(1808~1886)도 서리 정신병원Surrey County Pauper Lunatic Asylum에 있는 환자들에게 사진과 연출을 통해 히스테리를 치료하려 했다.[6] 한동안 정신병 환자들을 상대로 이런 '과학 극장'이 유행한 것이었다.

인상학은 과학적 심리학이 등장하지 않았던 시대에 인간 성격의 범례를 세시했나. 사신이 없었넌 시기에 인상학은 범례를 만들기 위해 회화적 재현 능력에 크게 의존했다. 그리고 그 범례는 이미지의 권력을 통해 정당화되었다. 지배 권력의 문화가 용인하는 예술의 표현 형식이라고 해야 할까, 예술에선 한때 아카데미즘의 위력이 대단했다.

17세기 프랑스 예술 아카데미의 권위자였던 샤를 르 브룅Charles Le Brun(1619~1690)은 인상학의 권위자였다. 루이 14세의 궁정화가였던 그는 1698년「열정을 묘사하기 위한 학습 방법Méthode pour apprendre à dessiner les passions」이란 글에서 인간의 전형적인 표정을 분류하고 각각을 특징적인 얼굴로 묘사했다. 사람들은 누구나 서로 다른 느낌을 느끼고 그것에 맞게 갖가지 표정을 짓는다. 하지만 이것은 다양할뿐더러 가변적이어서 체제가 숭배하는 가치를 왕족과 귀족의 인물에 제대로 재현해내기란 쉽지 않다. 그래서 르 브룅의 아카데미즘은 지암바티

6　Hugh Welch Diamond, The Face of madness: Hugh W. Diamond and the origin of psychiatric photography, New York: Brunner/Mazel, 1976, p.9.

스타 델라 포르타Giambattista Della Porta(1535~1615)의 인상학을 참고해서, 인물을 묘사할 때 전형이 될 만한 표정의 표준적인 이미지들을 제작해서 배포했다. 예를 들어 인물의 성격을 성마른 성격, 강인한 성격, 온화한 성격, 음흉한 성격, 교활한 성격 등으로 구분할 수 있다면, 그것들에 어울리는 보편적인 얼굴 인상들을 각각 재현할 수 있을 것이다([그림 5]).

[그림 5] 샤를 르 브룅, 〈증오〉의 얼굴, 1785. Wellcome Collection

그렇게 해서 인상학 사전이 만들어졌다. 그것은 체제가 용인하는 공신력 있는 이미지를 생산하기 위한 일종의 교육용 사전 같은 것이었다.

사람들은 르 브룅처럼 델라 포스타의 인상학 사전을 자주 베꼈는데, 사실 베끼는 건 복사가 아니라 따라 그리되 다시 그리는 것과 같았다. 그렇기에 그런 행위는 일종의 번역이었다. 그래서 훗날 이것이 계몽주의와 낭만주의 시대 분위기를 통과할 때 신비주의자 라바터 Johann Kaspar Lavater(1741~1801)의 종교적인 색채로 물든 정신세계의 복잡한 관념들과 다시 연결되었다. 그러면서 얼굴은 정신세계를 드러내는 장치로 변주되면서 더욱 풍성해진 내용으로 유럽 문화계에서 소비되었다. 델라 포르타, 르 브룅, 라바터를 거치면서 모호했던 느낌들이 전형성을 지닌 범례처럼 분류되었고 또한 거기에 캡션까지 달렸다. 그러면서 연속적이고 복합적인 느낌은 사실상 구분 가능한 정서들로 설명될 수 있었다. 바로 거기에 혐오 표정, 경멸 표정, 분노 표정 등을

한 얼굴들이 있다([그림 6]). 뒤센느
도 그런 지식인 중 하나였다. 그래
서 그에게 미학은 자신의 신경과학
연구가 어떤 이론적 계보에 속했는
지를 보여주는 표식과 같은 기능을
하고 있다고 볼 수 있다.

　이러한 계보의 표식은 『인간 인
상학의 메커니즘』의 영어본에서도
나타난다. 영어본의 제목은 『인간
얼굴 표현의 메커니즘The mechanism

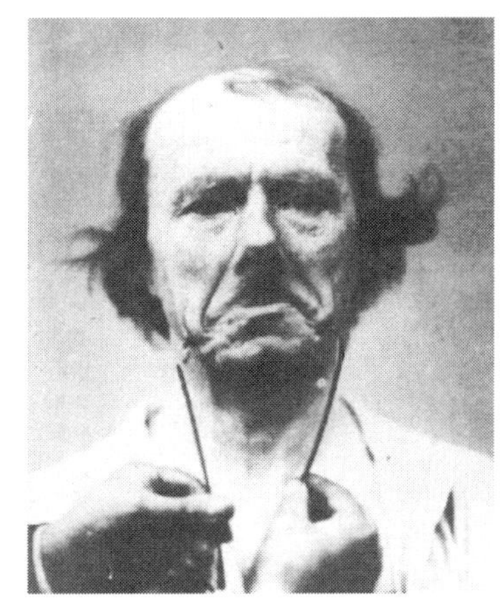

[그림 6] 『인간 인상학의 메커니즘』(1862)
에 수록된 혐오 표정

of human facial expression』(1990)이다. 그 영어본 해설자 중 한 사람은
현대 정서 심리학의 선구자인 폴 에크먼Paul Ekman(1934~2025)이다.
그는 정서 범주를 표정을 통해 연구한 대표적인 인물이다. 오히려 표
정을 통해 정서 범주 이론을 더 확고하게 만들었다고 말해야 할지도
모른다.

　폴 에크먼은 1970년대부터 의사소통의 심리학을 연구하기 위해 파
푸아뉴기니를 찾았다. 그는 영어로는 소통 불가능했던 원주민의 심리
상태를 설명하려는 상황에서 장벽에 맞닥뜨렸고 얼굴 표현과 정서의
중요성을 깨달아 양자의 상관성을 연구하기 시작했다. 그런데 에크먼
은 표정으로부터 정서를 설명하기 위해서는 어떤 전제가 필요하다는
사실을 간파했다. 그것은 범주였다. 표정의 범주와 정서의 범주. 그는
어쩌면 앞선 연구자들이 모두 그랬을 법한 경험적 방식으로 표정을
분류했다. 그리고 다시 정서 범주 이론가들이 했던 것처럼, 정서 단어
들로부터 정서 범주들을 추출했다. 그리고 그것들을 민속지학적인 관

찰로부터 얻은 보편적인 표정에 연결했다. 이것은 표정을 정서 단어에 맵핑한 것이다. 그의 연구에서는 표정 범주가 정서 범주에 영향을 미쳤지만, 그 대신 기존의 어휘 기반 정서 범주 체계와는 다른 자신만의 정서 범주 체계를 가질 수 있었다. 결국 그는 기쁨happy, 슬픔sad, 분노angry, 공포fearful, 놀람surprised, 혐오disgust 등 정서 범주를 6가지로 제안할 수 있었다. 물론 이 가장 기본 정서 중에 바로 혐오가 포함되어 있다.[7]

에크먼은 다윈이 했던 것처럼 전문 배우들을 섭외하고 그들에게 특정 정서가 표현되는 얼굴의 모습을 설명해주었다. 그리고 배우들이 그런 표정을 지으면 사진을 찍어 정리하고 이마, 눈썹, 코, 볼, 입 등을 일일이 오려내어 특정 정서에 맞게 몽타주를 만들었다([그림 7]). 이것들은 월러스 프리센Wallace V. Friesen과 함께 쓴 책『얼굴의 가면을 벗기기Unmasking the Face: A Guide to Recognizing Emotions from Facial Expressions』(1975)에 수록되었다. 사실상 그의 연구는 표정, 정서 단어 사이를 의미론적으로 연결하려는 과학적 작업이었다.

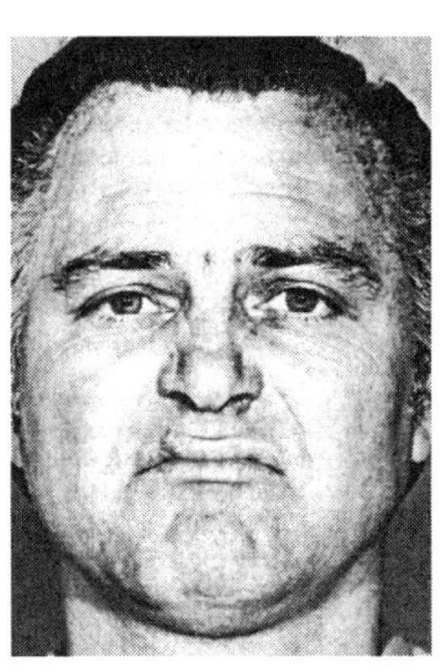

[그림 7] 에크먼의 책, 『얼굴의 가면을 벗기기』에 수록된 〈혐오〉 표정 사진. 이 표정은 혐오와 공포가 혼합된 정서를 표현한다.

제임스 러셀James Russell(1947~)은 가령, 슬프다거나 역겹다고 하

---

7   Paul Ekman, Unmasking the Face: A Guide to Recognizing Emotions from Facial Expressions, Malor Books, 2003, p.15.

는 것처럼 정서가 의미론적으로는 어떤 특정 값을 가지고 있다고 볼 수 있지만, 그것을 범주로 크게 뭉뚱그려 구별하는 것은 어렵다고 여겼다. 그래서 그는 정서들이 즐겁거나 즐겁지 않고, 강도가 세거나 아니면 강도가 낮다는 점을 고려해서 정서 차원 모형을 제안했다. 두 가지 차원의 값에 따라 세분화한 정서들이 의미상의 관계에 따라 배치되었다. 그의 주장은 '정서 원환 모형circumplex model of affects'으로 알려져 있다. 이 모형에서 혐오는 4/4분면에서 분노와 공포 근처 어디쯤엔가 위치하는 것으로 보인다([그림 8]).[8]

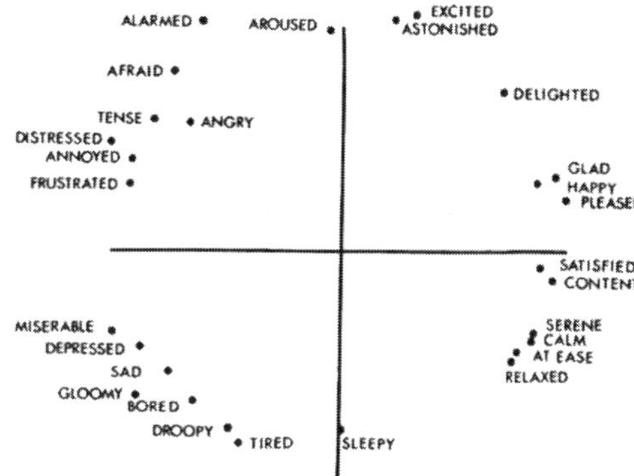

Figure 3. Multidimensional scaling solution for 28 affect words.

[그림 8] 제임스 러셀의 정서 원환 모형. 28개의 정서 가운데 혐오는
분노나 공포와 함께 매우 불쾌한 4/4분면에 배치된다.

---

8   James Russell, "A circumplex model of affect", Journal of personality and social psychology 39(6), 1980, p.1163.

뒤센느의 계보를 잇는 최근의 신경과학에서 정서들은 두뇌의 영역, 특히 진화상에서 초기 발달 단계에 해당하는 두뇌 영역에 대한 연구를 통해 설명되고 있다. 폴 맥린Paul MacLean 같은 신경과학자는 정서가 피질 안쪽의 중뇌, 특히 변연계limbic system에서 이루어지는 뉴런의 활동과 관련된다고 보았다. 그리고 두뇌의 활동은 뉴런과 함께 호르몬의 작용에 의한 것이기에 정서에 대해서도 마찬가지로 설명된다.

혐오의 과학은 뒤센느와 다윈에게서 출발했다. 에크먼은 얼굴의 표현에서 혐오 정서가 있는지 없는지를 구분했고, 러셀의 원환 모형은 혐오가 분노나 공포와 가까운 정서라는 것을 보여주었다. 이는 개인적이든 사회적이든 혐오 정서가 나타나기 위해서는 분노나 공포 혹은 두려움이 나타나는 조건들이 고려되어야 한다는 사실을 말해준다. 최근의 신경과학자들은 두뇌가 손상된 환자들을 연구 대상으로 삼아 혐오가 기저핵basal ganglia과 뇌섬엽insula cortex에서 발생한다고 주장한다. 기저핵은 앞쪽 뇌의 아래와 중뇌 변연계의 위에 자리하는 신경절들이다. 뇌섬엽도 마찬가지로 두정엽, 전두엽, 측두엽이 분리되는 피질 안쪽 부분으로 중뇌의 좌우 위쪽 부분에 자리한다. 물론 정서의 발생에는 호르몬의 작용도 포함된다.[9]

9　Reiner Sprengelmeyer, "The neurology of disgust", Brain 130(7), 2007, p.1715. 그리고 Martin Kavaliers, Klaus-Peter Ossenkopp, and Elena Choleris, "Social neuroscience of disgust", Genes, Brain and Behavior 18(1), 2019, p.8.

내장

혐오가 역겨운 느낌의 정서이고 그것이 분노나 공포 같은 다른 정서들과 관련된다는 것은 한 세기 이상의 과학적 탐구 노력의 결과였다. 그런데 도대체 혐오 정서가 나타나는 원인은 무엇일까?

혐오 정서가 일어나는 원인에 대해 에크먼은 다음과 같이 설명하면서 마지막에 혐오 연구의 대가인 폴 로진에게 고마움을 표현한다.[10]

> … 역겨운 감정. 뱉어내고 싶은 맛, 심지어 혐오스러운 무언가를 먹는 생각만으로도 혐오가 느껴질 수 있다. 코로 들어오는 길 막고 싶거나 피하고 싶은 냄새도 혐오를 불러일으킨다. 또한 역겨운 것이 어떤 냄새를 풍길지 상상하는 것만으로도 강한 혐오가 생긴다. 맛이나 냄새에 불쾌감을 줄 것 같은 것을 보는 것만으로도 혐오를 느낄 수 있다. 역겨운 사건과 연관되어 들리는 소리 역시 혐오를 유발할 수 있다. 촉감도 마찬가지다. 끈적이는 물체처럼 불쾌한 감촉은 혐오를 불러일으킨다.
>
> 혐오를 유발하는 것은 맛, 냄새, 촉감, 혹은 그것들을 머리에 떠올리는 것, 시각, 소리뿐만 아니라 사람의 행동과 외모, 심지어 사상까지도 포함한다. 사람의 외모 자체가 불쾌할 수 있으며, 그들을 바라보는 것 자체가 혐오스러울 수 있다. 일부 사람들은 기형이 있거나 불구가 된 사람, 혹은 못생긴 사람을 보고도 혐오를 느낀다. 상처가 드러난 부상자는 혐오스러울 수 있다. 피를 보거나 수술 장면을 목격하는 것만으로 사람들은 혐오를 느낀다. 어떤 사람의 행동이 반감을 일으킬 때, 그와 그의 행동 또한

---

10 Paul Ekman, Emotions Revealed: Recognizing Faces and Feelings to Improve Communication and Emotional Life, Henry Holt & Company, 2003, p.173

혐오스럽다. 개나 고양이를 학대하거나 고문하는 사람은 혐오의 대상이
될 수 있다. 성적 변태로 여겨지는 행동에 탐닉하는 사람은 혐오스러울
수 있다. 사람들을 비하한다고 여겨지는 철학이나 관계 방식은 그렇게
여기는 사람들에게 혐오를 불러일으킬 수 있다.
　나중에 이런 나의 관찰은 혐오 연구로 일생을 바친 한 과학자(폴 로진)
의 주장을 통해 뒷받침되고 확장되었다.

　위의 인용문에서는 일차적으로 혐오가 맛, 냄새, 소리, 촉감 등과
같이 직접적인 감각의 문제라고 설명된다. 불쾌감을 주는 무언가가 자
기에게 다가오거나 심지어 몸 안으로 들어올 때 혐오가 느껴지는 것이
다. 그리고 그것만이 아니다. 혐오는 이차적으로 그런 불쾌한 것들을
머리에 떠올릴 때 혹은 누군가가 그런 혐오의 정서를 느끼고 있는 표
정을 지을 때조차도 느껴진다. 마지막으로 혐오는 그 대상이 인간에게
전이되었을 때 그 사람의 외모나, 행동에 대해서도 느껴진다. 외모가
불완전하거나 일그러졌거나 일반적인 경험과 다르다고 여겨질 때, 행
동 또한 사회적으로나 윤리적으로 올바르지 않다고 여겨질 때, 그럴
때 바로 혐오가 느껴진다.
　로진은 혐오의 이러한 특징에 대한 논리적 근거를 제시한다. 그는
혐오가 일어나는 원인이 다름 아니라 개인이나 사회의 위기 상황과
연관된다고 보았다.[11] 누군가가 존재론적 위협, 즉 죽음이나 신체적 정
신적 훼손의 위협에 직면한다면, 그는 혐오를 느낄만한 상황에 놓이게

---

11 P. Rozin, J. Haidt, and C. R. McCauley, "Disgust", in M. Lewis, J. M.
　Haviland-Jones, & L. F. Barrett (Eds.), Handbook of emotions, 3rd ed., The
　Guilford Press, 2008, pp.757-776.

될 것이다. 그렇지만 이런 위협은 공포나 두려움, 그리고 분노를 낳기도 한다는 점에서 위협의 특징은 또 다른 구분 기준을 포함한다.

에크먼과 로진은 두 가지 점을 지적한다. 위협을 주는 무언가가 아주 불쾌하게 느껴진다는 점이다. 그리고 그런 불쾌한 것이 내게 가까이 있거나 내 안에 있을 때 역겨워 게워내고 싶은 느낌, 즉 혐오가 느껴진다는 점이다. 다시 말하자면, 감각적으로 부정적인 느낌을 주는 대상, 즉 그 대상의 특징이 지나치게 과도하게(과대/과소하게) 여겨지고 또 어떤 방식으로든 이런 과도함이 개인의 존립이나 사회질서를 위협한다고 여겨질 때 이런 독특한 불쾌함이 느껴진다. 그리고 이 불쾌한 대상이 나의 사이에서 심지어 내 안에서 나를 위협할 때 혐오가 더 강하게 느껴진다는 것이다. 혐오는 감각적으로든 관념적으로든 느껴질 수 있지만, 이런 특징으로 인해 특히 다른 정서들에 비해 감각적으로 더 직접적이다. 혐오는 근본적으로 음식물을 토해낼 때 몸 안의 내장들이 꿈틀거리는 것처럼 강렬하게 느껴진다. 이 정서의 특징이 바로 물질성이다.

더욱이 불쾌한 것의 물질성과 근접성 탓에 혐오는 표정에서만이 아니라, 앞서 레일랜더의 사진이 아주 적절히 보여주었듯이 가까이 있는 그 불쾌한 것을 밀어내려는 행동으로 나타난다는 사실도 주목해야 한다. 이것은 소위 '혐오의 정동'이 작동하는 물질적이고 현실적인 한 측면이다. 혐오의 정동은 개인이나 집단이 혐오스러워하는 대상을 자기와 선을 긋고 멀리 배제하려는 행동으로 나타나는 것이다.

그런데 '정동'은 논란이 많은 개념이다. 영어로나 프랑스어로 똑같이 'affect'라고 쓰는데, 정동은 우리 학계에서 크게 유행한 적이 있다. 우리는 갑자기 나타났다가 소리 소문 없이 사라지는 사회 현상에 유행이라는 말을 붙인다. 학문이란 뭔가 진지하게 고민해야 '단단한' 결과물을 얻을 수 있기에 이런 유행이라는 말은 어울리지 않는 듯하다.

정동 이론이 겨냥하는 목표는 반이성주의적인 방식으로 세상을 달리 보는 것이다. 이성은 그동안 모든 인간 문제들을 해소하는 데 도움이 된다고 여겨졌다. 이성적으로 행동하라거나 냉철한 머리로 생각하라는 말은 다 그것과 관련된다. 게다가 이성은 지구 위에서 인간이 거대한 문명을 일으키는 데도 중요한 역할을 했다. 수학과 물리학, 철학과 과학, 모든 학문은 늘 이성 위에서 이루어진다. 이성은 개념으로 표현되고 논리로 작동한다. 하지만 전체주의의 망령에서 잘 보았듯이, 이성이 병들면 어떻게 될까? 억압적인 권력에 지배된 사회에서, 그리고 경쟁에서 탈출구를 찾지 못하는 능력주의 사회에서 이성은 독단적이거나 계산적인 무언가가 된다. 그런 면에서 이성중심주의에 대한 비판적 방법, 정동적 방법은 개인이나 공동체의 의사 결정에 개입하고 영향을 미치는 느낌 내지는 감성과 역할을 이론화한 것으로 볼 수도 있다. 사실 이성중심주의는 이러한 방법에 대해 끊임없이 의심하고 부정해왔다. 하지만 우리는 정동의 힘과 영향관계에 의해 수많은 주체가 변화하는 그런 상황을 충분히 생각해 볼 수 있다. 혐오의 정동에 대한 논의 역시 그런 노선을 따라가고 있다.

어쨌든 혐오의 물질성, 혹은 혐오의 정동이 어떻게 윤리적 차원처럼 좀 더 추상적인 측면들과 연결되어 사회적으로 문제 상황을 만드는지를 이해하는 일도 중요하다. 캐롤린 코스메이어 Carolyn Korsmeyer (1950~)는 이렇게 말한다.[12]

---

12 Carolyn Korsmeyer, Savoring disgust: The foul and the fair in aesthetics,

혐오의 엄청난 대상 범위가 그 정서를 두 개의 이론적 범주로 구분하게
만든다. 첫째로는 문자 그대로의 "핵심적인" 혹은 "물질적인" 혐오가
있다. 그것은 아주 가까이에 있는 더럽고 오염된 대상에 대한 *내장적인
viscerally 반응*이다. 이와 달리 "도덕적" 혐오가 있다. 사회 규범을 위반
한 사람이나 행동이 그런 대상으로 여겨진다.

… [혐오는] 상한 우유, 오물, 끈끈한 점액질, 민달팽이, 구더기, 이,
감염된 상처, 썩어가는 살, 흩어진 시신 등을 우연히 접할 때 전형적으로
따라오는 정서이다. 이런 것들은 무조건적으로 내장적인 혐오를 일으키
고, 구역질 반사gag reflex, 메스꺼움, 구토 등 원치 않는 불쾌한 반응을
낳는다. 하지만 우리가 이러한 신체 반응에 이르지 않는다고 해도, 혐오
로 인해서 물리적으로 움찔하는 행동이 뚜렷이 감지된다. 이는 신체적인
혐오가 흔히 도덕적이거나, 사회적인, 혹은 종교적 규칙들과 뒤섞인 상
황에서 일어난다는 것을 말해준다.

코스메이어의 생각에서, 혐오는 분명히 개인적 체험, 그것도 몸의
직접성과 관련된 경험과 그것에 대한 기억에서 출발한다는 것이다. 이
것들이 사회적인 관념과 공통의 느낌 형태로 표출될 때 사회적 소수자
에 대한 혐오, 그리고 배제와 차별이 나타난다.

예를 들어 알퐁스 베르티옹Alphonse Bertillon(1853~1914)이 만든 범
죄자 분류 체계는 그 자신도 미처 예상치 못한 아주 근본적인 문제를
안고 있었다. 일찌감치 뒤센느도, 다윈도 '얼굴들'이 아니라 '얼굴'을
찾기 위해 연구했다. 그들은 복수를 단수로 환원하려는 힘든 노력 끝
에 성공을 이룬 소위 '단수의 대가'였다. 그들은 한 점의 의심도 없이

Oxford University Press, 2011, p.4. 인용에서 강조는 저자에 의함.

잘 정형화된 정서 범주와 표정을 만들어냈다. 그리고 다윈의 외사촌인 프랜시스 골턴Francis Galton(1822~1911)도 이런 시도에 합류했다. 그는 정서를 정신의 범주로 치환하고 그 범주의 설명 가능한 생물학적 근거를 찾았다. 다름 아니라 인간 뇌의 형태였다. 인간에겐 특정한 성격과 정신 능력이 있고 그것에 대응하는 두개골의 형태와 두뇌의 모양이 있다는 것이다. 그는 자신의 연구를 골상학phrenology이라고 불렀다. 머리의 모양이 정신의 상태를 설명할 수 있다는 이 발상은 어찌 보면 매우 직관적이고 그럴듯하게 보이지만 어딘지 모르게 유치하고 촌스러워 보이는 것도 사실이다. 그렇지만 골상학은 현대 뇌과학의 일부인 두뇌 국소주의brain localization를 낳은 배경이기도 하다. 그것만이 아니라 훗날 우생학으로도 진화했다.

그런데 인상학도, 골상학도, 그리고 우생학도 모두 다 건강한 정신과 신체가 무엇인지를 설명하려는 '고귀한 의도'를 가지고 있었다. 하지만 정신과 신체의 범주화된 특징은 그 특징에 부합하지 않는 거의 모든 현실 인간에게는 억압적인 잣대로 여겨질 뿐이다. 그리고 만일 이 표준이 사회적으로 적용된다면 표준에 미치지 못하거나 넘어서는 많은 사람에게는 가혹한 폭력으로 작동할 것이다. 실제로 유대인들에게는 우생학이 그런 방식으로 혐오와 배제의 근거가 되었다.

베르티옹은 공교롭게도 이들의 상상력에서 깊은 영감을 받았다. 그의 동기도 매우 고귀했다. 19세기 말의 프랑스는 산업혁명이 전성기로 접어들었고 도시화가 급속히 이루어졌다. 대도시는 노동과 자본이 넘쳐나는 장소였지만, 동시에 다양한 범죄가 만연한 장소이기도 했다. 그는 이런 범죄가 사회 구조적인 문제이기보다는 오히려 개인의 도덕성이 상실된 것에 원인이 있다고 여겼다. 그는 범죄를 줄이고 싶었고,

그래서 범죄의 원인인 인간의 도덕성을 설명하고 측정할 수 있는 범주를 만들고 싶었다. 베르티옹은 비도덕이거나 비윤리적인 인상, 즉 얼굴과 신체적 특징에서 그런 범주들을 찾아냈다.

이런 생각은 혐오스러운 인간의 특징을 정의하는 것과 같다. 이를 위해 그는 기본적으로 범죄자의 인체를 기술하고 물리적 특징을 측정하고 기술했다. 범죄자에게 전형적으로 나타나는 얼굴의 생김새, 머리의 길이와 폭, 팔의 길이, 발 크기 등을 분류했다. 이것들은 다름 아니라 부도덕하고 혐오스러운 얼굴과 외모이다([그림 9]). 그리고 그가 체계화했던 방법은 일종의 범죄자 발굴 시스템이라고 할 수 있다. 당시 그 시스템은 성공적이어서, 사람들은 그것을 '말하는 초상화'라 부르기도 했다. 베르티옹의 흔적은 아직도 남아 있는데, 머그샷이 그것이다.

[그림 9] 베르티옹 시스템에 따라 제작된 범죄자의 얼굴. "The Speaking Portrait", Pearson's Magazine, 1901. Wiki Commons

물론 베르티옹의 방법은 오늘날까지도 진화해서 범죄자의 검거에 도움을 주고 있다. 하지만 그의 범죄자 시스템은 모든 사람을 잠재적 범죄자로 전제하지 않고서는 작동할 수 없다는 위험을 감수해야 한다. 더욱이 외모가 혐오스럽게 느껴진다고 해도 그 사람이 반드시 범죄자일 거라고 단정 지을 수는 없다. 결국 그 시스템은 근본적으로 인권의 구멍이 아닐 수 없다.

베르티옹의 사례는 혐오의 물질성과 사회 윤리적 측면이 결합할 때 나타났다. 그리고 비슷한 일이 미국 대형 공항에서도 일어났다. 9·11 테러 사건 이후 미국의 몇몇 공항들은 수많은 승객의 얼굴을 일일이 실시간 추적하고 감시하는 시스템을 도입해서 잠재적 테러범을 사전에 찾아내려 했다. 그런데 우리가 잘 알고 있듯이, 이러한 일들이 계속 일어난다면 혐오 정동은 특정 사람들을 범죄자로 낙인찍는 장치들을 발명해 낼 것이다. 그러면 누구든 혐오스럽고 부도덕하게 여겨져 잠재적인 범죄자가 되고 사회로부터 배제되거나 격리될 것이다. 불안과 공포가 불러낸 이런 혐오 장치들은 우리 사회가 끊임없이 고민하고 성찰해야만 할 문제임이 틀림없다.

| 참고문헌

• 보먼트 뉴홀, 정진국 옮김, 『사진의 역사』, 열화당, 2021.
• 찰스 다윈, 김성한 옮김, 『인간과 동물의 감정 표현』, 사이언스 북스, 2020.
• Carolyn Korsmeyer, Savoring disgust: The foul and the fair in aesthetics, Oxford University Press, 2011.
• Duchenne de Boulogne, trans. and ed. by R. Andrew Cuthbertson, The mechanism of human facial expression, Cambridge University Pres, 2010.
• James Russell, "A circumplex model of affect", Journal of personality and social psychology 39(6), 1980.
• Hugh Welch Diamond, The Face of madness: Hugh W. Diamond and the origin of psychiatric photography, New York: Brunner/Mazel, 1976.
• Martin Kavaliers, Klaus-Potor Ossenkopp, and Elena Choleris, "Social neuroscience of disgust", Genes, Brain and Behavior 18(1), 2019.
• P. Rozin, J. Haidt, and C. R. McCauley, "Disgust", in M. Lewis, J. M. Haviland-Jones, & L. F. Barrett (Eds.), Handbook of emotions, 3rd ed., The Guilford Press, 2008.
• Paul Ekman, Emotions Revealed: Recognizing Faces and Feelings to Improve Communication and Emotional Life, Henry Holt & Company, 2003.
• Paul Ekman, Unmasking the Face: A Guide to Recognizing Emotions from Facial Expressions, Malor Books, 2003.
• Phillip Prodger, Darwin's Camera: art and photography in the theory of evolution, Oxford University Press, 2009.
• Reiner Sprengelmeyer, "The neurology of disgust", Brain 130(7), 2007.

자화상

페트루스 곤잘부스

프랑스의 왕 앙리 2세Henri II(1519~1559)는 카트린 드 메디치Catherine de Médicis(1519~1589)의 남편이자 영화 〈여왕 마고〉의 주인공 마그리트 드 발루아Marguerite de Valois(1553~1598)의 아버지다. 그는 강하고 적극적인 성격의 소유자로 딸의 결혼 축하 마상 시합에 참가했다가 눈을 관통당하는 상처를 입고 1달 만에 사망했다. 앙리 2세의 파란만장한 삶만큼이나 카트린과 가족들의 삶도 굴곡이 많았다. 노스트라다무스의 점성술을 신봉했던 카트린은 메디치가문의 실질적인 상속자로, 남편이 죽자 어리고 나약한 아들들 뒤에서 혹독한 섭정을 했다. 그녀의 잔혹함은 성 바르톨로메오 축일 대학살에서 극에 달했다. 대학살은 프랑스에서 점차 세력을 키우던 개신교도들을 탄압하기 위해 은밀히 이루어졌다. 학살 주도자들은 마그리트 공주의 결혼식 날을 택했다. 그녀와 결혼할 앙리 드 브르봉은 나바르의 위그노파 개신교 수장으로 카트린의 통치를 위협할 만큼 커다란 세를 과시했다. 카트린은 딸을 정적과의 휴전을 위한 정략적인 수단으로 삼았다. 개신교도에 대한 학살은 화해를 상징하는 축제가 파리 전역에서 벌어진 가운데 자행되었기에 더 끔찍했다. 그리고 프랑스 전역으로 학살이 전파되어 약 7만여 명이 원한 맺힌 살육의 희생양이 되었다.

젊은 나이에 왕이 된 앙리 2세는 문화와 학문에도 적극적인 관심을 가졌다. 어느 날 앙리 2세에게는 하나의 도전이 생겼다. 그것은 '동물'을 '인간'으로 교화하는 실험이었다. 동물의 이름이 페트루스 곤잘부스였다. 곤잘부스는 온몸이 털로 뒤덮인 채 태어나는 다모증hypertrichosis을 앓았다. 정확인 날짜는 알 수 없지만, 그는 원래 스페인령 카나리아 군도의 가장 큰 섬인 테네리페에서 태어났다. 스페인인들에게 처음 발견되었는데, 이탈리아 베네치아로 팔렸다가 다시 10살이 되던 해인 1547년에 아주 비싼 값으로 프랑스 궁정에 팔려 갔다. 그해는 앙리 2세가 왕이 된 해이기도 했다. 당시에는 '난쟁이'라 불리는 신체장애인들이 종종 시종이나 왕족의 놀잇감으로 거래되곤 했지만, 앙리 2세는 곤잘부스에게 더 많은 관심을 가졌다. 마치 동물처럼 보였던 곤잘부스의 모습은 앙리 2세의 호기심을 크게 자극했던 것으로 보인다. 그 프랑스 왕은 털복숭이 존재를 '인간'으로 만들겠다고 선언하고 별궁에 머물게 하면서 궁정 학자들에게 교육을 맡겼다. 그 사이 곤잘부스는 귀족다운 교양과 예절을 갖춘 인물로 성장했다.

앙리 2세가 부상으로 죽고 한동안 카트린 드 메디치가 그의 후견인이 되었다. 카트린 여왕은 그를 자신의 시녀인 카트린 라펠랑Catherine Raffelin과 결혼시켰다. 곤잘부스와 라펠랑의 결혼 이야기는 훗날 소설

『미녀와 야수』의 주요 테마가 된다. 어쨌든 그들 사이에는 모두 6명의 아이가 있었는데, 그중 최소 4명은 다모증으로 태어난 것으로 확인된다. 1591년 카트린이 죽자 곤잘부스 가족은 이탈리아 북부 파르마 공국으로 이주하여 파르네세 공작의 보호를 받았다.[1] 곤잘부스는 자신이 단순한 구경거리 존재가 아니라는 점을 공작에게 강력히 주장했다. 그래서 그는 공작의 소유지에서 농장관리인으로 살 수 있었다. 사람들은 그를 '늑대인간'이라 불렀다. 귀족들은 페트루스 곤잘부스의 털복숭이 가족을 진귀한 소유물로 여겼기 때문에 가족들은 이탈리아 전역에 흩어져 살 수밖에 없었지만, 평범한 사람들처럼 모두 결혼했고 직업을 가졌다. 곤잘부스는 장수했고 80세의 나이에 생을 마쳤다.

진귀하고 호기심을 자극할만한 존재들은 바로크 시대의 귀족 문화에 아주 잘 어울렸다. 르네상스 시대를 상징하는 것이 '인간의 재발견'이라면, 바로크 시대를 상징하는 것은 '인간의 초월'이다. 물론 이 초월은 지극히 세속적인 것으로, 세속적인 초월은 사상과 문화에 다채로움을 더했다. 바로크는 존재의 차이와 다양성을 긍정했다. 이런 가치들은 계몽주의와 고전의 시대를 거치면서 동일성과 단일성에 자리를 내준다.

그런데 바로크와 계몽 사이에는 유럽의 확장, 그리고 이성주의와 그것에 근거한 과학적 지식의 구축 과정이 있다. 근대인들은 동서로 뻗어 나아가 신대륙과 신항로를 만들었다. 상상속에 머물러있던 수많은 낯선 사물이 한꺼번에 쏟아져 들어왔다. 귀족들은 비싼 값을 치르

---

1   Peter Maison, Ulisse Aldrovandi Naturalist and Collector, Reakson Books, 2023, p.125.

고 이 이상한 것들을 수집했다. 그들은 알 수 없고, 신기하기만 한 이 '다름들'을 분류하고 정리하고 자랑하는 일에 공을 들였다. 자연이라고 알려진 야만 세계의 존재들을 분류하고 정리하는 일은 곧 린네 같은 이들에게서 엄밀함을 갖추면서 과학이라 이름을 부여받게 된다. 바로크라는 독특한 시대는 신비와 과학이 공존하는 이상한 일들이 벌어진 시기이다.

이탈리아의 볼로냐 대학의 교수였던 울리세 알드로반디Ulisse Aldrovandi(1522~1605)가 바로 그런 대표적인 바로크인이다. 그는 식물학과 동물학, 자연사의 선구자이기도 한데, 기이하고, 변덕스럽고, 평범하지 않은 것들로 향한 부유한 귀족들의 호기심을 충족시켜주었다. 그들은 알드로반디 같은 지식인의 조언을 받아 진귀한 자연 사물을 수집해서 잘 정리해 놓은 '놀라움의 방Wunderkammer'이라는 공간을 자기들의 성 안에 만들었다. 그 방에는 태평양과 대서양 건너 낯선 나라에서 수집한 동물의 이빨이나 뼈, 기형 동물, 말린 식물, 산호 가지나 조개껍데기, 희귀 광물뿐만 아니라, 귀한 골동품, 고대 동전, 불규칙한 진주로 만든 장신구 등과 같은 인공물도 포함되었다.[2]

알드로반디가 죽은 뒤 수십 년이 지나 자신의 이름으로 『괴물 이야기Monstrum historia』(1642)라는 책 한 권이 출판되었다. 바로 그 책에 페트루스 곤잘부스와 그의 가족에 대한 언급이 등장한다. 알드로반디는 책에서 실제로 1594년 무렵 곤잘부스의 딸인 8살 안토니에타를 만났다고 쓰고 있다.

---

2 Lorenzo Peka, Introduzione del curatore, in Ulisse Aldrovandi, Monstrum historia(1642), Moscabianca, 2021, p.16.

하지만 이보다 앞서 곤잘부스의 가족에 관한 기록을 남긴 것은 앙브르와즈 파레Ambroise Paré(1510~1590)였다. 위그노파였던 파레는 앙리 2세 때에도, 그리고 카트린의 섭정 때도, 성 바르톨로메오 대학살에서도 살아남았다. 외과 의학의 아버지라 불리는 그는 자신의 의학 『전집Oeuvres』(1573) 중 일부를 『괴물들과 신기한 것들Des monstres et prodiges』로 할애했는데, 거기에 털복숭이 인간에 관한 이야기가 등장한다. 실제로 앙리 2세의 의사이기도 했던 그는 곤잘부스를 직접 만났고 관심을 가졌을 가능성이 크다.

알드로반디가 안토니에타를 만나러 갔을 때 그는 혼자가 아니었다. 화가 라비아나 폰타나Lavinia Fontana(1552~1614)가 그와 함께했다. 폰타나는 오늘날 너무도 유명해진 안토니에타 초상화를 그렸다. 초상화 속 안토니에타는 곤잘부스를 소개하는 편지를 양손에 들고 다소간 두려워하며 또 천진난만한 듯 총명한 눈동자로 우리를 처다보고 있다.

『괴물 이야기』는 전 유럽에 퍼져나가 근대인의 온갖 호기심을 자극했는데, 제목에서의 ‘괴물’과 ‘이야기’는 우리가 요즘 알고 있는 의미와 달리, 각각 ‘기이한 존재’와 바로크식의 ‘학문적 글쓰기 형식’을 뜻했다. 그래서 그의 ‘괴물이야기’는 오늘날로 치면 ‘기이한 존재에 관한 연구’쯤으로 해석할 수 있다. 알드로반디는 이 책의 서문에서 인간이 무엇인지를 나름대로 설명하고 세상에는 있는 다양한 인간종을 분류하면서 그 인간종 가운데 ‘털복숭이 인간들과 야생 인간들’에 대해 썼다. 그리고 곤잘부스 가족을 거기에 포함시켰다. 알드로반디는 이러한 인간종이 털과 피부에 의해 구분된다고 말하면서, 존 맨더빌이라는 인물은 이러한 종을 얼굴과 손바닥을 제외한 신체 모든 곳에 털이 있는

[그림 10] 알드로반디의 『괴물 이야기』에
묘사된 털복숭이 인간

식인종이라고 했지만, 자신이 만난 안토니에타는 이마, 코, 입술을 제외하고는 완전히 털로 뒤덮여 있다고 기술했다. 하지만 그는 이어지는 부분에서 세상에는 몇몇 유사한 종이 더 있고, 이들은 모두 네발로 기어 다니는 털복숭이 야만인이라고 끝을 맺는다([그림 10]). 『괴물 이야기』는 그 밖에도 기형으로 태어난 인간이나 동물을 괴물로 기록하고 있는 것으로 보아 인간과 비인간의 구별을 통해서 '정상' 인간이 무엇인지를 검증하려는 바로크 시대의 연구서로 볼 수 있다.

『괴물 이야기』에도 아들과 함께 있는 페트루스 곤잘부스의 그림이 있지만, 가장 유명한 초상화는 오스트리아 인스부르크에 있는 암브라스 성Schloss Ambras의 '놀라움의 방'에 걸려있다. 암브라스성은 신성로마제국의 황제의 아들이었던 페르디난트 2세가 왕비로 인정받지 못한 자기 아내를 위해 지어준 궁전이다. 그는 당시 유럽에서 가장 화려하고 유명한 놀라움의 방을 이 궁전에 마련해주어 아내의 결핍을 보상해주고 싶었을 것이다. 예술작품들과 자연의 신비로운 사물들이 전시된 방 중에 페트루스 곤잘부스의 전신을 보여주는 유화 작품이 드라큘라 황제Vlad Dracula(1428~1476)의 초상화 옆에 나란히 걸려있다. 이런 배치는 마치 흡혈귀와 늑대인간의 이야기를 머리에 떠올리기라도 한다.

[그림 11] 작자 미상, 페트루스 곤잘부스, 1580년경,
190x80cm, 캔버스에 유화, 암브라스 궁, 인스부르크,
오스트리아

작품은 40대 중반에 이른 곤잘부스의 전신 초상화이다. 그는 화려하지는 않지만, 신분이 낮은 사람들과는 다른 복식을 하고 있다. 이복식이 그를 중산층 이상의 학자나 지식인처럼 보이게 한다. 하지만 얼굴은 온통 털로 덮여있다. 다만 힘든 노동을 하지 않았음을 보여주는 하얗고 길쭉한 손이 인상적이다. 앙리 2세 덕분에 귀족에 버금가는 교육을 받아 '인간'으로 변신한 남자의 삶이 옷과 손에서 잘 드러난다([그림 11]).

그렇지만 그림에서 재현된 남자의 이미지는 이중적이다. 그가 상류 계급에 속한 인물이라면 왜 아름다운 자연 풍경이 아니라 어두운 농굴 앞에 서 있는 것일까? 뒤쪽 배경에 농굴을 그려 넣은 것은 아무리 그가 인간이 되고자 해도, 어쩔 수 없이 동물임을 가리킨다. 그는 인간이면서 인간이 아닌 존재다. 그는 동물 비인간과 동종성을 가진 인간이기에 알드로반디가 서문에서 그토록 장황하게 설명한 '인간'의 범주에서 벗어나 있다. 괴물이라는 기이한 인간 유형으로 분류될지언정 말이다.

이미지의 이러한 이중적 표현 구조는 그의 아들 엔리코Enrico Gonzalvus 초상화에서도 동일하게 표현된다. 어린 엔리코도 귀족의 복장을 하고 당당하게 서 있다. 곤잘부스가 동물에서 인간으로 변형된 것이라면 그는 인간에서 인간으로 태어난 인간 존재로 표현됐어야 했다. 하지만 아이의 작고 귀여운 몸을 집어 삼킬 듯한 동굴을 배경으로 아버지가 그랬던 것처럼 하얀 손으로 차가운 바위를 짚고 서있다. 이런 이중성은 동물에서 인간으로 변형된 곤잘부스와 그의 가족들이 바로크인이 상정한 인간을 위해 꼭 필요한 경계 존재임을 보여준다.

알드로반디의 『괴물 이야기』는 훗날 여러 과학자에 의해 재생산되었다. 거듭 반복되는 재생산 프로세스는 과학적 설명 방법 체계를 발명하도록 만들었을 것이다. 알드로반디의 책, 특히 파레의 책은 괴물의 이야기를 하고 있는 듯하지만, 사실상 기형 인간에 대한 발생학적 설명의 초기 형태였다. 그들의 책에서 기형은 인간과 다른 종에 대한 것이자 동시에 동물 비인간에 관한 것이기도 했다. 정상 인간에 대한 자연학, 생물학 혹은 의학적 설명은 신기한 동물과 기형 인간을 하나로 묶는 종적 분류와 이름짓기를 통해 이루어졌다. 이러한 분류와 이름짓기는 소위 정상적인 인간 존재가 무엇인지 정확히 알기 어려웠던 시기에 거울 논리를 통해 정상을 규정하려는 인간주의의 실험이었을 것이다.

독버섯

홀로코스트에서 탈출한 철학자 한나 아렌트Hannah Arendt(1906~1975)는 나치와 스탈린의 전체주의 폭거가 휩쓴 20세기 폐허의 한가운데서 인간의 조건이 무엇인지를 되묻는다.[3] 아렌트는 인간이 태어나서 죽을 때까지 필연적으로 지켜야 할 가치로 생명 자체, 세계성, 복수성 세 가지를 꼽았다. 그리고 이런 가치들을 지키기 위한 비판적 사고와 실천이 우리의 활동적 삶vita activa을 보장하리라고 보았다. 나아가 아렌트는 실천의 세 가지 유형을 살피면서, 타인들과 공존하는 것을 가능하게 해주는 행동이야말로 소비와 소모의 생물학적 조건에 얽매인

---

3 한나 아렌트, 이진우 옮김, 『인간의 조건』, 한길사, 2019, p.83.

노동Labor이나, 혹은 자연을 극복하며 유용한 인공물을 제작하는 작업Work보다 더 결정적이라고 주장했다. 함께 소통하는 행동을 통해서 인간의 본질인 자유와 연대를 실천할 수 있으리라 여긴 것이다.

정치철학자의 관심이 정치 현실에 쏠리는 것은 당연한 일이겠지만, 그게 아니라 해도 20세기는 정치적인 삶의 무게가 너무도 큰 시대였다. 지난 세기는 제국주의와 식민주의, 전체주의, 그리고 이데올로기 대립의 시대였다. 특히 이 모든 것들을 관통하는 전체주의는 근본적인 악을 마치 과학으로 정당화할 만큼 폭력적인 광기로 가득했다. 한국의 20세기 현대사도 전체주의 폭력이 남긴 고통과 상처로 얼룩져있다. 인간의 자유가 부정되어도, 혹은 개인의 비판 능력과 개성이 부정되어도 아무렇지도 않았던 현실이 도대체 어떻게 있을 수 있었을까?

1961년 아렌트는 아돌프 아이히만의 재판정에 관객으로 앉아있었다. 아이히만은 홀로코스트를 계획하고 실행한 극악무도한 전범이다. 아르헨티나에 숨어 살던 그는 이스라엘인들에게 체포되어 예루살렘 법정에 서게 된 것이다. 하지만 아렌트가 본 아이히만은 자신이 그저 체제가 요구한 규범에 충실했던 사람임을 연거푸 항변하고 있었다. 그는 체제에 해로운 사람들을 가능한 한 효율적으로 처리하려 했다고 자신의 무고를 주장했다. 그러나 전 세계인은 600만 명 이상의 유대인을 포함해서 1,000만 명 이상의 학살을 주도한 장본인이 무고함을 주장한다는 것이 이치에 맞지 않는다고 분노했다.

그런데 만일 그를 근본적인 악radical evil의 상징으로 내세워 처절하게 응징하려 한다면 이것은 악을 사라지게 하는 게 아니라, 오히려 세상에서 악을 부추기고 그 힘을 키워주는 것은 아닐까? 아렌트가 악의

평범성banality of evil을 언급한 것은 이런 의문 때문이었다.[4]

이 문제를 흔히 하는 말로 하면 그는 단지 자기가 무엇을 하고 있는지를 결코 깨닫지 못한 것이다. 경찰 심문을 담당한 독일계 유대인과 마주 앉아 자신의 마음을 그 사람 앞에 쏟아부으며 어떻게 자기가 친위대 중령의 지위밖에 오르지 못했고 또 자기가 진급하지 못한 것이 자기 잘못이 아니라고 다시 또다시 설명하면서 4개월을 앉아 있을 수 있었던 것은 바로 이 같은 상상력의 결여 때문이었다. 원칙적으로 그는 이 모든 일의 의미에 대해 아주 잘 알고 있었고, 그래서 법정에서 있었던 최후 진술에서 그는 "[나치]정부가 처방한 가치의 재평가"에 대해 말한 것이다. 그는 어리석지가 않았다. 그가 시대의 엄청난 범죄자들 가운데 한 사람이 되게 한 것은 (결코 어리석음과 동일한 것이 아니라) 순전한 무사유 sheer thoughtlessness였다. 그리고 만일 이것이 '평범한' 것이고 심지어 우스꽝스러운 것이라면, 만일 세상 최고의 의지도 어떠한 극악무도하고 악마적인 심연을 아이히만에게서 끄집어내지 못한다면, 이는 그것이 일 반적인 것이라고 부르는 것과 아직 거리가 멀다는 것이다.

인용에서 아이히만은 죽음을 예견하는 상황에 있었다. 하지만 그는 그런 상황에서조차 자기의 안위나 성공에만 신경 썼던 그저 아무 생각 없는 사람이었다. 아이히만에게서 우리가 보아야 할 것은 근본적 악이 아니라, 양심에 따라 비판적으로 사고하지 못하는 그저 체제 순응적이 며 나약한 한 사소한 악인의 모습이다. 하지만 문제는 이러한 사소한 악이 어떻게 아이히만과 같은 평범한 인간들을 통과하면서 거대하고

---

4 한나 아렌트, 김선욱 옮김, 『예루살렘의 아이히만』, 한길사, 2019, p.393.

끔찍한 불행에 이르렀는지이다.

사소한 악이 만든 수치스러운 일들이 우리 한국에서도 일어나고 있었다. 1987년 부산 형제복지원 사건은 인권 유린이 아무렇지도 않게 행해지던 시절 우리 현대사의 부끄러운 장면이다. 1986년과 87년 사이 형제복지원이 저지른 인권 침해가 한 사법공무원에 의해 우연히 폭로되면서 사회적 파장을 일으켰다. 보도에 따르면, 형제복지원 사건은 1975년부터 발각되기 전까지 부산 인근에서 3,000여 명의 시민이 부랑인으로 분류되어 불법으로 납치 감금된 후, 성폭력, 강제 노동, 가혹행위 등에 시달리다 그중 일부가 사망하거나 실종된 일을 일컫는다. 사건은 박인근 원장 가족이 사회복시 보소금을 횡령하려 한 개인적 일탈에서 비롯되었지만, 근본적으로는 이런 불법을 용인한 국가의 태도와도 관련된다. 이것은 한국전쟁 이후 증가한 사회적 약자에 대한 책임을 국가가 방치하고 오히려 개인과 공동체로 외주화하기 시작한 1960년대 이후, 또한 1980년대 독재국가가 자신의 부정한 정권을 유지하기 위해 혐오 정치를 시민들의 일상생활에 내재화함으로써 이루어진 사회 구조적 폭력이다.

그 당시 형제복지원생들은 남녀노소를 가리지 않고 거대한 백색 성에 갇혀 외부와 격리된 채로 임금 없이 하루 10시간 이상의 고된 노동에 시달렸다. 그 과정에서 저항하거나 탈출한 500여 명 이상의 사람들이 구타와 폭행으로 죽음을 맞았다.[5] 피해자들의 오랜 항의 노력 끝에 2022년 '진실·화해를 위한 과거사 정리 위원회'가 이 사건을 '국가에 의한 중대한 인권 침해 사건'으로 공식화했고, 2025년 11월 대한

---

5   형제복지원 구술 프로젝트팀, 『숫자가 된 사람들』, 오월의봄, 2021, p.6.

민국 법원은 1975년 이전에 수용된 모든 피해자에 대해서도 국가에 배상책임이 있다고 판결했다.

부산 형제복지원 사건은 한 개인의 부도덕한 탐욕과 국가 복지 체계의 심각한 한계가 결합할 때 일어난 사건이다. 그렇지만 이것은 사소한 악이 사회적으로 구조화될 때 일어난 사건이기도 했다. 무엇보다도 형제복제원 사건에서는 지금으로서는 비상식적인 일들이 아무렇지도 않게 일어나고 있었다. 부산 북구 주례동 산 아래 건설된 거대한 복지원 내부에는 교회 건물도 있었는데, 이 교회의 목적은 기독교 신앙에 따른 교화나 갱생이 아니라 원장의 사소한 악이 멈추지 않도록 그에게 동조하는 사람들에게 끝없이 면죄부를 발급해 주고 원생들에게는 끔찍한 현실을 감내하고 받아들이도록 기만하는 일이었다. 또한 이 사건의 근본적인 문제는 부랑인浮浪人이라는 용어 자체에서도 드러났다. 한 사회는 이 용어를 통해 아무렇지도 않게 사회적 약자들에게 편견을 부여하고 낙인을 찍었던 것이다.

한국 현대사에서 부랑인은 일제강점기에 수탈을 당해 터전을 잃고 떠돌아다니게 된 가난한 도시 빈민, 혹은 한센병과 같은 전염병을 앓아 일자리를 가질 수 없기에 길거리로 내몰려 떠돌게 된 사람들에게 붙여진 이름이다. 1920년대 이들이 사회 불안 요인으로 여겨지면서, 식민 통치는 부랑인을 폭력적인 방식으로 강제 격리하여 사회적으로 배제했다. 이런 통치 방식은 한국전쟁 이후 독재국가 시기에는 더 체계화되고 다양해졌다. 1975년 말에는 내무부에서 훈령 제410호(「부랑인의 신고, 단속, 수용, 보호와 귀향 및 사후관리에 관한 업무처리 지침」)를 공포했는데, 형제복지원은 바로 이 훈령에 근거해서 운영될 수 있었다.[6] 훈령의 목적은 사회적 측면에서 불우이웃을 도와 건전하고 명랑한 사회

질서를 확립하고 도시 환경을 정화하며, 나아가 안보적 측면에서 범법자, 불순분자 등의 활동을 봉쇄하는 것이었다. 훈령은 부랑인을 이렇게 정의하고 있다. "일정한 주거가 없이 관광업소, 접객업소, 역, 버스정류소 등 많은 사람이 모이거나 통행하는 곳과 주택가를 배회하거나 좌정하여 구걸 또는 물품을 강매함으로써 통행인을 괴롭히는 걸인, 껌팔이, 앵벌이 등 건전한 사회 및 도시 질서를 저해하는" 모든 사람이다. 어떤 사회든 그 구성원들이 건강하고 행복한 삶을 살기를 추구하지만 그렇다고 사회적 약자를 폭력으로 희생시키지는 않는다. 하지만 부랑인은 소위 '건전한 사회'를 위해 희생되어야 할 존재로 내몰린 깃이다. 게다가 훈령은 이런 사회적 배세를 선선한 시민들의 일상적인 규범으로 내재화했다. 훈령의 제2장 제2절은 "부랑인의 배회가 예상되는 역, 터미널, 지하도, 육교 등의 우범지역에 지역관리 책임자 또는 인접한 상점주인 등을 지정하여 부랑자들을 신고하도록 의무화"함으로써, 부랑인을 신고하는 것이 시민의 당연한 행위라고 명시했다. 이런 의무는 실제로 매우 잘 지켜졌는데, 형제복지원에서 탈출한 사람들은 인근 시민들의 신고로 경찰서에 잡혀갔다가 다시 감금되는 일이 종종 있었다.[7]

악은 사소하지만, 그런 사소한 악이 다수가 될 때는 광기 속에서 폭력적인 이빨을 드러내는 법이다. 전체주의의 폭력적인 통치 장치들은 사회적 공포를 확산시키고 개인들의 소통을 위축시키는가 하면, 이

---

6   서울대학교 사회학과 형제복지원 연구팀, 「부록1: 내무부훈령410의 내용과 배경」, 『절멸과 갱생 사이』, 서울대학교출판문화원, 2021, p.120.

7   이재진, 『살아남은 형제들』, 호밀밭, 2008, p.321.

를 통해서 정치적 반대 집단을 배제하거나 희생시켰다. 소통이 위축되었을 때 평범한 개인들은 마치 기계 내부의 부속품이 잘 작동되듯이 자기도 모르는 어떤 목적을 위해 성실히 행동하게 된다.

자기가 맡은 일을 성실히 수행하는 이런 평범함은 사회적으로 그저 사소하고 윤리적으로 아무런 문제도 없는 듯 보인다. 그런데 그 이면에서 사소한 악이 거대한 악을 만들어내기 위해서는 사회구성원들을 위한 섬세한 정동적 장치들과 오랜 시간의 훈육이 필요하다. 나치 전체주의는 이런 장치들을 만들어내고 작동시키기 위해 애썼다. 그 하나의 사례가 혐오 정서를 교육하는 것이었다.

『독버섯Giftpilz』(1938). 세계대전이 일어나기 직전 독일에서의 일이다. 전쟁이 임박하자 나치 정권은 전쟁 명분을 쌓아가고 있었는데, 온통 혐오와 분노의 사회적 분위기를 만들어내려 분주했다. 명분은 나치를 지지하는 독일인만이 아니라 반대하는 적들마저도 수긍할 수 있을 만큼 강력한 것이어야 했다. 나치에 반대하는, 아니 그보다는 전쟁 명분에 동조해 주어야만 할 독일인들에게 적을 향한 혐오와 분노를 쏟아낼 정동적 장치는 그래서 더욱 효과적이었을 것이다. 왜냐하면 국가 전체의 동의를 끌어내야만 할 이 명분은 겉으로는 가장 합리적인 것처럼 보여야 하지만, 그런 명분이란 실제로는 완전히 허구에 가까운 것이기 때문이다. 사실이 아니면서 사실이라고 믿게 할 수 있는 건 허구적 실재를 만들 수 있는 것, 즉 예술밖에는 없다. 예술은 인간이 발명한 가장 위대한 유산이지만, 어떤 측면에서 그것은 인간의 감성에 호소하는 허구의 완벽한 장치이기도 하다.

나치 당원이었던 율리우스 슈트라이허Julius Streicher(1885~1946)는 누구보다도 적극적으로 그런 명분 쌓기에 앞장섰다. 그는 자기가 창간

한 잡지를 통해 반유대주의와 독일 순혈주의를 선동했다. 그리고 그런 기획 중에는 반유대주의를 선동하는 아동 도서가 하나 있었다. 아이들에게는 어쩐지 어울리지 않는 제목이지만, 그것이 바로 『독버섯』이다. 이것은 유대인에 관한 16개의 장면을 구체적으로 묘사한 그림책이다. 자기 친구였던 에른스트 히머Ernst Hiemer(1900~1974)가 내용을 구성했고, 만화가였던 필립 루프레히트Philipp Rupprecht(1900~1975)가 그림을 그렸다.[8]

첫 장면에는 숲을 배경으로 서 있는 금발의 백인 여성이 버섯을 따서 손에 든 금발의 백인 아이에게 이렇게 말한다. "독버섯과 먹을 수 있는 버섯을 구분하기 어려운 섯처럼, 종종 사기꾼이자 범죄자인 유대인을 알아보는 것도 매우 어렵단다." 그리고 다음 장면에는 선생님이 학교에서 아이에게 문제를 내고 있고 한 아이가 칠판 앞으로 나와 정답을 쓰고 있다. 문제는 다름 아니라 첫 장면에서 아이가 엄마에게 묻고 있었던 것, 즉 독버섯인지 아닌지, 바로 유대인과 비유대인을 구별하는 것이다. 아이는 6자를 가리키고 선생님은 이것이 바로 유대인임을 알게 해주는 '굽은 코'라고 말한다. 그리고 세 번째 장면에서는 유대인임을 가리키는 더 구체적인 증거들이 이렇게 나열된다. "저 불길한 유대인의 코! 저 볼썽사나운 수염! 저 쫑긋 서 있는 더러운 귀! 저 구부정한 다리! 저 납작한 발! 얼룩지고 기름 절은 옷! 저들이 손을 어떻게 움직이는지 봐봐! 그들이 어떻게 물건값을 깎으려 실랑이하는지를 봐봐! 저들이 바로 그들일 거야!" 그리고 네 번째 장면은 유대인

8　Ernst Hiemer, illust. by Philipp Rupprecht, Der Giftpilz, Nuremberg: Stürmer Verlag, 1938.

들이 경전처럼 여기는 탈무드가 얼마나 배타적인지를 이렇게 말해준다. "탈무드에서 말하기를, 유대인만이 인간이다. 이방인들은 인간이라 불리지 않고 동물이라 불린다. 우리 유대인들은 이방인들을 동물로 보기에 그들은 '고이Goy'라고 불릴 뿐이다."

나머지 장면들에서 인종주의는 혐오의 논리로 잘 포장된다. 유대인은 선량한 사람들을 기만하는 사기꾼이고, 아이들을 납치하거나 여성을 성추행하는 범죄자이고, 동물을 잔혹하게 학대하거나, 독일의 모든 돈을 독식하려는 탐욕스러운 사람들이다. 그리고 인종주의는 종교적인 형태로도 재생산되는데, 골고다 언덕에서 예수를 십자가에 못 박은 자가 바로 유대인임을 강조한다. 그리고 마지막 장면에서 아이들은 이쪽을 노려보고 있는 율리우스 슈트라이허의 사진과 그 아래 "유대인과 싸우는 자는 악마와 싸우는 것이다."라는 글귀가 있는 포스터 앞에 진지한 표정으로 서 있다. 그의 눈빛과 문장이 아이들의 마음을 사로잡는다. 아이들은 실제로 한 번도 마주한 적 없는 유대인의 이런 모습과 무관하게, 그저 평범한 일상에서 유대인이라는 존재를 미워하고, 증오하며, 때로는 그들에게 분노하면서 돌을 던지게 된다. 사소한 악은 혐오 정동을 부추김으로써 아이들의 마음속에서 살아난다. 더욱이 이러한 반유대주의 이미지는 나치가 발명해 낸 자기의 이상적인 이미지를 거울처럼 반대로 뒤집어 놓고 그것을 다시 다른 민족에게 투사한 것으로 볼 수 있다.

그런데 에른스트 히머는 제목을 왜 하필 독버섯으로 삼았을까? 이 그림책은 제목에서부터 이미 혐오 정동이 어떻게 작동하는지를 잘 보여준다([그림 12]). 책의 첫 장면에서 커다란 나무숲을 배경으로 한 금발 여성과 아이는 순혈주의자 아리안처럼 보이는데, 인자한 표정의 여성은 무릎을 꿇고 있는 아이에게 버섯에 대해서 알려준다. 그런데 이 버섯은 혐오의 논리와 인종주의의 논리가 상호 관통하는 효과적인 사물 비인간이다. 무엇보다도 어떤 버섯을 먹어도 되는지 아닌지를 구별하는 것은 인간에게는 생존을 위해서 필요한 지적 능력, 즉 합리성이다. 이것은 인종주의가 우생학을 마치 정낭한 생물학 지식처럼 신봉하려 했던 이유이기도 하다. 게다가 이미 앞서 양심의 도덕적 준칙에 따라 어떻게

[그림 12] 『독버섯』(1938)의 표지.
The Wiener Holocaust Library

행동해야 할지를 '판단하라'는 근대인의 사고에서 보았던 것처럼, 합리성은 선악을 구별하는 능력과도 연결된다. 이런 이성적 능력이 부도덕한 행위를 판단하고 그것에 대가를 치르라고 말하는 것은 당연하다. 그런데 이 당연한 논리가 『독버섯』에는 적용되지 못하는데, 이는 유대인이 왜 부도덕하고 악한지, 실제로 그런 것인지를 설명하지 않고 있기 때문이다. 책은 이것을 다른 방식으로 충족시킨다. 즉, 인종주의의 편견을 혐오의 정동, 즉 위협적이고, 그래서 내 안에 들였다가는 구역질 날 만큼 싫어지고, 그래서 역겨운 그것을 밀어내려는 정동의 논리를 통해 정당화하고 있는 것이다.

　숲에서 자라난 어떤 버섯에는 독성 물질이 있어서, 그런 버섯을 먹으면 몸이 심각하게 훼손되거나 죽음에 이를 수도 있다. 그런 위협적

인 존재를 잘 구별하는 일은 결국 생존이다. 그리고 이런 구별을 위해서는 관념이나 설명이 아니라 감성적으로 직접 경험할 수 있는 지각적 특징, 가령, 코와 어깨의 구부러진 모양, 입고 있는 옷, 신체, 냄새 등에 집중해야 한다. 구역질. 근육의 과도한 긴장, 위장의 고통, 게워 낸 것 앞에서 직접 맡은 그 냄새, 그리고 기억된 불쾌한 경험. 혐오의 물질성에 따라 이루어진 구별, 결국 이것은 차별이 된다.

자기혐오

거울속에는소리가없소
저렇게까지조용한세상은참없을것이오

거울속에도내게귀가있소
내말을못알아듣는딱한귀가두개나있소

거울속의나는왼손잡이오
내악수握手를받을줄모르는-악수握手를모르는왼손잡이오

거울때문에나는거울속의나를만져보지를못하는구료마는
거울아니었던들내가어찌거울속의나를만나보기만이라도했겠소

나는지금至今거울을안가졌소마는거울속에는늘거울속의내가있소
잘은모르지만외로된사업事業에골몰할께요

거울속의나는참나와는반대反對요마는

또꽤닮았소

나는거울속의나를근심하고진찰診察할수없으니퍽섭섭하오

(이상, 『가톨릭청년』 5호, 1933년)[9]

거의 백 년 가까이 된 시다. 옛날이다. 난 이상의 그 시대를 알지 못한다. 그런데도 왜 시구 하나하나가 자꾸 머릿속에서 쩌렁쩌렁 울리는 걸까?

거울 바깥과 안은 같지만 다르다. 시끄러운 이곳과 달리 저곳에는 '이곳의' 소리가 없다. 그래서 거울 안쪽은 적막하다. 게다가 거기 있는 또 다른 나는 귀가 있지만 알아들을 수 없는 말로 근심한다. 아니, 이곳의 언어가 아니기에 그곳이 나는 그 지껄임을 알아들을 수 없다.

이런 상황을 시로 읊은 것은 그야말로 잔인한 단절을 확증하는 거울의 현상학이다. 잔인함은 거울이 동일한 것을 다르게 만드는 절대적인 힘을 가졌다고 작가 스스로가 확신하기 때문에 존재한다. 그렇지만 거울이 있든지 없든지 저 안쪽의 내가 항상 이쪽의 나를 규정한다는 사실 때문에 그보다 더한 잔인함이 있다.

잔인한 단절은 문학 역사가의 손에서 한 작가의 실존 문제로도 해석될 수 있겠지만, 시 자체만 놓고 보면 그것은 근원적인 차이에 대한 자각이고, 2026년과 1933년이라는 시간의 거리를 뛰어넘은 놀라운 깨달음이다. 둘로 미끄러지는 자아들이 시의 주인공이다. 하지만 원래

---

9 이상, 「거울」, 『이상 전시집』, 스타북스, 2023, p.130.

자아는 둘만이 아닐 수 있다. 여럿의 자아가 있다. 나란 그저 그 여럿 중 하나이고, 자아들이 미끄러지려는 힘에 애써 버티고 있는 그 하나인지도 모른다. '나'란 그저 여럿 가운데 하나를 선택해야 하고, 그것을 거울 바깥의 나라고 아무렇지도 않은 듯 말해야 하는 존재인지도 모른다. 나머지 자아들은 어디로 간 것일까? '나'는 왜 그리고 어떻게 나머지 자아들을 거울 안쪽으로 몰아넣으려는 것일까? 이상李箱(1910~1937)은 이런 힘과 운동을 알았지만 '나'에게 묶인 채로 어찌할지 몰라 방황한다. 저쪽의 자아는 그저 '외로된 사업에 골몰'할 거라 말하기 때문이다. 그렇지만 이런 생각과 말은 확신 없는 것들이기에 결국 방황은 분절되지 않는 시어들의 모호한 응집으로 가득 채워진다.

이 시에는 자기혐오로 가득 찬 젊은 천재의 고뇌가 있다. 그가 왜 자신을 혐오했는지는 분명하다. 알브레히트 뒤러Albrecht Dürer(1471~1528)는 〈멜랑콜리아Melancolia〉(1514)라는 판화를 몇 장 제작했는데, 작품에서 천사는 수많은 측정 도구로 둘러싸인 채 지루한 듯 졸고 있는 개 옆에 앉아 우울한 표정을 지으며 자기혐오에 사로잡혀 있다. 그것이 무언가 알고 싶고, 그것을 표현하고 싶고, 결국 예술의 꿈같은 이상에 다가가고 싶지만 더 이상 아무것도 할 수 없는 그 무기력함. 이것은 자기를 역겨워하며 앉아 있는 천재의 우울함이다([그림 13]).

[그림 13] 알브레히트 뒤러, 〈멜랑콜리아 1〉, 1514, 동판화, 23.8cm18.5cm, 미네아폴리스 미술관 소장, Wikimedia Commons

시에서 거울 안쪽의 나는 외로 된 일에 몰두하는 위험천만한 존재이지만 어느 한순간 내가 꼭 만나야만 할 '퍽 섭섭한' 존재이기도 하다. 어쩌면 나보다 더 한 나일 수 있는 그것과 좁혀지지 않는 거리와 단절은 이상이 현실에 이르지 못한 한계에서 자기를 혐오하게 만드는 이유이다.

지그문트 프로이트는 「나르시시즘 서론Zur Einführung des Narzissmus」 (1914)에서 자기혐오란 도달할 수 없는 목표와 그로 인해 생기는 불가피한 좌절, 그리고 자기에게 부가하는 징벌적 정서와 행위에 대한 것이라고 주장했다. 잘 알려진 것처럼, 어린아이는 주변 사람들, 특히 부모로부터 전폭적인 기대와 사랑을 받고 성장한다. 사랑의 이름으로 아이를 향해 표출되는 부모의 기대는 아이에게 하나의 이상적인 모습, 즉 자아 이상Ego Ideal으로 부가된다. 프로이트는 이렇게 말한다.[10]

사람은 자신이 어렸을 적에 누렸던 나르시시즘적 완벽함을 놓치기 싫어한다. 그리고 성장하면서 다른 사람들의 훈계나 스스로의 비판적 판단에 의한 각성을 통해 어떤 장애에 부딪혀 더 이상 그 완벽함을 유지할 수 없게 될 때면 그것을 자아 이상이라는 새로운 형태에서 다시 회복하려 노력한다. 그가 자기 앞에 하나의 이상으로 투사한 것은 어린 시절 그 스스로가 자신의 이상이라고 생각했던, 그러나 이제는 상실하고 없는 바로 그 어린 시절의 나르시시즘을 되찾게 해주는 대체물인 것이다.

---

10 지그문트 프로이트, 윤회기, 박찬부 옮김, 「나르시시즘 서론」, 『정신분석학의 근본 문제들』, 열린책들, 2018, p.54.

아이는 자기의 이상적인 이미지를 자기에게 규범화하고 이것에 따라 행동을 결정한다. 이런 논리와 과정은 성장한 후에도 '나'를 항상 따라다니는데, 사회화 과정에서 이것은 부모에서 벗어나 동료, 조직, 사회가 부여하는 이미지로 변형된다. 나는 변형되어 내게 부가된 이러한 이미지를 마치 내가 욕망하는 '진정한 나'인 듯 여기는 착각에 빠지게 된다. 과도하게 규범화된 이상적인 나의 이미지는 결국 필연적으로 실패할 수밖에 없는 좌절과 이에 대한 강박적인 혐오를 낳는다.

이런 강박의 극단적인 사례가 자기 귀를 자른 빈센트 반 고흐의 초상화다. 고흐는 프로이트와 비슷한 시기에 네덜란드에서 태어났다. 어린 시절부터 그림을 좋아하긴 했지만, 그가 실제로 전문적인 화가로 산 것은 죽기 10여 년 전부터였다. 그러니 현대 미술사에서 그토록 위대한 발자국을 남긴 그의 작품은 고작 10여 년 동안 그린 그림들이다. 이것이 대단하다면 대단한 것일 수 있지만, 그는 그만큼 그 짧은 시간을 우리가 상상하지 못할 정도로 압축해서 살다 간 예술가였다. 그는 그림에 대한 자신의 확신이 분명했고 또 강렬했다. 이 확신은 '진정한 예술 작품'을 향한 자아 이상이었을 수 있다. 어느 날 함께 지내던 화가 고갱으로부터 조롱처럼 보이는 자신의 초상화를 선물 받았을 때 고흐는 미친 듯이 분노하며 자기 귀를 잘라버렸다. 예술을 자기처럼 이해할 것이라 믿었던 유일한 사람에게서 받은 충격은 그를 미치게 만들기에 충분했다. 그렇지만 그는 한쪽 귀가 없는 자기를 또 그렸다. 〈귀를 자른 자화상〉(1889)은 고흐가 포기하지 않고 그 끔찍한 거울 앞에 다시 섰다는 것을 말해준다.

프로이트의 이론을 구조주의적으로 해석한 자크 라캉Jacques Lacan (1901~1981)은 「나 기능의 형성자로서의 거울단계Le stade du miroir comme formateur de la fonction du Je」(1949)에서 이것을 '거울단계'에서 나타나는 자기 소외의 불가피한 구조 때문이라고 보았다. 거울은 자신의 모습을 보여주는 이미지 생산자이다. 그것은 부모에게서나 사회에서 나의 시선 앞에 놓인다. 나와 거울 속 나는 서로 다르다. 나의 시선에서 거울 속 나는 온전한 모습으로 비치고, 반면 그것을 바라보는 나는 부분으로 파편화된 모습으로 보인다.[11] 나는 거울 속 이미지처럼 되려 애쓰는 환상에 빠지지만, 즉 이상적 자아Ideal Ego에 몰두하지만, 결코 도달할 수 없는 것을 향한 욕망의 모습일 뿐이다. 자기혐오는 바로 이런 파편화되고 불완전한 자기 모습을 우연히 마주할 때 겪는 좌절에서 나타난다. 하지만 거울은 깨지기 쉽지 않으며 '나'는 언제고 다시 그 앞에 마주하고 말 운명이다.

화가 렘브란트 반 린Rembrandt van Rijn(1606~1669)은 이런 운명을 너무도 잘 알고 있던 듯하다. 그는 세상에서 가장 자화상을 많이 그린 화가로도 유명하다. 그의 자화상 작품들을 시기별로 죽 나열해 보면, 그가 평생 자신을 어떻게 만들어 갔는지를 이해할 수 있다. 20대에 그린 자화상에서 그의 눈은 어두운 그림자 뒤에서 반짝이고 있거나, 이쪽을 뚫어져라 바라보고 있다. 시선이 강렬하다. 40대에 들어선 그의 모습은 성공한 화가로 마치 귀족의 모습을 하고 있다. 그는 말년에도 잊지 않고 자화상을 그렸는데, 심지어 죽은 해에도 그렸다. 그 가운데 가장 눈에 띄는 것은 1662년 무렵에 그린 초상화다. 제목은 후대에 붙여진 것이겠지만, 〈웃고 있는 제욱시스Laughing Zeuxis〉이다. 그

---

11 자크 라캉, 홍준기 외 옮김, 「나 기능의 형성자로서의 거울단계」, 『에크리』, 새물결 2019, p.118.

[그림 14] 렘브란트, 〈웃고 있는 제욱시스〉, 1662, 캔버스에 유채, 82.5cm× 65cm, 발라프-리하그츠 미술관 소장, Wikimedia Commons

림에서 렘브란트는 우리가 그의 이름을 부르기라도 한 듯, 붓을 든 채로 갑자기 상체를 왼쪽으로 틀어 이쪽을 바라다보고 있다([그림 14]).

그런데 그의 표정이 사뭇 인상적이다. 이 그림도 어둠 속에서 빛을 비춰 주제를 부각하는 자신의 고유한 표현 방식이 그대로 반영되어 있다. 어둠 속에서 빛나는 그의 얼굴이 다른 자화상에 재현된 것과는 다르다. 눈썹은 위로 치솟고 입꼬리는 어설프게 벌려져 있다. 그는 웃고 있다. 웃음은 성공한 화가의 그것도 아니고 부유한 사람의 그것도 아닌, 그저 나이 든 사람의 멋쩍은 표정이다. 매순간 손쉽게 재현하는 스마트폰의 사진이 아니라, 이것이 오랜 시간 공을 들여야만 완성할 수 있는 작품이라는 사실을 생각해보면, 그만한 이유가 있었을 것이다. 그는 어쩌면 '누군가가 욕망하는 것을 욕망하는 자기'의 끝없는 반복이 그토록 부질없는 것이었음을 깨달았는지도 모른다.

│ 참고문헌

- 서울대학교 사회학과 형제복지원 연구팀, 「부록1: 내무부훈령410의 내용과 배경」, 『절멸과 갱생 사이』, 서울대학교출판문화원, 2021.
- 이상, 「거울」, 『이상 전시집』, 스타북스, 2023.
- 이재진, 『살아남은 형제들』, 호밀밭, 2008.
- 자크 라캉, 홍준기 외 옮김, 「나 기능의 형성자로서의 거울단계」, 『에크리』, 새물결 2019.
- 지그문트 프로이트, 윤회기, 박찬부 옮김, 「나르시시즘 서론」, 『정신분석학의 근본 문제들』, 열린책들, 2018.
- 한나 아렌트, 김선욱 옮김, 『예루살렘의 아이히만』, 한길사, 2019.
- 한나 아렌트, 이진우 옮김, 『인간의 조건』, 한길사, 2019.
- 형제복지원 구술 프로젝트팀, 『숫지기 된 사람들』, 오월의봄, 2021.
- Ernst Hiemer, illust. by Philipp Rupprecht, Der Giftpilz, Nuremberg: Stürmer Verlag, 1938.
- Lorenzo Peka, Introduzione del curatore, in Ulisse Aldrovandi, Monstrum historia(1642), Moscabianca, 2021.
- Peter Maison, Ulisse Aldrovandi Naturalist and Collector, Reakson Books, 2023.

혐오의 너머

아브젝트

미시마 유키오(본명은 히라오케 기미타케, 平岡 公威, 1925~1970)는 1949년, 그러니까 스물넷의 나이에 소설 『가면의 고백仮面の告白』을 썼다. 대학을 갓 졸업할 만한 나이에 썼다고는 믿기 힘든 소수자 되기를 다룬 문제작이다. 어쩐지 외계인인 나와 인간인 너의 만남을 다룬 소설이라고 할까, 당시로선 시대를 훨씬 앞선 주제와 표현이었다.

그는 『파도 소리潮騒』(1954), 『금각사金閣寺』(1956), 『우국憂國』(1961) 등의 작품을 썼고, 30대에 노벨 문학상 후보에도 오르내렸을 만큼 일본에서는 너무도 잘 알려진 작가다. 그의 유명세만큼이나 평소 극단적인 행위로도 이목을 끌었다. 동성애 스캔들만 아니라 죽음도 비상하다. 그는 천황을 옹호하는 극우 보수주의자이기도 했는데, 1970년대 정치적 혼란기에 자신의 정치적 신념을 위해 군국주의 부활을 외치며 할복자살했다. 게다가 그에 대한 평가마저도 이쪽저쪽 극단적으로 엇갈린다.

『가면의 고백』의 시공간적 배경은 태평양전쟁 말기에 접어들어 패전의 기운이 짙게 드리운 일본 도쿄다. 주인공 나는 성정체성에 혼란을 겪으며 성장한다. 동성애자로서 눈을 떠가는 청년 주인공에게 사회 규범은 마치 패전의 현실처럼 절망적이고 혹독하다. 하지만 생물학적 남성인 그는 자신이 만든 사회적 남성의 가면을 쓴 채로 그런 현실을 피해 살아간다. 그리고 마침내 전쟁이 끝나고 상실 속 일상이 시작되었을 때, 주인공은 자신의 과거를 적나라하게 고백하고 새로운 삶을 희망하면서 이야기가 마무리된다. 전개는 성장 소설과 닮았다.

작품은 계속 여운이 남는 이상한 책이다. 이야기를 읽으면, 왠지 오에 겐자부로人江 健三郎(1935~2023)의 『개인적 체험個人的な体験』(1964)이 떠오른다. 겐자부로의 책은 인간에게서 '관계의 책임'이 도대체 무언지를 진지하게 묻는다. 주인공 버드의 일상은 책임의 실존적 무게에 짓눌려 으깨진다. 그런데 그런 고뇌로 가득 찬 내용보다는 오히려 시도 때도 없이 버드를 유혹하는 이상한 망설임과 아프리카 지도 한 장이 더 기억에 남는다.[1] 결코 가볼 수 없을 아프리카는 버드의 망설임과 공명한다. 망설임은 진폭이 너무 크다. 『가면의 고백』에서도 동요가 있다.[2] 하지만 버드의 그것과는 결이 다른 낯선 감각의 미세한 동요이다. 그것은 아주 잔잔히 그리고 섬세하게 잠깐 나타났다 사라지기에 도대체 무슨 의미인지 알 수가 없다. 심지어 유아 시절을 회상하는 어느 대목에선 니와모리 피아노Niwamori Piano의 〈Light breeze〉(2024)를 듣는 것 같다.

---

1 오에 겐자부로, 서은혜 옮김, 『개인적 체험』, 을유문화사, 2009, p.8.
2 미시마 유키오, 양윤옥 옮김, 『가면의 고백』, 문학동네, 2018, p.12.

어떻게 설득하려 하건 또한 어떻게 웃어넘기건, 나는 내가 태어난 광경을 보았다는 체험에 대한 믿음이 있었다. … 생생하게 내 눈으로 직접 보았다고 생각할 수밖에 없는 부분이 있었다. 그것은 갓난아이를 씻겨내는 큰 대야의 테두리였다. 새로 만들어 상쾌한 나뭇결이 그대로 드러난 나무대야, 그 안쪽에서 보고 있으려니 가장자리에 어슴푸레하게 빛이 비치고 있었다. 그 부분의 나뭇결만 유독 눈부셔서 마치 황금으로 만들어진 것 같았다. 흔들리는 물의 혀끝이 테두리를 곧 핥을 것 같으면서도 아슬아슬하게 닿지 않았다. 하지만 테두리 아래의 물은 반사 때문인지 아니면 거기에도 빛이 비쳐들었는지, 따스하게 빛을 되쏘며 작디작게 빛나는 물결들끼리 끊임없이 마주치는 것처럼 보였다.

우리는 잘 알고 있는데, 필름이 끊긴 듯한 몇 년의 시간. 우리에겐 서너 살 이전의 기억이 없다. 그렇다고 우리에게 그 시절이 아예 없었던 것도 아니다. 이유를 알 수 없지만, 두뇌가 아직 완전히 성장하지 못해서 작은 크기로는 기억을 담아내지 못한 것일까? 우리는 누구도 그 몇 년을 기억하지 못한다. 인간종의 최초 삼사 년은 '종적 공백種的空白'이다. 인간의 언어를 모르던 시기, 아니 언어가 없던 시기에도 우리에게는 사물과 정체 모를 마주침이 있었다.

『가면의 고백』이 내게 흥미롭게 여겨지는 건 주인공이 동성애자임을 깨달아 가는 과정이 바로 이런 신체의 물질적 경험으로 가득하다는 점 때문이다. 그 옛날 젠더 담론이 애써 외면하려 했던 그것. 인간적인 관념으로 가득 찬 20대 남성인 저자가 이미 단단한 관념들로 굳어버린 느낌을 걷어내지 않고서는 완전히 다른 혹은 알 수 없는 성性의 감각에 다가가지 못했을 것이다.

언덕길을 내려온 이는 한 젊은이였다. 그는 분뇨통을 앞뒤로 짊어지고 더러운 수건을 머리에 질끈 묶고, 혈색 좋은 아름다운 뺨과 반짝이는 눈을 하고 발로 앞뒤 무게에 균형을 잡아가며 언덕길을 내려왔다. 그는 분뇨 수거인-똥지게꾼-이었다. 작업화를 신고 몸에 착 붙는 감색 작업복을 입고 있었다. 다섯 살의 나는 이상할 만큼 그 모습을 뚫어져라 지켜보았다.[3]

땀 냄새다. 땀 냄새가 나를 몰아세우고 나의 동경을 부채질하고 나를 지배했다. …

귀를 기울임이 저벅저벅하는 발소리, 어지럽고 몹시 희미한, 위협하는 듯한 울림이 들려온다. 간간이 나팔 소리가 섞이고 단순하면서도 묘하게 애절한 노랫소리가 다가온다. 나는 하녀의 손을 잡고, 빨리, 빨리, 라고 재촉하면서, 어서 그녀의 품에 안겨 대문 앞으로 나가고 싶어 마음이 바빴다. …

병사들의 땀 냄새, 그 바닷바람 같은, 황금으로 달궈진 해안의 공기 같은 냄새, 그 냄새가 내 콧구멍을 사로잡고 나를 취하게 했다. 내 생애 최초의 냄새에 대한 기억은 바로 이것인지도 모른다.[4]

냄새 자체엔 인간적인 값 따윈 없다. 우리가 탐닉하거나 역겨워하는 느낌은 냄새 자체가 아니라 그 냄새 자체에 묻어있는 짙은 인간적인 무엇이다. 인간적인 냄새에서 냄새 자체를 분리해 내도 그것은 우리가 알고 싶어 하는 그런 느낌의 것이 아니다. 냄새 자체는 알 수 없는 세계의 미시적 거주자인 비인간 물질이다. 미시마는 어쩌면 인간적

---

3 미시마 유키오, 양윤옥 옮김, 『가면의 고백』, 문학동네, 2018, p.12.
4 미시마 유키오, 양윤옥 옮김, 『가면의 고백』, 문학동네, 2018, p.22.

관념(이성애라는 틀)을 해체하기 위해 이런 것에 접근하려는 위험한 넘어가기 실험을 감행하고 있는지 모른다. 인간적인 것 너머에는 무엇이 있을까? 넘어가기transition는 이곳에서 저곳으로의 이동이 아니라, 낯선 존재들과의 거래하기transaction이다. 거래하기를 통해 우리는 정체를 알 수 없는 누군가에게 무언가를 내어주고 다시 무언가를 건네받는다. 이 거래는 상대가 누군지 알 수 없기에, 그리고 건네받은 것은 우리가 한 번도 만난 적이 없는 것이기에 신기하지만 또한 위험하기도 하다. 거래하기에는 공포와 불안이 항상 함께 온다.

그래서 최초로 만나는 인간적인 냄새는 공포가 함께한다. 공포와 불안, 혐오, 그리고 분노는 함께 온다. 앞서 언급했지만, 느낌은 경계가 분명하지 않고 단일하지도 않다. 단일한 것으로, 분절된 언어로 설명하려 할 뿐이다. 느낌은 복합적이고 모호하다.

혐오는 근원적이다. 공포와 불안을 회피하려는 근원적인 밀어냄의 작용이 바로 혐오 정동의 힘이다. 혐오의 정동적 변형, 즉 아펙시옹affection은 이런 배제력의 미시적이며 무의식적인 운동을 말한다. 줄리아 크리스테바Julia Kristeva(1941~)는 『공포의 권력Pouvoirs de l'horreur. Essai sur l'abjection』(1980)에서 혐오의 운동을 아브젝시옹abjection이라는 용어로 이렇게 설명한다.[5]

아브젝시옹 속에는 자기를 위협하는 것에, 즉 있을 수도 없고, 참을 수도 없으며, 생각할 수조차 없는 내부와 외부의 과도함이 낳은 위협에 맞서려는 존재의 격렬하고도 어두운 반항이 있다.

---

5 줄리아 크리스테바, 서민원 옮김, 『공포의 권력』, 동문선, 2001, p.21.

아브젝시옹은 위협적인 것들에 대한 근원적인 자아의 저항이다. 주체는 이런 저항을 통해 자기를 보호한다. 자아를 위협하는 것은 다름 아니라 이유식을 할 무렵, 언어적 분절을 알지 못하는 유아가 역겨워하는 음식물과 같은 것이다. 그것은 다음과 같이 아브젝트abject라 불리는 것들이다.

> 음식물이나 더러움, 찌꺼기나, 오물에 대한 혐오나, 나를 보호하는 근육의 경련이나 구토, 그런 것이 나를 보호하는 까닭은, 혐오나 구역질이 내가 오물이나 시궁창 같은 더러운 것에서 멀리 피할 수 있게 해주기 때문이다.

무엇보다도 아브젝시옹이 근원적인 까닭은 자아가 하나의 주체가 되기 이전에 처음 자기를 타자로 만들어 밀어내기 때문이다. 이것은 자아(나)로부터 나온 것을 싫은 것, 역겨운 것, 혐오스러운 것으로 느끼면서 멀리 바깥으로 밀어내는 과정이다. 크리스테바는 이것을 "내가 죽음을 대가로 치르고 타자가 되는 과정"이라고 말한다. 하지만 과정은 거기서 멈추지 않는다. 밀어내진 것을 다시 삼켜 안으로 들이는 과정이 이어진다. 이것은 강박적으로 반복되는데, 나는 주체가 되어가는 과정에서 혐오스러운 것들과 함께하는 것이다.

크리스테바의 이러한 생각은 라캉의 생각을 보충하는 것이기도 하다. 라캉은 자아에게 최초의 타자란 상상계에서 거울에 비친 자아의 이미지이며, 파편적인 자아가 자기를 바로 그 타자와 동일시함으로써 온전한 자아가 된다고 보았다. 이와 달리 크리스테바는 거울단계 이전을 살핀다. 그는 부모의 말을 따라 하지 않는 자아에 주목해서, 어린 자아가 어머니와의 관계에서 아브젝시옹을 통해 하나의 '불편한' 자아가 된다고 주장했다. 그런데 이 불편함은 성인이 되어도 사라지지 않고 거듭 귀환함으로써 상징계의 주체를 근원적으로 불안 속에 몰아넣는 것이다.

이제 아브젝트는 자아가 되기 위해 내 몸 밖으로 밀어냈지만, 완전히 사라지지 않고 내 주위를 맴돌며 나를 위협하는 것을 의미한다. 아브젝트 자체는 원래 비천한 것이 아니었기에 단순히 '비체卑體', 즉 비천한 존재라는 협소한 의미로 이해되기보다는 오히려 내던져진 것ab-ject을 가리키며, 또한 주체도 아니고 객체도 아닌 경계 존재로서 비대상a-bject을 가리킨다. 밀려났지만 이것도 저것도 아닌 존재의

[그림 15] 귀도 레니, 〈성 세바스티안〉, 1615, 캔버스에 유채, 129cm×98cm, 카피톨리네 미술관, 로마

이질성, 그리고 마침내 삶에서 거듭 귀환하는 아브젝트의 이질성이야말로 상징계의 질서를 근원적으로 위협하는 존재가 아닐 수 없다.

앞서 미시마의 작품 속 주인공이 똥지게꾼과 병사로부터 느낀 것은 어쩌면 이런 아브젝트의 이질성에 대한 감각일 듯하다. 주인공은 성 세바스티안의 죽음에 강박적으로 몰두한다. 귀도 레니Guido Reni (1575~1642)가 그린 〈성 세바스티안〉에서는 여러 발의 화살이 건강한 남성의 신체에 꽂혀 젊은 남성에게 죽음의 대가를 치르게 한다([그림 15]). 신체는 혐오스럽게 해체되고 죽음이 눈앞에 있다. 하지만 살이

찢겨 내장을 관통하는 끔찍한 죽음은 역설적으로 아름다움을 부활시킨다. 이것을 단순한 탐미주의라고 하기엔 부족함이 있다. 혐오 정동은 이질성의 미학에 힘을 부여한다. 미시마 유키오는 '고백'의 긴 여정을 통해 젠더의 다수성을 열어주고 있으며, 궁극적으로는 억압적인 질서에 작은 균열을 여럿 만들어 우리에게 존재론적인 해방을 호흡하게 하고 있다.

기계 혐오

지그문트 프로이트는 1919년에 논문 「두려운 낯섦das Unheimliche」을 완성했다.[6] 그는 거기서 '두려운 낯섦'이라는 개념을 통해 도플갱어Doppelgänger, 즉 자아의 닮은 이중성과 강박적인 분열을 분석했다. 하지만 언캐니를 처음 논의한 것은 프로이트가 처음이 아니었다. 그에 앞서 에른스트 옌치Ernst Jentsch(1867~1919)가 있었다. 프로이트는 옌치의 논문을 독해하면서 두 가지를 분석했다. 하나는 '하임리히heimlich'과 '운하임리히unheimlich'라는 단어 자체의 의미를 분석하면서 후자를 두려운 낯섦으로 정의한 것이고, 다른 하나는 이러한 언어적 분석을 통해 드러난 두려운 낯섦의 의미를 호프만Ernst. T. A. Hoffman(1776~1822)의 소설 『모래 인간Der Sandmann』(1817)에 적용함

6　지그문트 프로이트, 정장진 옮김, 「두려운 낯설음」, 『예술, 문학, 정신분석』, 열린책들, 2008, p.415. 독일어 das Unheimliche는 영어 Uncanny로 옮겨지곤 한다. 전자는 '친숙하지 않음'이라는 뜻이고 후자는 '이상한' 혹은 '묘한'이라는 뜻이다. 엄밀한 의미에서 이 두 용어는 차이가 있다.

으로써 오이디푸스적인 억압의 작동, 강박적 반복, 그리고 심리적 불안을 설명한 것이다.

프로이트는 그림 형제Jacob Grimm(1785~1863)·Wilhelm Grimm(1786~1859)의 사전을 뒤지고 셸링Fridrich Wilhelm Joseph von Schelling(1775~1854)의 관념론을 살펴보면서, 두려운 낯섦의 의미를 정리한다. 'das Unheimliche'는 '친숙한'이라는 독일말 'heimlich'에 부정을 뜻하는 접두사 'un'이 붙은 '낯선'의 명사화이다. 그런데 프로이트는 이 heimlich라는 말에서 '친숙한' 말고도 '기원'과 '과거'와 함께 '숨김'이라는 의미도 찾아낸다. 그래서 unimlich라는 말은 사실상 기원, 과거와 함께 '드러남'이라는 의미도 가지는 것이다. 결국 숨김과 드러남은 단순히 누군가의 심리 상태가 아니라, 그 존재론적인 것, 어떤 존재의 숨겨진 이중성이 드러남으로써, 즉 단일한 정체성이 의심받음으로써 존재의 과거에 머물렀던 기원이 부정되고 마침내 그 존재 자체가 근원적으로 불안해지는 상황을 말한다. 숨겨진 것의 드러남이 낯섦을 두려운 것으로 만든다.

『모래 인간』에 대한 프로이트의 분석은 화려하다. 거기서는 두려운 낯섦에 관한 정신분석학적인 의미들이 제시된다. 두렵고 낯선 상황은 감춰질 수밖에 없는 과거 혹은 기원에 관해 설명하고, 그것이 현재라는 시간에서 드러날 때 폭발하는 폭력성과 강제성, 반복의 강박성을 설명한다. 무엇보다도 프로이트는 두려운 낯섦의 과거가 오이디푸스 콤플렉스와 나르시시즘에 묶여 있다고 말한다. 아버지의 이름으로 행해졌던 과거의 폭력적 강제가 지금 여기서 거울 장치, 즉 도플갱어를 통해 드러날 때 주인공 나타나엘의 혼란스러운 불안 강박은 절정에 달한다.

동일한 자기 정체성에 균열이 생기는 것은 은밀히 작동하던 거울이 폭로될 때이다. 『모래 인간』의 서사를 이끈 모티프는 뽑힌 눈알, 아버지와 낯선 남자들, 사랑하는 여인 올림피아다. 눈알은 대상을 응시할 수 있는 존재, 즉 대상을 포획하는 자아 혹은 주체다. 눈알이 뽑히는 상상은 자아의 자기-동일성에 대한 강한 위협이자 불안의 원인이다. 나르시시즘적 동일시를 통과한 주체에게 동일시의 장치인 거울은 눈에 띄지 않는다. 그런 한에서 주체는 거울 안의 완전한 이미지(타자)가 거울 바깥의 불완전한 자기라고 믿는다. 이 거울, 즉 도플갱어를 유지하는 장치가 의식되는 것은 그 장치가 제대로 작동하지 못하는 상태, 즉 거울의 균열이 드러날 때이다. 그런 균열이 생기면 주체는 결핍된 자아와 마주하게 된다. 또 다른 나를 보게 된 순간, 숨겨진 결핍이 드러나는 순간에 느껴진 정서가 바로 두려운 낯섦이다.

거울의 균열이나 작동 불능은 닮음이 무엇인지 폭로되는 것과 같다. 닮음은 쾌락의 원칙에 따라 이루어지는 동일한 것의 재생산이 아니다. 도플갱어는 잠재된 이중성의 불안한 현전이다. 그것은 그 기원에서부터 서로 다른 것들, 즉 죽음과 삶의 닮음이다. 그래서 프로이트는 나르시시즘의 논리에 따라 닮음의 다양한 쌍을 병치한다. 아이의 눈을 지켜주려는 선한 아버지와 눈을 뽑아가려는 악한 아버지가 같은 존재이다. 또한 변호사 코펠리우스, 스팔란차니 교수와 안경 상인 코폴라가 아버지와 나란히 놓인다. 스팔란차니 교수가 만든 오토마톤 올림피아는 죽음(인형/ 눈알을 뽑힘)과 삶(인간/ 눈을 간직함)이 동시에 결합해 있다. 눈알이 뽑힌다는 것은 올림피아와 나타나엘을 서로 닮은 도플갱어로 만든다. 두려운 낯섦의 논리는 시간성을 가지고 있다. 과거와 현재가 동시에 대면하고, 현재의 불안한 징후들은 과거의 미래를 암시한다. 그 낯섦은 불안으로 이어진 정동 운동이다.

우리는 흔히 자기를 꼭 닮은 오토마톤을 바라볼 때 두려운 낯섦을 느낀다고 말한다. 일본의 로봇과학자 이시구로 히로시石黑浩(1963~)는 실제 인물 그대로를 로봇으로 옮긴 안드로이드를 만들었다. 그는 이런 닮음에서 오는 두려운 낯섦을 '언캐니 밸리uncanny valley'라고 부르며 자신은 이것을 제거할 수 있다고 주장했다. 그런데 언캐니 밸리라는 말은 원래 얼마 전 작고한 모리 마사히로森政弘(1927~2025)의 개념 '불쾌한 골짜기不気味の谷'를 영어로 옮긴 것이다. 마사히로가 두려운 낯섦에 관심을 가진 것은 바로 그가 본격적으로 안드로이드 로봇이 만들어지기 시작한 1970년대를 살았기 때문이다. 그는 처음에 인간과 닮은 온전한 신체를 가진 로봇을 만든 것이 아니었다. 모리는 2차 세계대전을 겪었고, 전쟁에서 신체가 손상된 사람들을 위해 기계 팔이나 다리, 손을 연구한, 즉 프로스테시스 prosthesis를 연구한 학자였다([그림 16]). 그가 처음 공들여 만든 로봇도 '기계손' 이었다. 그는 잘려 나간 손을 대체할 잘 만들어져 움직이는 기계손을 바라보면서 알 수 없는 불쾌감을 느꼈다. 모리는 불쾌한 느낌을 사라지게 하고 싶었다. 그는 과학자답게 계산식을 동원해서 그 느낌을 좀 더 명료하게 설명하고, 다시 명료해진 그 느낌을 제거할 수 있는 합리적 방법을 제시할 수 있으리라 기대했다.[7] 하지만 이런 시도는 실패할 수밖에

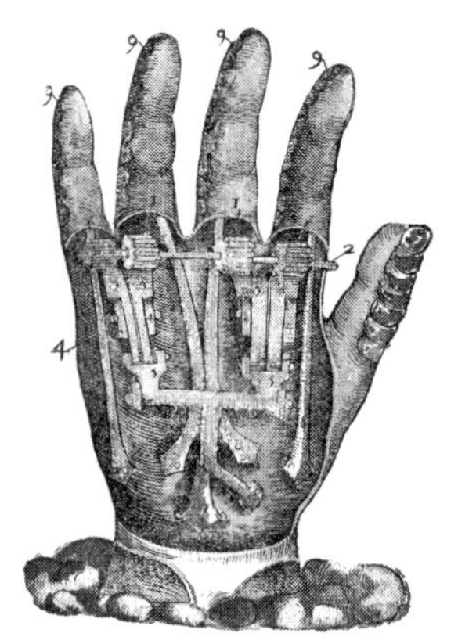

[그림 16] 프로스테시스의 최초 형태. 앙브루와즈 파레가 그린 의수, 이 그림은 자신의 책 『전집』(Les oeuvres d'Ambroise Paré, 1585) 에 실렸다.

없는 운명을 타고났다. 왜냐하면 모리의 이 방법은 단지 불안을 잠시 잊게 해줄 새로운 거울을 하나 더 만들어준 것에 불과했기 때문이다. 죽음과 삶이 병치할 때 경험한 그의 두려운 낯섦은 단순히 제거되거나 축소될만한 느낌이기보다는 더 근원적인 불안이었다.

잘린 손과 손이 사라진 팔은 죽음을 직접적으로 떠올리는 혐오스러운 존재, 즉 아브젝트이다. 로봇 손은 진짜 손처럼 잘 만들어져 잘 작동하지만 거기서 끝나지 않고 잘린 생생한 손을 대체한다고 여길 때마다 계속 그 생생한 손을 눈앞으로 가져온다. 그리고 불안함이 이어진다. 이것이 두려운 낯섦의 정동이다.

시이비슬론Cybathlon은 '기계와 유기체 사이의 '상호소통''을 과학적으로 설명하려는 '사이버네틱스cybernetics'와 운동 경기를 뜻하는 '애슬레틱스athletics'의 합성어이다. 이것은 장애인의 올림픽과 다른 첨단 프로스테시스 기술을 경쟁하는 올림픽이다. 2016년 스위스 연방공과대학ETH Zurich에서 감각운동계Sensory-Motor Systems와 재활의공학을 연구하는 로버트 리너Robert Riener를 중심으로 조직되어 4년마다 치러진다. 첫 번째 대회에서 전 세계 25개국 56개 팀이 참여했다. 우리나라는 첫 번째 대회에서 착용형 로봇 부분에서 동메달에 이어 2020년 두 번째 대회에서도 금메달과 동메달을 획득했고, 기능적 전기자극 자전거 부분에서 5위를 차지했다.[8]

---

7 森政弘, 「不気味の谷」, 『Energy』 7(4), エッソスタンダード石油(株), 1970, p.35. 프로스테시스의 역사는 길다. 앞서 언급했던 앙브르와즈 파레는 외과 의사로서 칼과 화살, 창을 사용하는 재래식 전투에서 부상한 병사들의 팔과 다리를 치료하고 또 프로스테시스로 보충해주었다.

8 「로봇 옷 입으면 한국이 최강... '사이배슬론' 세계대회서 1-3위」, 『조선일보』

사이배슬론은 총 8가지 경쟁 부문을 포함한다. 2016년과 2020년에는 6가지 부문에서 경쟁이 이루어졌지만, 2024년 대회부터 2개 부문이 추가되었다. 인공 다리 경기LEG(Leg Prosthesis Race), 인공 팔 경기ARM(Arm Prosthesis Race), 기능적 전기자극FES 자전거 경기FES(Functional Electrical Stimulation Bike Race), 자동 휠체어 경기WHL(Wheelchair Race), 외골격로봇 경기EXO(Exoskeleton Race) 등 6개 종목에 더해서 중증 시각장애인을 위한 시각 보조 기술 경기VIS(Vision Assistance Race), 중증 신체 장애인을 위한 보조 로봇 경기ROB(Assistance Robot Race)가 새롭게 추가되었다.[9]

올림픽은 신체 능력의 인공적인 증강이 공정한 경쟁을 침해한다고 주장한다. 그리고 건강한 신체가 그 근거로 활용된다. 패럴림픽은 손상된 신체의 보충을 용인하고 일정 부분 신체의 인공적인 능력 증강을 지지하지만, 궁극적으로 신체의 자연성을 기준으로 삼아 이를 조건부로 수용할 뿐이다. 예컨대 두 경기 모두 '신체의 자연성'을 근거로 도핑에 반대한다. 거기엔 신체의 정상성 논리가 작동하고 있다. 반면 사이배슬론은 인공적인 신체 증강을 긍정하면서 '도핑의 무한한 확장'을 향해 가는 것처럼 보인다. 이는 손상된 신체의 구조 및 기능을 보충하는 첨단 기술이 중심에 놓여있기 때문이다.[10]

하지만 사이배슬론은 첨단 프로스테시스 기술을 매개로 신체의 자

(2020년 11월 15일)

9 https://cybathlon.ethz.ch/en/cybathlon/disciplines

10 Robert Riener, "The Cybathlon promotes the development of assistive technology for people with physical disabilities", Journal of NeuroEngineering and Rehabilitation 13(49), 2016, p.4.

연성을 다른 방식으로 재현한다. 무엇보다도 사이배슬론은 신체 손상 혹은 절단amputation을 수용하고 그것의 기계적 보충을 긍정하기 때문에 마치 신체의 정상성을 추구하지 않아도 되는 것처럼 보인다. 그러나 손상된 신체에 기계 장치를 매개로 인공적인 증강을 실현할 때 바로 그 기술과 기계 장치는 다시금 인간 신체의 자연성을 재현하면서 또한 초월한다. 예를 들어 신체가 손상된 사람들이 더 자유로운 활동 기회를 누릴 수 있도록 첨단 기술을 개발하려는 어느 순간에는 신체의 자연성을 초월해서 정상 신체보다 더 잘 잡고, 더 잘 일어서고, 더 잘 걷거나 달리는 신체가 구현되는 것이다. 결국 프로스테시스의 인간 신체를 넘어선 기술은 '인간 신제의 자연성'을 모사하어 손상된 신제를 보충하려 하지만, 거기서 멈추지 않고 그 기술은 인간 너머의 자연성 또한 손상된 신체에 투사한다. 신체는 인간이 아닌 비인간 기계의 특성에 따라 새로운 방식으로 변형된다. 예를 들어 2012년 런던 패럴림픽 육상 200m 경기에 출전해서 2위를 차지한 피스토리우스는 1위를 차지한 선수가 사용한 의족에 이의를 제기했다. 자신이 착용한 의족보다 더 나은 구조와 성능을 지녔다고 여긴 때문이었다. 그런데 그들의 의족은 이미 인간의 다리 구조나 기능과는 다른 사족 보행 동물의 다리를 모방한 것으로 인간 이상의 것이었다.

장애인에게 보철된 팔과 다리, 손은 현실적으로 불편하다. 그것이 잘 작동한다고 해도 불편하다. 그렇지만 신체적 불편은 불안과는 다르다. 불안은 바로 인간 자신을 초월하는 장치의 능력에서 온다. 이 때문에 신체 손상 장애인들은 프로스테시스가 오히려 자신들의 신체 자율성을 침해할 수 있다고 주장한다. 더 정확히는 장치가 장애인 자신의 의사를 가로막아서는 안 된다고 주장하는 것이다.[11] 첨단 프로스테시스에서는 실제로 기계역학의 자유도DOF(degree of freedom)와 비교되는 인간 신체의 자율성degrees of autonomy에 따라서 기계의 자율성이 제어될 수 있어야 한다. 그리고 장애인의 행동 자율성이 침해되지 않는 기술적인 제약의 표준마저도 갖추고 있어야 한다.

기계의 자율성에 대한 제약은 당연한 듯 보인다. 왜냐하면 장애인들에게 이런 보충 기계들이란 자기의 장애를 보완하는 유용한 수단이기 때문이다. 하지만 손상된 신체의 자율성은 기계의 자율성에 대해 불안과 혐오를 드러낸다. 신체의 자율성 개념은 인간 존재의 자율성이라는 근대인의 오랜 관념에서 비롯되었다는 것은 이미 잘 알려진 사실이다.[12] 그 자율성은 행위를 근거 짓는 판단과 사고의 자율성이고, 온갖 사물을 포획할 수 있는 정신의 독립성이다. 더욱이 보충 기계들은 불편할지언정 그것들이 없다면 아예 장애인은 그 어떤 신체 행동도 불가능할 수 있다. 그렇기에 손상된 신체는 수단인 바로 그 기계 비인간에 의존해 있는 것이다. 결국 손상된 신체의 자율성과 기계의 자율성이 충돌하는 현실을 비판적으로 바라보아야 하는 상황이 펼쳐지고 있다.

로지 브라이도티의 생각처럼,[13] 손상된 신체가 비인간 기계와 결합할 때의 그 프로스테시스를 '몸을 가진 확장된 관계적 자아'라는 식의 존재 변형으로 이해할 수 있다면, 신체가 손상된 사람들은 자신이 비

---

11 강미량, 신희선, 전치형, 「자율보행체(自律步行體) 인간과 로봇이 함께 생성하고 분배하는 자율성에 대하여」, 『과학기술학연구』, 21(3), 2021, p.144.

12 T. 비첨, J. 칠드리스, 박찬구 외(역), 『생명의료윤리의 원칙들』, 부크크, 2017, p.237.

13 로지 브라이도티, 이경란 옮김, 『포스트휴먼』, 아카넷, 2015, p.119.

인간 기계를 잘 제어함으로써 자율적인 존재가 될 수 있으리라는 부담에서 벗어날 수 있을지 모른다. 그때 우리는 프로스테시스는 물론 모든 기계 현실을 비인간 기계와 상호작용함으로써 기계-되기를 감행하는 관계적 존재로서의 인간이라는 새로운 인간을 이해하게 될 것이다.

고기와 얼음

인간적인 껍질이 벗겨지더니 그 안에서 처음 보는 괴물이 나타났다. 딱히 무어라 표현할 수는 없지만, 그걸 보니 자꾸 역겨운 느낌이 느껴진다. 그것은 나를 불안하게 하고, 나는 우울해져서 점점 작아지고 내 안으로 숨어든다. 그것은 이렇게 나에게 혹은 우리에게 영향을 미친다. 그것은 혐오 정동이라 불린다.

　늘 자기에게만 몰두하는데 익숙해진 우리는 혐오라는 말을 그저 내 안의 기분 나쁜 느낌을 표현하거나 아니면 다른 누군가가 차별받을 때 쓴다. 하지만 그게 전부는 아니다. 더 근원적으로 그것에는 이름 붙일 수 없는 무엇과 그것이 우리에게 미치는 이질적인 힘이 있다. 그런데 이 힘은 서로 거래한다. 세기에 따라 차이가 있지만, 그것 자체는 평등하다. 힘을 받은 이는 위축될 수는 있지만, 되돌려줄 수도 있다. 그 힘을 쓴 이는 반드시 그만한 대가를 치러야 한다.

　앞의 장에서 말했던 '독버섯'은 죽음을 떠올리기에 그것을 누군가에 투사하면 그 누군가는 우리에게 불안을 주고, 만일 그가 부도덕하고 부패한 인물이기라도 하면 역겨움과 분노를 일으킨다. 썩어가는 육체도 역시 언젠가는 맞이할 죽음을 암시하면서 혐오스러운 것이 된다.

찢긴 피부를 비집고 나온 살과 피도 죽음을 떠올린다. 죽음은 그 누구도 경험하지 못한다. 그렇기에 그것은 원인을 알 수 없는 혐오의 오랜 기억 속에서 맞게 되는 '깊은 시간'이다.

혐오가 불러일으키는 죽음의 이미지 너머에는 우리가 알지 못했던 것들이 있다. 『모래 인간』의 주인공 나타나엘이 일렁이는 불안 속에서 충격적인 경험을 맞게 된 것은 아주 오래전 숨겨져 있던 끔찍한 존재가 바로 자신이었다는 사실을 깨달았기 때문이다. 둘로 갈라진 자기의 그 이중성에 대한 충격적인 느낌이 두려운 낯섦이다. 인간적인 것의 허울이 벗겨진 그 자리에는 비인간(NH)이 있다. 즉 인간이라고 여겼던 그것의 과거에는 숨겨진 비인간이 있다.

미켈란젤로 부오나로티Michelangelo Buonarroti(1475~1564)는 성 시스티나 성당St. Sistina Chapel 천장에 거대한 그림을 그렸다. 그는 이 〈최후의 심판Il Giudizio Universale〉(1536~1541, 프레스코, 13.7m×12m, 시스티나 성당, 로마)에 인간 세상의 시작과 끝을 그려 넣었다. 그리고 그 한가운데는 재림한 그리스도가 최후의 심판을 관장하는 장면이 있고, 다시 그리스도의 오른쪽 발아래에 성 바르톨로메오가 자신의 허물을 벗어 들고서 자기 주인을 결연히 바라보고 있다([그림 17]). 산 자와 죽은 자가 공존하는 이상한 순간이지만, 너무도 익숙한 종교적 서사이기에 장면은 그리 두렵지도 낯설지도 않다.

나타나엘이라는 이름으로도 불리는 성 바르톨로메오는 예수의 열두 제자 중 한 명으로 아르메니아의 왕을 기독교로 개종시키고 최초의 기독교 국가를 만들게 했다. 포교를 위한 투쟁 과정에서 아르메니아인들에게 붙잡힌 그는 잔혹한 고문 끝에 산 채로 껍질이 벗겨지는 처형을 당했다고 한다. 훗날 그는 가죽 가공 장인으로 묘사되어 한 손

[그림 17] 미켈란젤로, 〈최후의 심판〉 한 가운데 오른쪽 아래
에는 성 바르톨로메오가 자신의 허물을 든 채로 그리스도를
바라보고 있다.

에는 가죽과 다른 한 손에는 예리한 칼을 들고 있는 모습으로 묘사되
곤 한다.

〈최후의 심판〉에서 성 바르톨로메오는 미켈란젤로 자신으로 묘사
되었다. 기록에 따르면 미켈란젤로는 7년 동안 이 그림을 힘겹게 완성

했는데, 그사이 유력 정치인들과 종교인들의 개인적 요구가 넘쳐났다. 그가 자기가 바라는 바 그대로 그림을 완성하지 못한 회한을 담아 자신을 희생자의 모습으로 재현한 것이다.

르네상스인이었던 그가 꿈꿨던 그것은 바로 아름답고 조화로운 인간이었다. 그래서 허물을 벗은 인간은 허물이었던 시절보다 더 순수한 인간이 되었다. 허물이란 세속에 젖은 사람의 모습일 뿐, 인간 자체가 아니었다.

미켈란젤로가 이 그림을 그리고 있던 비슷한 시기에 한 사람이 스위스 바젤의 차가운 방에서 사람들을 모아 놓고 인간의 시체에서 피부를 벗겨내고 있었다. 그는 현대 해부학의 창시자로 알려진 안드레아스 베살리우스Andreas Vesalius(1514~1564)였다.

당시에는 기독교 세계관에 따라 인간의 신체 해부가 금지됐기 때문에, 기존 해부학에서는 인체 대신에 주로 원숭이의 신체가 사용되었다. 로마의 유명한 갈레누스Aelius Galenus(129~216)의 옛 해부학 연구도 마찬가지였다. 대대로 의학을 연구하면서 합스부르크 왕실 의사였던 베살리우스 가문은 사회적 금기에서 상대적으로 자유로울 수 있었다. 1543년 스위스 바젤 대학에 머물러 있던 베살리우스는 당시 극악한 범죄로 처형된 야콥 폰 겝바일러Jakob Karrer von Gebweiler(?~1543)의 시체를 공개적으로 해부했다. 그리고 같은 해에 자신의 연구 결과를 『인간의 신체 조직에 관하여De Humani Corporis Fabrica Libri Septem』(1543)라는 제목으로 출판했다. 그렇지만 기독교인들에게 베살리우스의 이러한 방법은 지나치게 급진적이고 위험한 것으로 여겨졌다. 그는 유럽에서 쫓겨나 50세가 채 안 된 나이에 생을 마감해야 했다.

그의 위험천만한 책은 당시 유럽 지식인들 사이에서 은밀하게 파장

을 일으켰다. 그들은 호기롭게 그 책
을 펼쳐보았다. 그런데 그들이 본 것
은 하나님이 창조한 조화롭고 아름다
운 인간의 모습이 아니었다. 인간이
면서 인간의 언어로 말하지 않는 살
덩어리 비인간이 거기 있었다. 조화
로운 것이라곤 뒤쪽 배경에서 점차
멀어져 가는 골짜기와 도시뿐이었다.
근육 세포들로 조직된 낯선 살덩어리
가 그들에게 두려움과 혐오를 불러일
으켰다([그림 18]).

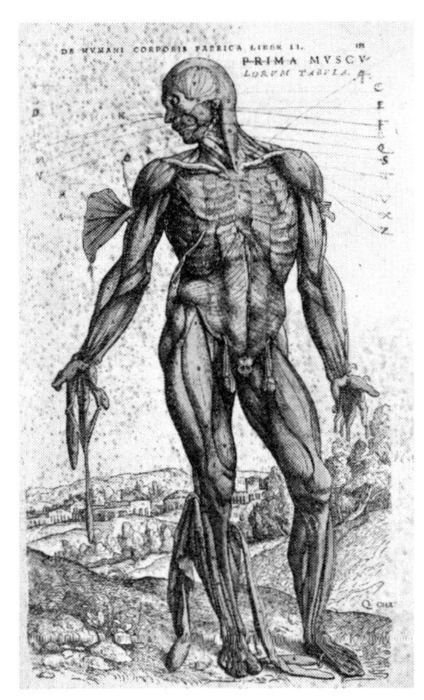

[그림 18] 안드레아스 베살리우스가
제작한 인체 해부도의 한 장면, 『인간
의 신체 조직에 관하여』, 1543.

　프랜시스 베이컨Francis Bacon(1561~
1626)은 근대인을 대표하는 인물 중
하나다. 그가 쓴 『새로운 아틀란티스New Atlantis』(1627)는 근대 서양
기독교 백인이 선망한 이상적인 인간의 모습과 사회의 모습을 재현했
다. 베이컨은 그런 이상적인 나라를 벤살렘이라 불렀다. 공교롭게도
그곳에선 성 바르톨로메오의 이야기가 전해진다. 편지를 통해서 벤살
렘이 그리스도의 뜻을 따르는 국가임을 증명하는 역할이 성 바르톨로
메오에게 주어졌다.

　『새로운 아틀란티스』의 저자와 같은 이름을 가진 현대 화가가 있
다. 세계적으로 명성을 얻은 아일랜드 출신 화가 프랜시스 베이컨
Francis Bacon(1909~1992)은 16세기 베이컨과 사뭇 다른 길을 걸었다.
그는 어린 시절 동성애자라는 이유로 아버지에게 학대를 받으며 자랐
다. 30대 중반에 이르러서야 비로소 화가로서의 인생을 살 수 있었다.

그의 이런 성장 배경이 작품의 표현 스타일을 결정했을 거라 여기는 사람들이 있지만, 그런 생각은 작품 해석을 자칫 협소하게 만들 수도 있다. 누구나 자기의 과거로부터 현재의 작업에 영향을 받을 수 있지만, 그렇다고 그것이 현재와 미래의 모든 걸 결정한다고 예단할 순 없는 것이다. 과거에 있던 일들은 나름의 이유가 있고 현재 일어나고 있는 일들도 나름의 이유가 있다. 미래가 어떨지는 아무도 모른다.

어쨌든 그가 그린 그림들은 해체되고 재조합된 신체 형상들로 가득하다. 그는 제법 많은 자화상과 초상화를 그렸다. 작품들에서 얼굴은 알아볼 수 없을 만큼 일그러져 있다. 너무 뭉개져서 광대뼈가 드러나 보이기도 하고, 입과 코가 뒤섞여있다. 겨우 몇몇 특징들만이 그게 얼굴이었다는 걸 알려줄 뿐이다. 자화상이라는 제목은 달려 있지만, 과연 이 그림이 초상화일지 의심스러울 정도다.

예를 들어, 1973년 그린 〈자화상Self Portrait〉(1973, 캔버스에 유채, 34.3×29.2cm, 개인 소장)에서 얼굴을 구성하는 요소들은 일그러지고 뭉개진 것이기보다는 오히려 선명하게 자신을 드러낸다. 하지만 자기 자리에 있지 않기에 눈은 눈이 아니고, 입은 입이 아닌 듯하다. 그러니 얼굴도 얼굴이 아니다. 얼굴이 사라진다. 베이컨은 왜 이렇게 그렸을까? 사람들은 얼굴을 보고 그/그녀/그것이 누구인지를 안다고 여긴다. 얼굴은 자기의 지속적인 동일성을 가리킨다. 대개는 그렇다. 그러니 얼굴을 없애려했거나 뭉개려했다면 그건 정체성을 고민하려했단 것이다. 얼굴 없는 얼굴을 그리는 이유를 알 것 같다. 그렇다고 해도 얼굴 없는 것이 고깃덩어리인 이유는 무엇일까?

베이컨의 작품을 해석한 책들은 많지만, 그중에서도 질 들뢰즈Gilles Deleuze(1925~1995)의 분석은 단연코 뛰어나다. 들뢰즈는 『프랜시스 베이컨. 감각의 논리Francis Bacon. logique de la sensation』(1981)에서 이렇게 썼다.[14]

> 고기에 대한 연민! 고기는 의심할 여지 없이 베이컨의 가장 높은 연민의 대상, 영국인이며 아일랜드인인 그의 유일한 연민의 대상이다. … 고기는 죽은 살이 아니라, 살아 있는 살의 모든 고통과 색을 지니고 있다. 거기에는 발작적인 고통, 상처받기 쉬운 특성이 있을 뿐만 아니라 매력적인 창의력이 있고 색과 곡예가 있다. 베이컨은 '짐승에 대한 연민'이라고 하지 않고 차라리 '고통받는 모든 인간은 고기다'라고 말한다. 고기는 인간과 동물의 공통 영역이고 그들 사이를 구분할 수 없는 영역이다. 고기는 화가가 그의 공포나 연민의 대상과 일체가 되는 바로 그 '일'이며 그 상태이기조차 하다.

들뢰즈는 획일적이고 규범화된 삶의 방식이 우리에게 얼마나 폭력적이고 억압적인지를 비판한다. 그런 폭력의 발생은 생성과 소멸로 이어진 우리 삶의 변화에서 그저 하나의 국면일 것이다. 그렇지만 우리는 그런 폭력에 녹아버리지 않고 저항함으로써 생명의 자유로운 힘을 회복해야 한다.

베이컨 자화상에서는 결국 얼굴이 사라지고 머리가 불쑥 고개를 내민다. 붉은 살덩어리가 그대로 드러난 채로 흐물흐물 이리저리 쏠린다. 이쪽에 있던 살덩어리가 뼈를 통과하면서 저쪽으로 사라지면 그것은 어디까지 쏟아져 내릴지 모른다. 이 정도로 해체된다면 그건 얼굴이 아니라 혐오스러운 살덩어리일 것이다.

---

14 질 들뢰즈, 하태환 옮김, 『프랜시스 베이컨. 감각의 논리』, 민음사, 2000, p.34.

거기 누구세요? 대답이 없다. 비인간(NH)은 인간의 말을 하지 않는다. 그러니 거기 있는 게 누군지 알 수 없다. 한 번도 마주친 적이 없는 낯선 존재가 거기 있다. 그것은 어느 미술관 한구석에 우두커니 있었다. 하지만 우리는 이제야 그것을 알아보곤 소스라치게 놀란다. 혐오의 정동은 빙결될 수 있을까?

1990년대 초 어느 날의 일이다. 런던에 사는 한 남자가 하루하루를 술에 절어 지내고 있었다. 결국 심각한 알코올 중독이 그를 죽음의 문턱으로 내몰았다. 너무 두려웠고 외로웠다. 그는 거기서 벗어나고 싶었다. 용기를 내어 사람들에게 도움을 청했다. 주변 사람들은 그를 격려해줬고 그들의 도움 덕분에 다시 일상으로 돌아갈 수 있었다. 그 남자는 세상 사람들에게 고마워했다. 삶이란 결국 사람들과 함께 연결될 때라야 비로소 가능해진다는 너무도 자명한 사실을 깨달았다. 그때 불현듯 머리에 떠오른 게 있었다. 피였다. 그는 마치 누군가를 위해 헌혈하듯 자기 피를 조금씩 모아 냉장 보관했다. 그리고 그것을 꺼내어 자기 얼굴 형상으로 된 실리콘 틀에 넣고 그대로 얼렸다. 자신과 똑같이 생긴 피-얼굴이 초상 조각처럼 전시될 수 있었다. 〈자아self〉라는 제목의 이 작품을 처음 본 사람들은 독특한 표현 방식에 놀라며 찬사를 보내긴 했지만, 검붉은 얼굴은 어딘지 두렵고 혐오스럽게 느껴졌다. 이 작품을 만든 이의 이름은 마크 퀸Marc Quinn(1964~)이다.

〈자아〉는 1991년 처음 제작되었고 2011년까지 5년마다 한 작품씩 더해지면서 〈자아〉 시리즈가 되었다. 지금까지 5개의 피-얼굴이 작품으로 제작되었다. 작품은 투명한 아크릴perspex로 둘러싸여 있어서 그 안을 선명하게 들여다볼 수 있다. 냉동된 피와 아크릴 벽 사이에는 냉각 실리콘 오일silicon oil이 채워져 있다. 내부에는 4.5kg의 자기 피를 뽑아서 만든 작가 자신의 얼굴 조형물이 있다. 만일 온도가 조금이라도 올라가면 피가 녹아내려 실리콘 오일과 뒤섞일 것이다. 그래서 그 피를 -18℃의 냉동 상태로 유지하기 위해 하단부의 금속 받침대에는 냉동시스템을 배치했다.

퀸의 피는 단단해진 상태로 유지되어야만 두상으로 표현될 수 있다. 만일 피가 녹아 흘러내린다면 그것은 실리콘 오일에 뒤섞여 형체를 알아볼 수 없는 붉은색 반액체 덩어리가 될 것이다. 그 단단한 덩어리는 무엇을 뜻할까? 앞서 언급했듯이 얼굴은 어렵지 않게 자기 정체성을 가리킨다. 퀸이 제작한 그 얼굴 두상은 누군가가 자신임을 알아볼 수 있게 하는 자기 징체싱의 재현물이다. 반액제 속의 피-얼굴 작품은 그래서 마크 퀸 자신을 가리키고 있다.

그런데 이 작품에서 피-얼굴은 경계 상태에 놓여있다. 죽음과 삶의 경계 말이다. 원래 신체 내부에 있는 피는 따뜻한 액체 상태이다. 그것이 차가운 고체로 변하는 건 신체 외부에서다. 그리고 신체 바깥으로 나온 피는 죽음을 의미한다. 아브젝시옹에 관해 언급했을 때처럼, 위협으로 느껴진 죽음은 알 수 없는 두려움과 역겨움의 근본 원인이다.

피가 따뜻함에서 차가움으로, 액체 상태에서 고체 상태로 변화하는 건 두 가지 경우뿐이다. 냉동되었거나, 혈소판이 피브린fibrin 섬유소와 결합하여 응고가 이루어졌을 때. 퀸은 첫 번째를 선택한다. 무엇보다도 피는 -18℃의 냉각 상태에서 응고되지 않은 반액체 상태로 유지된다. -18℃보다 온도가 올라가면 액체로 녹아 형상이 무너져 내리고 냉각 실리콘 오일과 섞인다. 그리고 유리 케이스에서 꺼내지면 산소와 결합하면서 이내 응고되고 말 것이다. 이 -18℃는 살아있는 피와 죽어 있는 피를 가르는 경계이자 결정적인 순간이다.

하지만 이 결정적인 순간을 유보하게 해주는 것은 무엇일까? 피-얼굴은 냉각 실리콘 오일이 없다면 형태를 유지할 수 없다. 그 실리콘 오일마저 냉장시스템이 없다면 -18℃의 냉각 상태를 유지할 수 없다. 냉장시스템은 전기콘센트에 연결된 전선을 타고 흐르는 일정한 전압의 전기가 없다면 작동하지 않는다. 그리고 전기는 변압기 건너 저 멀리 있는 발전소가 아니라면, 발전소는 거기서 일하는 사람들이 무언가를 연소시키지 않는다면 작동하지 않는다. 세상은 끝없이 연결되어 있다. 브뤼노 라투르는 인간과 비인간 사이에 이루어지는 이러한 연결의 무한함에서 생성되는 사회를 상상했다. 비인간에게 이런 상호 연결은 흔히 수단과 도구라는 의미로, 또한 일면 자원 채굴이라는 의미로 해석되지만 말이다.

이러한 연결은 궁극적으로 의존적이다. 오일의 그런 특성이 아니었다면, 냉장고의 기능이 그렇게 -18℃의 온도를 계속 유지할 수 없었다면, 발전소의 사람들이 그 양만큼의 전기를 생산하지 않았다면, 퀸의 그 피-얼굴은 죽음으로 사라지고 말았을 것이기 때문이다.

그런데 이런 타자 의존성은 타자에 의해 생산된다는 의미를 포함할 수 있다. 타자에 의한 생산을 고대 그리스인의 말로 '알로포이에시스 allopoiesis'라고 한다. 움베르토 마투라나Humberto R. Maturana(1928~2021)와 프랜시스코 바렐라Francisco J. Varela(1941~2001)도 『자기생산과 인지Autopoiesis and Cognition』(1980)와 『앎의 나무Tree of Knowledge』(1984)라는 책에서 알로포이에시스에 대해 자세히 다뤘다.[15] 이들은 신

---

15 움베르토 마투라나, 프랜시스코 바렐라, 정현주 옮김, 『자기생성과 인지: 살아있음의 실현』, 갈무리, 2023, p.194. 그리고 움베르토 마투라나, 프랜시스코 바렐라,

경생물학의 관점에서 존재의 자율성을 생명의 근본 특징으로서 설명
했다. 그들이 말한 이 자율성은 인간주의 전략과는 다르다. 그것은 미
리 전제된 어떤 원칙에 따라서가 아니라 지금 여기서 환경과 더불어
행동함으로써 비로소 성립한다. 생명체는 살기 위해 스스로 행동하지
만, 이 행동은 오직 타자와의 관계에서만 성취된다는 것이다. 다시 말
해 자율성은 살아있는 개체가 스스로 행동할 때 반드시 외부 타자와
의존에 의해서만 가능하다는 것이다. 마투라나와 바렐라는 생명의 이
러한 특징을 '오토포이에시스autopoiesis', 즉 '자기제작' 혹은 '자기생
산'이라고 불렀다. 하지만 생명의 자율성이란 결국 타자 의존성의 다
른 측면이 아닐 수 없다.

퀸의 혐오스러운 피-얼굴은 자아가 타자로부터 자립적인 행위 주
체여야 한다는 생각에 과연 그러냐는 물음을 던진다. 반면 작품은 우
리 자신과 함께 할 타자의 중요함을 일깨워준다. 그리고 또한 인간과
인간, 인간과 비인간이 왜 상호 의존과 배려 속에서 공존해야 하는지
를 말해주고 있다.

최호영 옮김, 『앎의 나무』, 갈무리, 2013, p.269.

| 참고문헌

- 강미량, 신희선, 전치형, 「자율보행체(自律步行體) 인간과 로봇이 함께 생성하고 분배하는 자율성에 대하여」, 『과학기술학연구』, 21(3), 2021.
- 로지 브라이도티, 이경란 옮김, 『포스트휴먼』, 아카넷, 2015.
- 미시마 유키오, 양윤옥 옮김, 『가면의 고백』, 문학동네, 2018.
- 森政弘, 「不気味の谷」, 『Energy』 7(4), エッソスタンダード石油(株), 1970.
- 오에 겐자부로, 서은혜 옮김, 『개인적 체험』, 을유문화사, 2009.
- 움베르토 마투라나, 프란시스코 바렐라, 정현주 옮김, 『자기생성과 인지: 살아있음의 실현』, 갈무리, 2023.
- 움베르토 마투라나, 프란시스코 바렐라, 최호영 옮김, 『앎의 나무』, 갈무리, 2013.
- 줄리아 크리스테바, 서민원 옮김, 『공포의 권력』, 동문선, 2001.
- 지그문트 프로이트, 정장진 옮김, 「두려운 낯설음」, 『예술, 문학, 정신분석』, 열린책들, 2008.
- 질 들뢰즈, 하태환 옮김, 『프랜시스 베이컨. 감각의 논리』, 민음사, 2000.
- T. 비첨, J. 칠드리스, 박찬구 외(역), 『생명의료윤리의 원칙들』, 부크크, 2017.
- Robert Riener, "The Cybathlon promotes the development of assistive technology for people with physical disabilities", Journal of NeuroEngineering and Rehabilitation 13(49), 2016.
- 「로봇 옷 입으면 한국이 최강… '사이배슬론' 세계대회서 1-3위」, 『조선일보』 (2020년 11월 15일)
- https://cybathlon.ethz.ch/en/cybathlon/disciplines

거친 대지 위에서의 불편한 횡단

사람들이 지구를 아름다운 가이아라 부른다

1969년 7월 16일 나는 안방에서 아기 이불을 깔고 누워 곤히 잠을 자고 있었다. 시끄러운 소리에 눈을 떴는데 텔레비전이 켜있었다. 초대형 스크린이 설치된 남산 야외음악당에는 이제 막 지구를 떠나려는 인간들을 보려고 밤늦게까지 수만 명이 모여 앉아 있었다. 우리 시간으로 밤 10시 30분, 아폴로 11호가 하늘로 솟아올랐다. 해외여행이라곤 꿈도 못 꾸던 시절이었기에 인간이 달에 간다는 소식은 온 나라를 떠들썩하게 만들었다. 지구를 떠난 뒤 닷새 만에 우주선에 탄 인간들이 달의 표면에 처음으로 발을 디뎠다. 그들은 알 수 없는 몇 가지 일을 마치고 나흘 만에 지구로 귀환했다. 지구인들은 달나라를 피부로 확인했다. 그들이 전한 말들 속엔 토끼 따윈 없었다. 우리는 크게 아쉬웠다. 닐 암스트롱Neil A. Armstrong(1930~2012)은 자기가 본 달의 대지가 '고요의 바다' 같다고 말했다. 생명체라곤 아무것도 없는 넓디넓은 황량한 대지가 거기 있었다.

이보다 수년 전에 우주로 날아갔던 유리 가가린Yuri Gagarin(1934~
1968)은 벌써 '지구가 푸르다'고 말해줬다. 아폴로 우주인들도 귀환길
에 형형색색의 지구를 보았다. 폐허 같은 달을 등 뒤로한 채 너무나
대조적인 별을 보았다. 그들은 지구가 정말 아름답다고 말해주었다.
인간이 지구라는 행성을 눈으로 직접 본 건 그게 처음이었다. 우주인
들의 이 전언은 당시 지구인들에겐 정말 낭만적이었다. 같은 해 11월
3일 미국 대통령 닉슨의 특사 자격으로 닐 암스트롱이 한국을 찾았다.
그의 모습, 그의 인터뷰. 모든 게 인상적이었다. 그를 바라보면서 우리
는 그 아름다운 토끼가 지구에만 있다는 걸 비로소 깨달았다.

'아름다운 지구'라는 말은 시사하는 바가 있다. '지구가 아름답다'
라고 감탄한 말은 무엇보다도 지구가 인간의 행성임을 확정하는 선언
과 같은 것이다. 이는 우주에 생명체가 있든 없든 인간만이 이 행성을
'아름답다'라고 부르기 때문이다. 아름다움은 인간만의 전유물이다.
그렇다고 인간이 대단하다고 말하려는 게 아니다. 조화니, 비례니, 질
서니 하는 관념을 우주에 투사했던 역사는 서양의 역사와 거의 일치한
다. 근대인은 미학을 동원해서 이런 관념을 인간(H)의 뿌리라고 주장
했다. 그렇게 하고 나니 만물을 이런 기준에 따라 쉽게 값을 매길 수
있었다. 그리고 인간은 자기들이 만물의 자리를 부여하는 자리에 있음
을 깨닫게 되었다. 결국 그것은 정치적이었는데, '지구가 아름답다'라
고 말한 것은 인간의 집단 경험을 소련과 미국이 선점했다는 걸 의미
했다. 그러니 지구와 아름다움은 정치적 구성물이라고 할만하다.

인간이 달에 착륙한 지 꼭 10년 만에 가이아Gaia 이론이 등장했다.
가이아 이론을 제안한 사람은 여럿이지만, 그중에서 가장 영향력 있는

인물은 제임스 러브록James Lovelock(1919~2022)이다. 1970년대 그는 인간을 달로 보냈던 미국항공우주국NASA의 〈바이킹 프로젝트〉에서 화성 생명체 탐사를 연구하고 있었다. 러브록은 화성의 대기 구성에서 착안해 지구의 대기 구성과 생명체 사이의 거대한 연결 관계, 다시 말해서 생명체와 물리적 행성 사이의 연결을 상상해보았다. 그리고 그는 자기 생각을 정리해서 『가이아: 지구 생명에 대한 새로운 시각Gaia: A New Look at Life on Earth』(1979)이라는 책을 발표했다. 살아있는 지구, 유기체처럼 조화로운 우주를 그린 이 책은 과학계의 신랄한 비판을 감내해야 했지만, 세상에는 어떤 거대한 희망을 불러일으켰다. 1970년데는 환경보전 이슈가 UN을 중심으로 불붙기 시작한 때였다. 그리고 개인의 영적 평화를 우주 질서와 연결하려는 뉴에이지 운동도 가세했다. 세계가 '조화롭고 아름다운 지구'에 열광할 만했다. 러브록은 대중의 인기에 힘입어 『가이아의 시대: 우리 살아있는 행성의 전기 The Ages of Gaia: A Biography of our Living Planet』(1988), 『가이아의 복수: 지구는 왜 반격하고 우리는 어떻게 인간다움을 보전할 수 있는가The Revenge of Gaia: Why the Earth Is Fighting Back-and How We Can Still Save Humanity』(2006) 등의 책을 연이어 출간했다.

가이아는 '어머니 대지'를 뜻하는 그리스 신화 속 신이다. 러브록은 친구였던 소설가 윌리엄 골딩William Golding(1911~1993)의 제안을 받아들여 자기 연구를 가이아 이론이라 불렀다. 가이아 이론은 지구를 단일한 존재로 여긴다. 지구를 '자기 조절 시스템'self-regulating system으로 보기 때문이다. 살아있는 시스템의 하위에서 여러 개체가 무수히 상호작용할 때, 그것들의 행위로부터 어떤 질서가 그 상위에서 창발한다. 이 창발한 질서가 에너지의 높고 낮음, 강도에 균형을 유도함으로써 시스템이 존속할 수 있게 된다. 그 시스템을 지켜보는 관찰자는 그 것이 마치 누군가 정해놓은 질서에 따라 작동하는 것처럼 여긴다. 러 브록은 이처럼 생명체의 항상성homeostasis을 지구에도 적용하려 했 다. 그는 『가이아』의 서론에서 이렇게 말한다.[1]

> 그로부터 우리는 가이아를 지구의 생물권biosphere, 대기권atmosphere, 대양, 그리고 토양까지를 포함하는 하나의 복잡한 실체로 정의하기 시작 했다. 가이아는 이 지구상의 모든 생물을 위하여 스스로 적당한 물리적 화학적 환경을 조성할 수 있도록 피드백 장치나 사이버네틱스 시스템을 구성하고 있는 거대한 총합체라고 할 수 있다. 능동적 조절에 의한 비교 적 균형적인 상태의 유지라는 것은 '항상성'이라는 단어로 표현할 수 있다.

항상성이란 의사이자 생물학자였던 월터 캐논Walter Bradford Cannon (1871~1945)이 처음 제안한 개념이다. 그것은 외부로 반쯤 열린 시스 템인 생명체가 환경 변화에도 균형을 잡으면서 생명을 유지하는 현상 을 설명해주었다. 캐논은 항상성이라는 개념을 원래 혈당이나 호르몬 작용을 설명하기 위해 사용했는데, 많은 연구자가 점차 그것을 더 복 잡하고 커다란 생명 체계의 생명 유지 과정에도 적용했다. 그리고 심 지어 지구 생태계의 자동적인 균형을 설명하려 할 때에도 이 사이버네 틱스적인 순환과 조절 개념을 활용했다. 그런 점에서 러브록의 가이아 이론에서 지구는 자원이 아니라 그 속을 알 수 없는 블랙박스이다. 생

---

1 제임스 러브록, 홍욱희 옮김, 『가이아』, 갈라파고스, 2023, p.57.

명체와 온갖 다른 비인간(NH)들로 이루어진 그것은 자기 스스로가 유지되는 아름다운 자연이다.

그렇지만 그런 살아있는, 아름다운 지구가 어쩌면 끔찍하고 혐오스러운 곳이 아닐까 하는 생각이 들 때도 있다. 사람들은 이 세상에 '인간을 조종하는 벌레'가 있다고 말한다. 아프리카 기니아에는 기니아충 Guinea Worm 혹은 메디나충 medinensis으로 알려진 벌레가 있다. 물웅덩이 벼룩의 몸속에 살던 메디나 유충은 웅덩이의 물을 마신 인간의 몸으로 들어간다. 위장에서 물벼룩이 녹으면 메디나충이 기어 나와 위산을 견디면서 이런저런 장기로 파고든다. 인간은 메디나충의 숙주가 되지만, 벌레의 존재를 전혀 눈치재시 못한나. 1년쯤 지녔을까? 인긴에게서 양분을 충분히 섭취한 메디나충은 잘 성장해서 알을 낳고 싶어한다. 그래서 메디나충은 인간 숙주에게 심한 발열과 갈증을 일으키면서 양쪽 다리로 자리를 옮겨간다. 인간 숙주는 영문도 모른 채 물웅덩이를 찾아 헤매다가 물을 만나 다리를 물속에 담그면 다행히도 잠시 열과 통증이 줄어든다. 숙주는 한동안 시원하게 물속에 다리를 담근 채로 머문다. 1m쯤 자란 메디나충은 그 틈을 놓치지 않고 다리 아래쪽 피부를 뚫고 기어 나와 물속으로 들어가 알을 낳는다. 벌레는 처음 있던 곳으로 비로소 귀환한 것이다. 이제 부화한 유충들이 다시 물벼룩의 먹이가 된다. 마침내 작은 생태적 순환이 완성된다. 그리고 또다시 비슷한 과정이 반복된다. 이런 혐오스러운 순환은 숙주와 기생충이 각자의 환경에 적응하면서 균형을 유지하는 복잡한 과정이다. 이 광경을 본 사람들은 인간이 물을 찾아가도록 작은 벌레가 조종한다고 여겼다. 이 현상을 생각해보고 있자니 '아름다운 지구'가 많이 달라 보인다. 아름다움은 이런 작고, 끔찍하고, 혐오스러운 고통쯤은 견뎌내야 비로소 이뤄질 수 있는 걸까.

어떤 사람들은 지구를 이해하는 매우 '아름다운' 이론처럼 보이는 가이아 이론의 거시적 관점을 비판하면서, 이 이론이 미시적 단위의 생명체와 그 환경에는 적용될 수 없다고 반론을 제기한다. 또 어떤 사람들은 그 이론에는 창발하는 질서가 마치 '생명'이라는 어떤 초월적인 목적처럼 여겨질 수 있는 위험이 있다고 말한다. 이런 목적 개념은 근대인에게 신 혹은 이성이었다. 게다가 또 다른 사람들은 가이아가 '여신'이라는 젠더적이며 신화적인 은유이기에 수많은 SF의 상상을 자극해왔지만, 이 때문에 가이아 이론이 유사과학pseudo-science이라는 불명예를 얻게 되었다고 비판한다.

그런데 가이아 이론의 이런 오명에도 불구하고 브뤼노 라투르는 가이아 개념을 인류세 담론의 한가운데로 재소환해서 많은 이들을 당혹스럽게 만들었다. 그는 『자연의 정치학Politiques de la nature』(1999)과 『가이아와 대면하기Face à Gaïa. Huit conférences sur le nouveau régime climatique』(2015)를 발표하면서 가이아로부터 신비주의 은유를 말끔히 표백하고 그 위에서 자연을 다시 정치적인 것으로 만들었다.

라투르는 무엇보다도 러브록의 가이아 개념을 거대 유기체나 조화로운 대지(여신)로 바라보려는 대중적 오해에 빠져들지 말라고 경고한다. 러브록은 가이아를 설명하기 위해 '살아있는 지구'나 '자기 조절 시스템' 같은 개념을 사용했는데, 이것 자체가 지구를 마치 창발한 질서를 관리자의 모습처럼 보이게 할 위험이 있었다. 반면 라투르는 가이아에서 이런 해석을 지웠다. 그는 지구를 단일한 전체성unity이나 초유기체Super-organism가 아니라 여러 행위자actors의 국지적이고 우발적인 네트워크로 재정의했다. 행위자들의 연결망은 인간만도, 비인간만도 아닌 온갖 것들의 혼성이다. 그리고 그 연결망은 인간적인 것들, 즉 욕망이 자본과 권력으로 교환되는 정치적인 것이 된다. 그렇기에 인간과 지구, 즉 인간이 스스로를 지우고 자기 앞에 세워놓은 대문자 자연Nature이라는 환상은 제거된다.[2] 그러므로 가이아는 인간종을 지켜줄 자애로운 어머니 대지가 아니다. 그것은 지극히 세속적이고, 때로는 인간을 멸종에 이르게 할 수도 있는 침입자이기도 하다. 가이아는 순수한 행성이 아니라 정치적인 투쟁이 벌어지는 인간-비인간 혼성의 장소일 뿐이다.

거친 대지 위에서 온갖 것들이 서로 횡단한다

라투르가 생각한 가이아는 그가 행위자들의 거대한 연결망이라 불렀던 그것의 행성 버전이다. 행위자들의 연결은 자의적이거나 타의적이고, 능동적이거나 수동적이거나, 주체이거나 객체이다. 우리는 흔히 행동 능력의 여부에 따라 행위자/비행위자, 인간/비인간을 구분하곤 한다. 그러나 이런 구분 논리는 행위자들이 어떤 자리에 위치하느냐에 따라 달라지는 관계의 임의적인 양상일 뿐이다. 그리고 연결망이라는 말에는 관계 맺는 모든 것들이 자기 자리를 향해 움직여가고 있다는 힘의 의미가 포함된다. 행위자의 자리가 어떻게 바뀌는지에 따라 한때 능동적이었던 것이 수동적인 것으로, 혹은 주체였던 것

2　Bruno Latour, trans. by Catherine Porter, Facing Gaia: Eight Lectures on the New Climatic Regime. Polity Press, 2017, p.41.

이 객체로, 다시 수동적이었던 것이 능동적으로, 객체였던 것이 주체로 바뀐다. 자의든 타의든 행위와 이로 인한 배치는 가변적이고 정치적이다.

라투르는 이러한 행위자 연결망의 특징을 탄저균Bacillus anthracis 일화에서 설명한다. 탄저병은 고대 히포크라테스Hippokrates of Koios(기원전 460~370)의 기록에도 등장할 만큼 오래된 질병이다. 탄저균은 원래 흙 속에 머물러 있다가, 특정한 조건에서 생명체에 치명적인 독성을 지닌 포자를 퍼뜨린다. 탄저균 포자는 짧게는 며칠, 길게는 수십 년을 흙이나 사물에 붙은 채로 남아있다. 만일 탄저균 포자가 동물의 피부에 묻거나 섭식 과정에서 소화기관이나 호흡기로 들어가면 '석탄처럼 까만 고름 수포', 즉 탄저炭疽로 피부를 썩게 만들거나, 뇌수막염을 일으키거나, 아니면 급성 열병을 일으킨다. 특히 호흡기로 들어간 포자는 폐렴이나 패혈증을 일으켜 동물을 갑작스레 죽게 만든다. 그래서 탄저병은 흙과 접촉이 많은 초식 동물에게서 주로 나타난다. 또한 탄저병에 걸린 동물을 사람이 접촉하면 그도 감염된다. 이것은 전염성이 매우 강한 인수공통감염병이다. 2001년 9·11 테러 사건에서 탄저균의 위험이 널리 알려졌다. 빌딩 붕괴 사건으로 3,000여 명이 사망한 이후, 비극이 채 마무리되기도 전인 10월 5일 미국 6개 지역에 발신자 불명의 편지가 배달되었다. 그 봉투 안에 가공할 탄저균이 들어있었다. 봉투를 열어본 사람 중에서 17명이 감염되었고 그중 5명이 사망했다.

탄저균의 정체를 처음으로 밝혀낸 인물은 독일의 외과 의사이자 병리학자인 하인리히 코흐Heinrich Robert Koch(1843~1910)이다. 그는 1876년 볼슈타인Wollstein이라는 폴란드의 한 시골 마을에서 의사 생

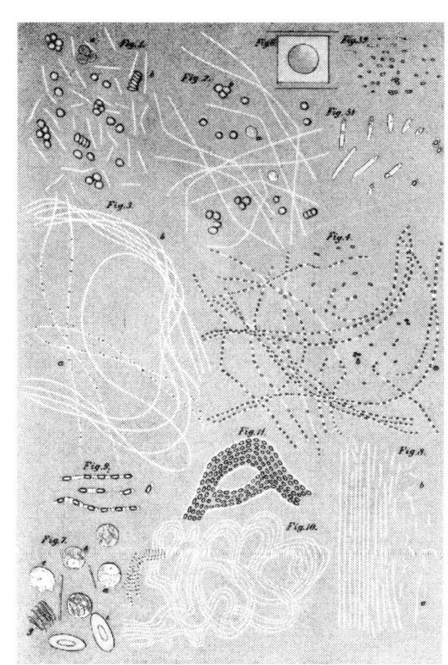

[그림 1] 하인리히 코흐가 현미경으로 관찰한 후 그린 탄저균의 형상 (코흐, 「탄저-질병의 병인학」, 1876)

활을 시작했다. 이곳은 프로이센의 새로운 점령지로 코흐에게는 이국 땅이었다. 그렇지만 코흐는 창궐한 탄저병으로 가축을 잃은 그곳 농민들의 고통에 공감하며 죽은 가축들의 피를 자기 실험실로 가져왔다. 그는 아주 위험천만한 연구를 이어갔다. 그리고 마침내 휴면기에 있던 단일한 미생물 포자를 처음으로 확인했다. 이것이 탄저병의 원인균이었다. 그는 「탄저-질병의 병인학: 탄저균의 발생 역사에 관한 근거Die Ätiologie der Milzbrand-Krankheit, begründet auf die Entwicklungsgeschichte des Bacillus Anthracis」(1876)라는 논문을 써서 이 사실을 세상에 알렸다. [그림 1]에서 맨 왼쪽 윗부분에 있는 것들이 기니피그의 혈액에 있던 탄저균이다. 오른쪽 가운데 검은 점선 형상이 탄저균의 포자이다. 그리고 이 소식을 전해 들은 미생물학자인 루이 파스퇴르Louis Pasteur

(1822~1895)는 그 이듬해 재빨리 탄저백신을 만들었다. 이것이 우리가 알고 있는 탄저병에 관한 보통의 이야기다.

라투르는 자신의 책『미생물: 전쟁과 평화, 그리고 불변의 법칙Les Microbes: guerre et paix suivi de Irréductions』(1984)에서 이 보통의 이야기를 다르게 해석한다.[3] 무엇보다도 그는 탄저균이 코흐에게서나 혹은 파스퇴르에게서 처음 발명되었다고 주장한다. 이는 탄저균이 낯선 이국땅에 도착한 젊은 의사 코흐가 농민들을 위해 고독하고 힘겨운 연구를 통해 처음 밝혀진 것이자, 파스퇴르의 경우처럼 다양한 연구소, 연구비를 제공하는 자본, 실험실 조교, 농민과의 협력으로 만들어진 실험실과 장비, 그리고 백신의 성공에 따라 프랑스가 축산업에서 우위를 점하게 된 경제적 이익 등등이 서로 연결됨으로써 구성된 공동의 산물이기 때문이다. 그러니 탄저균은 자연이라는 저 먼 곳에 원래부터 숨어 있다가 인간의 고된 연구 끝에 밝혀진 하나의 사물이 아니다.

실제로 파스퇴르는 생애 마지막까지 대학의 교수이자 유력한 연구소의 책임자로서 화학, 미생물학, 의학 분야의 많은 연구를 통해 여러 건의 발명을 해냈고 또한 많은 상금과 특허권을 얻었다. 일례로 그는 포도주와 맥주 그리고 우유를 변질시키고 맛없게 만드는 미생물을 연구했는데, '저온살균법'으로 알려진 이 연구로 특허를 따냈다. 이를 통해 그는 생산자들에게 음료를 더 안전하게 만들고 장기간 보존할 수 있도록 경제적인 이득과 함께 자신도 막대한 부를 챙겼다. 말하자면 그는 당시 사회적으로 친화적인 인물이었을뿐더러 경제적으로도

---

3 브뤼노 라투르, 이상원 옮김, 『프랑스의 파스퇴르화』, 한울, 2024, p.73.

성공한 과학자였다. 라투르는 파스퇴르의 이런 특징에 주목했다. 그는 파스퇴르를 세균학자라는 하나의 직업으로 여기는 대신 다른 학자들이나 농부들, 심지어 인간 아닌 것들과 연결된 행위자 중 하나로 보았다. 탄저균 백신은 행위자들의 연결망인 파스퇴르화의 사례였다.

한편 코흐에 관해서 생각해보면, 그 역시 파스퇴르와 함께 사이좋게 세균학의 아버지라고 일컬어진다. 그런데 파스퇴르는 코흐를 내내 동종 업계의 유력한 경쟁자로 여겼다. 그런 데에는 프로이센과 프랑스의 1870년 전쟁에서 패배한 프랑스의 적대감 같은 것도 한몫했을 것이고 사회적으로나 경제적으로 성공을 추구한 파스퇴르의 욕망도 한몫했을 것이다. 두 사람은 1881년 영국의 한 학술대회에서 처음 만났는데, 파스퇴르는 코흐의 연구를 무시하는 투로 대했다. 자존심이 강한 코흐와 과시욕 넘치는 파스퇴르는 세균 연구에서 계속 충돌했다. 그러던 중 코흐는 결핵균tubercle bacillus을 찾아낸 공로로 1905년 노벨 생리의학상을 수상했다.

인류세 문제들은 생애 마지막 순간까지 라투르의 영혼을 사로잡은 듯하다. 그는 앞선 두 권의 책 이후로도 『지구로 내려가기: 신기후체제의 정치Down to Earth: Politics in the New Climatic Regime』(2017), 『격리 이후: 메타모르포시스After Lockdown: A Metamorphosis』(2021), 『생태계급의 창발에 관하여: 메모On the Emergence of an Ecological Class: A Memo』(2022)와 몇몇 글들을 더 발표하면서, 자신의 정치-생태학을 계속 구축해 갔다. 그러다가 2022년 췌장암으로 세상을 떠났다. 브뤼노 라투르의 진심 어린 고민을 더는 함께 나눌 수 없게 되어 그저 안타깝기만 하다.

또 다른 측면에서, 인간과 비인간 행위자의 거대한 연결망인 지구

의 역사가 디페시 차크라바르티에 의해 파헤쳐진다. 그는 『하나의 행
성, 서로 다른 세계One Planet, Many Worlds: The Climate Parallax』(2023)
에서 인류세의 위기가 인간 세계와 지구 세계의 상호 얽힘을 보여주
고 있다고 말한다.[4] 그는 우리가 근대/탈근대라는 인간주의적인 역사
이해에서 벗어나야 하고, 인간의 역사와 분리되지 않는 '비인간의 역
사'를 토대로 우리가 직면한 인류세 문제들을 해결해야 한다고 주장
한다. 대가속을 촉발한 산업자본주의는 자연을 채굴자본으로 해석함
으로써만 가능했다. 그리고 이러한 해석은 자연을 인간과 대립한 존
재로 보고 그 자연을 '지구'로 치환할 때 가능했다. 근대인의 세계관
에서 자연=지구는 일종의 공리이고, 그것은 인간과 완전히 다른 세계
로 여겨진다. 우리는 그것 안에 살지만, 그것을 잘 설명하고, 잘 관리
하고, 잘 이용해서 소위 '지속 가능한 개발'을 이어간다는 생각도 자
명한 것으로 보이게 되었다. 라투르에게서 자연이 정치적이었던 것처
럼 차크라바르티도 자명했다고 여긴 이런 해석은 사실 지구의 역사를
지극히 정치적인 것으로 만든다고 여긴다. 상호 얽힌 세계의 역사에
서 지구 시스템의 문제는 정치적 장치들로 해결해야 한다는 것이다.

자연의 정치, 그리고 인간과 얽힌 지구의 역사를 추동하는 건 인류
세의 위기이다. 그리고 이 정치적 현실이 표현하는 것은 다른 한편으
로 오직 두려움과 불안뿐이다. 과학자들은 그 위기가 기존의 과학적
방법 안에서 설명되거나 예측될 수 있기를 바라지만, 사실 그것이 무
엇인지 그리고 얼마나 더 심각해질는지는 구체적으로 알기 힘들다. 그
래서인지 위기는 마치 한때 그랬던 과거의 일들처럼 우리에게서 잊히

4　디페시 차크라바르티, 『하나의 행성, 서로 다른 세계』, 에코리브르, 2024, p.13.

고 만다. 결국 남는 것이라곤 리포트, 언론보도, 소설, 영화 등에서 되풀이되는 서사이고 이것이 양산하는 희미한 불안이다. 그리고 결국 불안 정동은 파국의 모호한 이미지를 부추긴다. 위기가 파국과 쌍을 이루면 그 순간 불안은 이 둘을 더 강하게 밀착시키고 위기-파국은 더욱 고조된다. 악순환의 진폭은 더 커진다. 마침내 비현실적인 가상의 정치가 힘을 얻고 '4대강 정비 사업'처럼 폭력적인 현실 장치들이 작동된다. 이것은 생태계 위기에 대처한다는 명분으로 선제적인 방식으로 이루어졌다. 하지만 '4대강 정비 사업'은 한국 개발독재 시기에 자원 착취와 부동산 자본 축적을 위해 실행됐던 정책의 변형이다. 브라이언 마수미Brian Massumi(1956~)는 『존재권력Ontopower』(2015)에서 정동 정치의 특성을 통해 권력이 사물과 인간을 어떻게 폭력적으로 배치하는지를 낱낱이 분석했다. 특히 그는 9·11 테러 사건 이후 공포가 위기를 부추기는 정동적 상황을 교묘히 이용해서 미국 부시 정권이 어떻게 이슬람 세계를 부당하게 선제공격했는지를 폭로했다.[5]

라투르가 행위자들의 연결망에 대해 말하면서도 놓쳤거나 말하려 하지 않은 하나가 인간과 비인간 사이의 가로지름, 즉 횡단이다. 라투르의 주장처럼 세균들이 우리를 포함한 비인간 행위자들의 구성물이라면, 결국 면역력을 가진 우리는 거친 대지 위에서 이 비인간들과 서로 힘겹게 횡단해왔던 것이다. 행위자 연결망의 구성이란 이런 횡단의 연쇄라고 할 만하다. 역사학자로서 시간에 관해 연구했던 차크라바르티가 팬데믹의 비극적 상황을 분석할 때도, 그 이면에는 이런 횡단의 역사가 있었다.

5　브라이언 마수미, 최성희, 김지영 옮김, 『존재권력』, 갈무리, 2021, p.191.

이러한 횡단을 가장 깊이 이해하려 애쓴 인물 중 하나가 스테이시 앨러이모Stacy Alaimo(1962~)다. 그가 비인간에 관해 말하려 했던 것은 서로 다른 신체들이 만날 때, 그리고 라투르의 표현으로는 행위자들이 연결될 때, 캐런 버라드Karen Barad(1956~)의 표현으로는 내재적인 상호 행위intra-actions가 이루어질 때의 이러한 횡단이 결국 상호 변형이라는 사실이다.[6]

인간과 비인간의 관계를 재정의하는 일은 아마도 인류세의 문제를 해결하는 중요한 열쇠일 거라는 생각이 든다. 흔히 공존이니 공생이니, 혹은 돌봄이니 하는 말로써 이러한 관계를 설명하려는 노력도 여기에 해당할 것이다. 하지만 이 모든 애정 어린 말들에서조차 잊지 말아야 할 것은 우리가 애써 외면하려 하거나 잊고 있던 하나의 커다란 구멍이다.

비인간 지구가 있다고 생각해보자. 그런 지구는 가이아의 신화처럼 아름다워야 할 이유가 없고, 그렇다고 아름답지 않아야 할 이유도 없다. 아름답다거나 아름답지 않다고 하는 건 오직 인간이 소중히 여기는 거울과 거기 비친 이미지에 관한 일일 뿐이기 때문이다. 다시 말해 거울이라는 장치에서 보면, 무언가가 아름답다거나 아름답지 않다는 것은 그저 인간적인 것으로만 채워진, 그래서 너무나 친숙한 이미지일 뿐이다. 인간종은 자신의 모습을 바라보며 좋아하거나 싫어하고 기뻐하거나 슬퍼한다. 그러면서도 거울 바깥의 것들을 역겨워하고 밀어내려 해왔다. 『계몽의 변증법』에서 호르크하이머Max Horkheimer(1895~1973)와 아도르노Theodor Adorno(1903~1969)가 말하려 했던 자기 파괴

---

6   스테이시 앨러이모, 윤준, 김종갑 옮김, 『말, 살, 흙』, 그린비, 2018, p.51.

적인 신화의 폭력처럼 말이다.[7] 비인간을 향한 폭력의 역사는 너무 오래다.

　대멸종의 위기 앞에서, 우리는 비인간을 채굴하고 착취해왔던 시간과 강도를 되돌리거나 상쇄할 수 있을까? 그건 쉽지 않고, 어쩌면 불가능에 가까울 듯하다. 게다가 우리에게 커다란 구멍 같은 이 현실은 보려 해도 보이지 않는 맹점과도 같다. 그렇기에 배제와 차별을 늘 몸에 새겨왔던 우리에게 비인간과의 횡단과 변형은 그리 아름답지 않을 수 있고 심지어 두렵고 고통스러운 것일 수도 있다. 하지만 그런 만남에서 우리 자신이 타자에게 의존해 살아가는 취약한 존재인 이유를 찾을 수 있을지 모른다. 우리는 거친 대지를 함께 건너는 온갖 여행자 중 하나일 뿐이다.

7　막스 호르크하이머, 테오도르 아도르노, 김유동 옮김, 『계몽의 변증법』, 문학과지성사, 2001, p.21.

| 참고문헌

- 디페시 차크라바르티, 『하나의 행성, 서로 다른 세계』, 에코리브르, 2024.
- 막스 호르크하이머, 테오도르 아도르노, 김유동 옮김, 『계몽의 변증법』, 문학과지성사, 2001.
- 브라이언 마수미, 최성희, 김지영 옮김, 『존재권력』, 갈무리, 2021.
- 브뤼노 라투르, 이상원 옮김, 『프랑스의 파스퇴르화』, 한울, 2024.
- 스테이시 앨러이모, 윤준, 김종갑 옮김, 『말, 살, 흙』, 그린비, 2018.
- 제임스 러브록, 홍욱희 옮김, 『가이아』, 갈라파고스, 2023.
- Bruno Latour, trans. by Catherine Porter, Facing Gaia: Eight Lectures on the New Climatic Regime. Polity Press, 2017.
- Heinrich Robert Koch, "Die Ätiologie der Milzbrand-Krankheit, begründet auf die Entwicklungsgeschichte des Bacillus Anthracis", Beiträge zur Biologie der Pflanzen 2(2), 1876.

이재준

미학자. 숙명여자대학교 인문학연구소 교수.
고려대학교와 홍익대학교에서 심리학, 철학, 미학 등을 연구했다. 최근에는 신물질
주의를 바탕으로 비인간에 관해 연구하고 있다. 저서로『버려진 것들과 혐오의 미
학』(공저, 2025), 『물질혐오』(공저, 2023) 등과 논문으로 「한국에서 비인간론의 연
구 동향」(2024), 「안드로이드 과학과 포스트휴먼 언캐니」(2023), 「과학기술 극장」
(2023), 「신유물론자의 기계」(2023), 「장애의 물질적 전환과 회집체」(2023), 「혐오
의 정동」(2021), 「아브젝트, 혐오와 이질성의 미학」(2021) 등을 발표했다.

숙명여자대학교 인문학연구소 HK+사업단 인문교양총서 2

인류세 비인간 혐오

2026년 2월 20일 초판 1쇄 펴냄

지은이 이재준
펴낸이 김흥국
펴낸곳 보고사

책임편집 이소희
표지디자인 한수정

등록 1990년 12월 13일 제6-0429호
주소 경기도 파주시 회동길 337-15 보고사
전화 031-955-9797
팩스 02-922-6990
메일 bogosabooks@naver.com
http://www.bogosabooks.co.kr

ISBN 979-11-6587-976-1   94300
　　　 979-11-6587-690-6   94080 (set)

정가 21,000원
사전 동의 없는 무단 전재 및 복제를 금합니다.
잘못 만들어진 책은 바꾸어 드립니다.

이 저서는 2020년 대한민국 교육부와 한국연구재단의 지원을 받아 수행된 연구임
(NRF-2020S1A6A3A03063902)